李占州／著

公职人员
职务犯罪案件
证据标准

THE EVIDENCE STANDARDS FOR
DUTY-RELATED CRIMES OF PUBLIC OFFICIALS

法律出版社
LAW PRESS · CHINA
北京

图书在版编目（CIP）数据

公职人员职务犯罪案件证据标准 / 李占州著.
北京：法律出版社，2025（2025.12 重印）.
ISBN 978 -7 -5244 -0512 -2

Ⅰ. D924.304

中国国家版本馆 CIP 数据核字第 2025V41Z03 号

公职人员职务犯罪案件证据标准
GONGZHI RENYUAN ZHIWU FANZUI ANJIAN ZHENGJU BIAOZHUN

李占州 著

策划编辑 陈昱希
责任编辑 陈昱希
装帧设计 鲍龙卉

出版发行 法律出版社
编辑统筹 法规出版分社
责任校对 张红蕊
责任印制 耿润瑜
经　　销 新华书店

开本 710 毫米×1000 毫米　1/16
印张 21.75　**字数** 355 千
版本 2025 年 9 月第 1 版
印次 2025 年 12 月第 2 次印刷
印刷 北京中科印刷有限公司

地址：北京市丰台区莲花池西里 7 号(100073)
网址：www.lawpress.com.cn
投稿邮箱：info@lawpress.com.cn
举报盗版邮箱：jbwq@lawpress.com.cn

销售电话：010 -83938349
客服电话：010 -83938350
咨询电话：010 -63939796

书号：ISBN 978 -7 -5244 -0512 -2　　**定价**：79.00 元

凡购买本社图书，如有印装错误，我社负责退换。电话：010 -83938349

序　言 Preface

2024 年 12 月，第十四届全国人民代表大会常务委员会第十三次会议审议通过了《关于修改〈中华人民共和国监察法〉的决定》，自 2025 年 6 月 1 日起正式施行。《监察法》作为对国家监察工作起统领性和基础性作用的反腐败国家立法，其内容涵盖方方面面，既涉及实体法问题，又涉及程序法问题；既涉及监察法规定，又涉及刑事司法规定，同时涉及监察机关同检察机关的衔接问题；既涉及领导机制、工作原则等，又包括监察措施、处置和司法衔接；既创设专门制度，又指引协同治理。《监察法》第三条确定了监察委员会对职务犯罪案件的调查权。同时，《监察法》第三十六条明确了监察证据“在刑事诉讼中可以作为证据使用”的地位，即监察证据具备了进入刑事诉讼的证据资格。随着职务犯罪案件的查明主体和程序的变化，监察机关经调查形成的监察证据和材料也将移送至公诉机关、审判机关，经过人民检察院和法院对其进行合法性、客观性、全面性等审查。

为建立权威高效的监督体系，保障监察机关与司法机关办案工作衔接顺畅，针对职务犯罪的特殊证据标准，掌握如何收集职务犯罪的证据尤为重要，特别是如何理解在办理职务犯罪案件过程中调取证据的相关规定意义重大。基于职务犯罪案件的追诉流程，可见职务犯罪案件证据收集、审查标准应同时符合《监察法》《刑事诉讼法》《刑法》的相关规定，基于此，该书提出了公职人员职务犯罪案件的证据标准就是，一要按照法定的程序收集证据，二要按照法定的证据种类收集证据，三要围绕犯罪构成四个方面要件收集证据。以达到犯罪事实清楚，证据确实、充分的证明标准。

法律对现实的把握是间接的，必须通过证据制度这一中间环节。如果社会生活事实不能通过证据制度的过滤，就不会成为法律上的事实，也就不具有法律意义。可见，证据就是司法的眼睛，是司法的灵魂之窗。因此，无论是在立法层面，还是在实践层面，都必须充分考虑到这一要点，重视证据在办理案件中的作用和地位。首先，抽象的原理和概括的立法，都需要在实践中加以贯彻和运用，这一转化过程也需要确立合理的思路和标准。对于办理案件过程中可能涉及的犯罪构成要件、量刑情节等共性的问题，应当如何确定其证明的标准？这一层面的问题，基本上涉及所有案件，因此回答这些问题对于办理职务犯罪案件具有普遍的意义。其次，针对具体犯罪也需要确立相对统一的证据标准。不同的犯罪会有不同的事实特征，因此也就会有不同的证据认定标准。司法实践过程中，往往会因为不同地区、不同人员对证据标准的把握不同导致完全相异的结果。既然证据在替法律观察客观世界，它就必须毫无偏私、一视同仁地向法律传达它感受到的客观事实。如果对同一类案件适用的证据标准不同，就意味着法律在用有偏私的眼睛观察世界，这无疑是应当杜绝的。因此，在个案的层面，确立相对统一的证据标准，对于贯彻法律的公平价值，具有非常重要的意义。

监察证据是职务犯罪案件事实认定的依据，是职务犯罪追诉中重要的基石，制约着案件追诉和审理的质量。那么，什么样的监察证据可以作为刑事诉讼中的证据使用呢？作为职务犯罪案件追诉流程中重要的一环，监察证据与刑事诉讼证据关系又是如何？在此问题上，该书采纳“程序二元、证据一体”之观点，即监察调查与刑事诉讼在程序上是二元的，但在证据上是一体的，监察机关在调查职务犯罪案件时，在遵循《监察法》和《监察法实施条例》关于证据的相关规定的同时，应当遵循《刑事诉讼法》关于刑事诉讼的取证规范、证据规则和证明标准，与其保持一致。《公职人员职务犯罪案件证据标准》一书由具有理论功底和实务经验，深度参与《国家监察委员会移送最高人民检察院职务犯罪案件证据收集审查基本要求与案件材料移送清单》《刑事公诉案件证据审查指引》等文件制定的专家精心撰写，是公职人员职务犯罪案件办理法律指南。

在内容上，该书具有以下特点：

第一，以公职人员职务犯罪案件办理为主线，深入剖析证据收集、审查标准。内容上，该书深度梳理《监察法》及其实施条例、《刑法》和《刑事诉讼法》的关于职务犯罪案件办理的立法脉络，全面阐释立法、修订原理。该书提纲挈领地阐述了监察体制改革，《监察法》立法、修订的规范沿革、来龙去脉和实践发展。在此基础上探讨监察机关、检察机关、审判机关在案件办理、审理中的关系与职责，深入剖析监察证据与刑事诉讼证据的收集、调取、审查、排除的标准。

第二，该书聚焦《监察法》《刑法》《刑事诉讼法》重点条文，选取关键内容、特别要求进行专门阐释，解读条文的要点、重点，深入浅出，融会贯通。譬如，非法证据排除作为刑事司法的重要原则，在《监察法》立法与修订中同样进行了规定，该书在编写中针对不同法律对该原则的规定分别进行阐释，既有对规定本身详细的阐述，又有深入的对比，延伸至规定背后的法律原则、法治精神。

第三，贯通执纪执法实践，提升案件办理质效。该书立足于公职人员职务犯罪案件，融合贯通《监察法》《刑法》《刑事诉讼法》《公职人员政务处分法》《监察法实施条例》等相关法律法规，对规范内容和制度之间的衔接进行体系性的整体把握。以职务犯罪案件的认定和衔接程序为指引，论述案件证据收集、审查标准，有效指导职务犯罪案件的调查、审核和司法衔接程序，提高办案实效。同时结合典型的职务犯罪案例进行重点剖析、提炼、讲解，做到以案释法。

此外，作为解读书籍，作者也注重在一些空白、争议之处通过“可以”“一般”的表述来提供参考意见，以保证兼顾指导性和严谨性。

公职人员职务犯罪案件的调查和审理从监察机关调查为起点，涉及证据收集与审查、案件审理、移送至检察机关提起公诉、人民法院依法审判整个流程，高质效办好案件需要遵循《监察法》《刑事诉讼法》《刑法》等的要求。该书作为国内第一本融合了《监察法》相关规定、《刑事诉讼法》证据标准、《刑法》各具体罪名犯罪构成要件的指南类丛书，系统、全面梳理办理公职人员职务犯罪案件的证据标准。这对提升监察机关、检察机关、人民法院办理职务犯罪案件质效，提升收集、审查证据能力具有重要意义，对于深化监察体制改革和推进反腐败事业发挥重要的作用，助力反腐败工作的规范化、法治化、正规化。

高铭暄

2025 年 3 月

目　录 Contents

绪　论

一、研究背景

党的十八大以来，党和国家对推进反腐败斗争规范化、法治化、正规化高度重视，强调要增强法治意识、程序意识、证据意识，不断提高纪检监察工作规范化、法治化、正规化水平。党的十八大提出依法治国作为治国理政的基本方略，要求做到依法治国、依规治党，为了加强对公权力行使的全面监督，全面推进反腐倡廉工作，党和国家进行了一系列改革、立法和探索。

2016 年，党的十八届六中全会决定，在北京市、山西省、浙江省开始进行试点，规定了 12 项监察职权，进行监察体制改革试行。2018 年 3 月 20 日，第十三届全国人民代表大会第一次会议通过了《监察法》[1]，总结了党的十八大以来的反腐败经验，确立了国家监察制度，对于构建党统一指挥、全面覆盖、权威高效的中国特色社会主义监察体系具有重要意义。2021 年 9 月 20 日，经党中央批准，国家监察委员会发布公告，为了推动监察工作法治化、规范化，根据《监察法》，结合工作实际，制定《监察法实施条例》，该条例的实施有助于推进监察工作的规范化、法治化、正规化，确保监察权在法治轨道上运行。2024 年 12 月，第十四届全国人民代表大会常务委员会第十三次会议审议通过了《关于修改〈中华人民共和国监察法〉的决定》，持续推进反腐败国家立法，与时俱进修改监察法，进一步明确和完善立法目的、监察工作

---

〔1〕 为便于阅读，本书所涉法律法规均使用简称。

基本原则、监察权限、监察程序及措施和反腐败国际合作等制度，保障监察权在法治轨道上运行。2025 年 6 月 1 日，国家监察委员会公告第 2 号公布，《监察法实施条例》已于 2025 年 4 月 27 日国家监察委员会全体会议修订通过，予以公布。

党的二十届三中全会通过的《中共中央关于进一步全面深化改革　推进中国式现代化的决定》，对深入推进党风廉政建设和反腐败斗争、健全公正执法司法体制机制等作出重大决策部署。二十届中央纪委三次全会指出："新征程反腐败斗争，必须在铲除腐败问题产生的土壤和条件上持续发力、纵深推进。"

2023 年，中共中央办公厅印发了《中央反腐败协调小组工作规划（2023—2027 年）》，对党的二十大部署的反腐败任务进行细化落实，明确了反腐败组织协调工作的指导思想、基本原则、目标任务和重点工作等。《中央反腐败协调小组工作规划（2023—2027 年）》坚持依法治国和依规治党有机统一，对标对表党的二十大精神和党中央部署要求，对以零容忍态度严惩腐败作出部署，严查重点问题，紧盯重点对象，突出重点领域，推动反腐败向基层延伸，把严的基调、严的措施、严的氛围长期坚持下去，推动反腐败斗争提质增效。

《中央反腐败协调小组工作规划（2023—2027 年）》坚持依法治国和依规治党有机统一，把依规依纪依法要求落实到反腐败工作全过程，推动反腐败斗争提质增效。落实好《中央反腐败协调小组工作规划（2023—2027 年）》相关目标任务，持续推进反腐败规范化、法治化、正规化建设，必须加强反腐败干部队伍建设，提高依规依纪依法履职能力；加强对反腐败法律适用的指导，加强对纪检监察机关、检察机关、审判机关在相关案件中准确适用法律、把握政策的能力提升；加强对权力行使的监督，明确证据收集（审查）标准，融合实体法、程序法，保证执纪执法权力正确规范运行。

二、提出问题

由于公职人员职务犯罪案件的调查需要经过监察机关立案调查、移送人民检察院进行审查并提起公诉、人民法院审判等多个环节，涉及多部法律、法规、司法解释等的理解与运用，司法实践中存在对证据标准和证明标准认识偏差、收集（审查）证据质量有待提高、对程序法理解与运用有待加强、实体法与程序法割裂等问题较为突出，既有研究的局限性较为明显。其一，对于监察机关、人民检察院的调查职权、调查程序和案件由监察机关向人民检察院移交的衔接程序存在争议；其二，部分监察机关调查人员对于刑法、刑事诉讼法及刑事诉讼规则的理解有待加强，导致案件在监察机关调查环节收集、审查证据的质量、效率有待提升；其三，对于各部门法同相关司法解释、办法，以及实体法同程序法之间缺乏整体、全局的认识，导致对职务犯罪案件的调查中罪名、罪数、量刑和从宽、从严处罚情节的判断有待提高。

鉴于证据在刑事诉讼中的重要意义，需要将《监察法》《刑法》《刑事诉讼法》《监察法实施条例》及相关法律法规、司法解释等进行梳理、融合、贯通，形成科学、完整、体系的证据标准。本书将在总论层面厘清监察机关、人民检察院、人民法院的性质、职权、权力行使与监督等基础理论；在分论层面，从实体法与程序法结合的角度，对职务犯罪各具体罪名的证据收集（审查）提出明确标准，构建按照法定的程序、根据法定的种类、按照犯罪构成要件收集（审查）证据的证据标准体系。

相对于已有研究，本书具有独到学术价值、应用价值。本书以公职人员职务犯罪案件办理为主线，深入剖析证据收集、审查标准，贯通执纪执法实践，提升案件办理质效，实现了刑事法与监察法的融合，实体法与程序法的融合，国家治理与法制建设的融合。

三、核心概念阐释

（一）公职人员的内涵与外延

1. 国家工作人员

《刑法》中，国家工作人员，是指在国家机关、国有企业、事业单位和其他依照法律法规从事公务的人员。包括在国家各级权力机关、各级行政机关、各级司法机关、各级军事机关，国有公司、企业、事业单位、人民团体中从事公务的人员，以及国家机关、国有公司、企业、事业单位委派到非国有公司、企业、事业单位、社会团体中从事公务的人员。其他依法从事公务，并领取相应报酬的人员也属于国家工作人员的范畴。

《刑法》第九十三条对国家工作人员的概念和范围作了明确规定，分为国家机关工作人员和以国家工作人员论的其他人员两类。

其一,《刑法》所称国家工作人员,是指国家机关中从事公务的人员。根据《宪法》,我国的国家机关包括各级国家权力机关、行政机关、司法机关、监察机关以及军事机关,在这些国家机关中从事公务的人员,行使一定职权、履行一定职务的,都属于国家工作人员。同时,在其中从事劳务性、勤务性工作的人员,包括司机、门卫、炊事员、清洁工这类勤杂人员以及部队战士等,都不属于刑法上的国家工作人员。

其二,国有公司、企业、事业单位、人民团体中从事公务的人员和国家机关、国有公司、企业、事业单位委派到非国有公司、企业、事业单位、社会团体从事公务的人员,以及其他依照法律从事公务的人员,以国家工作人员论。以上人员虽然不直接在国家机关中从事公务,但这些人从事的职务具有公务的性质,所以《刑法》规定为"以国家工作人员论",在他们从事与职务有关的犯罪时,作为国家工作人员犯罪处理。

2. 公职人员

《监察法》第十五条规定了监察机关的监察对象,共分为六类〔1〕,这六类监察对象可以分为行使公权力的公职人员和行使公权力的其他人员,可见公职人员同国家工作人员并不是同一个概念,其内涵和外延并不完全相同,从定义和范围上看,国家工作人员属于公职人员范畴,受《监察法》的约束与监督。反过来,并非所有公职人员都是国家工作人员。

因此,从本质上讲,《刑法》中所规定的"国家工作人员"均为"履行公职的人员",但《监察法》中"履行公职的人员"未必都是"国家工作人员","公职"的范围大于"公务",其不一定具有管理国家事务或者代表国家参与管理社会事务的职权。因此,监察对象一旦涉罪,首先应当甄别其在刑法中的具体身份。因此,本书的研究主体定位为公职人员,其属于《监察法》规定的监察对象范围,一旦其涉嫌职务犯罪,从法律适用上其受到《刑法》关于职务犯罪的约束。

---

〔1〕《监察法》第十五条列举的监察对象包括:(1)中国共产党机关、人民代表大会及其常务委员会机关、人民政府、监察委员会、人民法院、人民检察院、中国人民政治协商会议各级委员会机关、民主党派机关和工商业联合会机关的公务员,以及参照《公务员法》管理的人员;(2)法律、法规授权或者受国家机关依法委托管理公共事务的组织中从事公务的人员;(3)国有企业管理人员;(4)公办的教育、科研、文化、医疗卫生、体育等单位中从事管理的人员;(5)基层群众性自治组织中从事管理的人员;(6)其他依法履行公职的人员。

(二)职务犯罪的定义

1.《刑法》关于职务犯罪的定义

职务犯罪,是指国家工作人员、企业工作人员或者其他工作人员利用职务上的便利,进行非法活动或者对工作严重不负责任,不履行或者不正确履行职责,破坏国家对职务的管理职能,依照刑法应当受到处罚的行为的总称。职务犯罪的犯罪构成要件如下。

主体要件为国家工作人员、企业工作人员或者其他工作人员。

主观要件为对行为所产生的结果所持有的一种心理与心理状态。

客体要件为侵害的是国家或公司、企业对职务活动的管理职能。

客观要件为:(1)利用该职务之便;(2)滥用职权;(3)严重不负责任、不履行或者不正确履行职务。

按照刑法及司法解释的相关规定,职务犯罪主要包括三大类,即贪污贿赂犯罪,渎职犯罪,以及国家机关工作人员利用职权实施的侵犯公民人身权利、民主权利犯罪。

其中,贪污贿赂犯罪 14 种,包括:贪污罪;挪用公款罪;行贿罪;受贿罪;利用影响力受贿罪;单位行贿罪;单位受贿罪;对单位行贿罪;介绍贿赂罪;巨额财产来源不明罪;私分国有资产罪;私分罚没财物罪;隐瞒境外存款罪;对外国公职人员、国际公共组织官员行贿罪。

渎职犯罪 37 种,包括:滥用职权罪;玩忽职守罪;故意泄露国家秘密罪;过失泄露国家秘密罪;徇私枉法罪;民事、行政枉法裁判罪;执行判决、裁定失职罪;执行判决、裁定滥用职权罪;枉法仲裁罪;私放在押人员罪;失职致使在押人员脱逃罪;徇私舞弊减刑、假释、暂予监外执行罪;徇私舞弊不移交刑事案件罪;滥用管理公司、证券职权罪;徇私舞弊不征、少征税款罪;徇私舞弊发售发票、抵扣税款、出口退税罪;违法提供出口退税证罪;国家机关工作人员签订、履行合同失职被骗罪;违法发放林木采伐许可证罪;环境监管失职罪;食品、药品监管渎职罪;传染病防治失职罪;非法批准征收、征用、占用土地罪;非法低价出让国有土地使用权罪;放纵走私罪;商检徇私舞弊罪;商检失职罪;动植物检疫徇私舞弊罪;动植物检疫失职罪;放纵制售伪劣商品犯罪行为罪;办理偷越国(边)境人员出入境证件罪;

放行偷越国(边)境人员罪;不解救被拐卖、绑架妇女、儿童罪;阻碍解救被拐卖、绑架妇女、儿童罪;帮助犯罪分子逃避处罚罪;招收公务员、学生徇私舞弊罪;失职造成珍贵文物毁损、流失罪。

国家机关工作人员利用职权实施的侵犯公民人身权利、民主权利犯罪主要包括:非法拘禁罪;非法搜查罪;刑讯逼供罪;暴力取证罪;虐待被监管人罪;报复陷害罪;国家机关工作人员利用职权实施的破坏选举罪。[1]

2.《监察法》关于职务犯罪的定义

《监察法实施条例》第二十八条规定,监察机关依法对《监察法》第十一条第二项规定的职务犯罪进行调查。包括涉嫌贪污贿赂犯罪、滥用职权犯罪、玩忽职守犯罪、徇私舞弊犯罪、行使公权力过程中涉及的重大责任事故犯罪和其他犯罪。在第二十九条至第三十四条中,分别列举了公职人员涉嫌贪污贿赂犯罪、涉嫌滥用职权犯罪、涉嫌玩忽职守犯罪、涉嫌徇私舞弊犯罪以及公职人员在行使公权力过程中涉及的重大责任事故犯罪和在行使公权力过程中涉及的其他犯罪的具体罪名。分别是:

监察机关依法调查涉嫌贪污贿赂犯罪,包括贪污罪、挪用公款罪、受贿罪、单位受贿罪、利用影响力受贿罪、行贿罪、对有影响力的人行贿罪、对单位行贿罪、介绍贿赂罪、单位行贿罪、巨额财产来源不明罪、隐瞒境外存款罪、私分国有资产罪、私分罚没财物罪,以及公职人员在行使公权力过程中实施的职务侵占罪,挪用资金罪,对外国公职人员、国际公共组织官员行贿罪,非国家工作人员受贿罪和相关联的对非国家工作人员行贿罪。[2]

监察机关依法调查公职人员涉嫌滥用职权犯罪,包括滥用职权罪,国有公司、企业、事业单位人员滥用职权罪,滥用管理公司、证券职权罪,食品、药品监管渎职罪,故意泄露国家秘密罪,报复陷害罪,阻碍解救被拐卖、绑架妇女、儿童罪,帮助犯罪分子逃避处罚罪,违法发放林木采伐许可证罪,办理偷越国(边)境人员出入境证件罪,放行偷越国(边)境人员罪,挪用特定款物罪,非法剥夺公民宗教信仰自由罪,侵犯少数民族风俗习惯罪,打击报复会计、统计人员罪,以及司法工作人

[1] 参见《职务犯罪罪名概览》,载最高人民检察院官网,https://www.spp.gov.cn/ztk/2014/qjy/zs/201410/t20141031_82985.shtml。

[2] 参见《监察法实施条例》第二十九条。

员以外的公职人员利用职权实施的非法拘禁罪、虐待被监管人罪、非法搜查罪。[1]

监察机关依法调查公职人员涉嫌玩忽职守犯罪,包括玩忽职守罪,国有公司、企业、事业单位人员失职罪,签订、履行合同失职被骗罪,国家机关工作人员签订、履行合同失职被骗罪,环境监管失职罪,传染病防治失职罪,商检失职罪,动植物检疫失职罪,不解救被拐卖、绑架妇女、儿童罪,失职造成珍贵文物损毁、流失罪,过失泄露国家秘密罪。[2]

监察机关依法调查公职人员涉嫌徇私舞弊犯罪,包括徇私舞弊低价折股、出售公司、企业资产罪,非法批准征收、征用、占用土地罪,非法低价出让国有土地使用权罪,非法经营同类营业罪,为亲友非法牟利罪,枉法仲裁罪,徇私舞弊发售发票、抵扣税款、出口退税罪,商检徇私舞弊罪,动植物检疫徇私舞弊罪,放纵走私罪,放纵制售伪劣商品犯罪行为罪,招收公务员、学生徇私舞弊罪,徇私舞弊不移交刑事案件罪,违法提供出口退税凭证罪,徇私舞弊不征、少征税款罪。[3]

监察机关依法调查公职人员在行使公权力过程中涉及的重大责任事故犯罪,包括重大责任事故罪,教育设施重大安全事故罪,消防责任事故罪,重大劳动安全事故罪,强令、组织他人违章冒险作业罪,危险作业罪,不报、谎报安全事故罪,铁路运营安全事故罪,重大飞行事故罪,大型群众性活动重大安全事故罪,危险物品肇事罪,工程重大安全事故罪。[4]

监察机关依法调查公职人员在行使公权力过程中涉及的其他犯罪,包括破坏选举罪,背信损害上市公司利益罪,金融工作人员购买假币、以假币换取货币罪,利用未公开信息交易罪,诱骗投资者买卖证券、期货合约罪,背信运用受托财产罪,违法运用资金罪,违法发放贷款罪,吸收客户资金不入账罪,违规出具金融票证罪,对违法票据承兑、付款、保证罪,非法转让、倒卖土地使用权罪,私自开拆、隐匿、毁弃邮件、电报罪,故意延误投递邮件罪,泄露不应公开的案件信息罪,披露、报道不应公开的案件信息罪,接送不合格兵员罪。[5]

---

〔1〕 参见《监察法实施条例》第三十条。
〔2〕 参见《监察法实施条例》第三十一条。
〔3〕 参见《监察法实施条例》第三十二条。
〔4〕 参见《监察法实施条例》第三十三条。
〔5〕 参见《监察法实施条例》第三十四条。

因此，本书将研究范围确定为“职务犯罪”，内容上具有一致性、全面性。

（三）证据标准

证据审查和事实认定是职务犯罪审查逮捕、审查起诉的关键环节。证据的收集（审查）质量直接决定着职务犯罪案件罪名确定、量刑、从宽与加重处罚的判定。因此，规范办案流程，明确证据标准，是加强执纪执法规范化、专业化建设的内在要求。

《监察法》第三十六条规定，监察机关依照《监察法》规定收集的物证、书证、证人证言、被调查人供述和辩解、视听资料、电子数据等证据材料，在刑事诉讼中可以作为证据使用，同时规定监察机关在收集、固定、审查和运用证据时，应当与刑事审判关于证据的要求和标准相一致，确定了监察证据进行刑事诉讼程序的基础。

《刑事诉讼法》第五十五条提出刑事诉讼证据应当确实、充分，定罪量刑的事实都有证据证明；据以定案的证据均经法定程序查证属实；综合全案证据，对所认定事实已排除合理怀疑。

因此，本书在总论部分，全面梳理监察证据、刑事诉讼证据、公诉证据的类型、特点、调取权限、程序法要求、证明标准与证明方法和非法证据的内涵、审查与排除，客观、完整、体系地介绍职务犯罪案件证据的收集（审查）要求、证据衔接办法及程序要求，力求展现职务犯罪案件调查从起点到终点的全过程、全局性要求，重点研究证据在各环节的特点、作用和收集、审查、排除要求，以及证据在不同机关和阶段的衔接程序与要求，提高案件调查、审理的质效。

四、研究目标

公职人员职务犯罪案件的办理，涉及监察机关、人民检察院和人民法院等多个国家机关，需要融合贯通《监察法》《刑法》《刑事诉讼法》《公职人员政务处分法》《监察法实施条例》等相关法律法规，对规范内容和制度之间的衔接进行体系性的整体把握。同时，在案件办理的过程中，要将法治精神、法治思维融入其中，提升办案规范化、程序化，依照法定的程序、按照法定的种类、根据犯罪构成要件来收集（审查）证据，依法反腐。

基于此,本书需要回答的核心问题是:如何在总论层面上理解国家监察委员会、人民检察院、人民法院的性质、职权范围和功能?在此基础上,各个国家机关行使职权的依据和在程序法上的要求为何?案件的调查在各机关间的衔接程序如何?对各机关行使权力的监督如何实现?在总论理论的统摄下,职务犯罪各个具体罪名的证据收集(审查)标准如何确定?如何达到“事实清楚、证据确实充分,排除合理怀疑”的证明标准?

第一章　公职人员职务犯罪案件证据标准概述

证据制度是办理所有刑事案件的核心内容，我国《刑事诉讼法》和《监察法》规定了证据定义和种类、非法证据排除制度、证明标准等。其中，《刑事诉讼法》第五十五条规定了刑事案件的证明标准，也就是将“犯罪事实清楚，证据确实、充分”明确为：(1)定罪量刑的事实都有证据证明；(2)据以定案的证据均经法定程序查证属实；(3)综合全案证据，对所认定事实已排除合理怀疑。

根据以上相关法律规定，公职人员职务犯罪案件证据标准，是指纪委监委、人民检察院、人民法院在办理案件过程中，要按照法定的证据种类收集(审查)证据，要按照法定的程序收集(审查)证据，要围绕犯罪构成要件收集(审查)证据，以达到犯罪事实清楚，证据确实、充分的证明标准。法定的证据种类是《刑事诉讼法》《监察法》确定的证据类型。法定的程序，是指按照《刑事诉讼法》《监察法》《监察法实施条例》《人民检察院刑事诉讼规则》《最高人民法院关于适用〈中华人民共和国刑事诉讼法〉的解释》等法律法规、司法解释规定的收集证据的程序。围绕犯罪构成要件，是指依据《刑法》以及相关司法解释规定的各类职务犯罪要件。由于公职人员职务犯罪案件证据标准融合了实体和程序的内容，在《刑事诉讼法》、《监察法》、《刑法》以及相关司法解释和法律文件中都有规定。对其进行归纳总结，需要对上述法律规定的反腐败工作机制设置、监察权的来源、检查措施、监察程序、刑事诉讼程序、证据能力、证据“三性”、犯罪构成开展深入体系研究和进行有机融合。

第一节　证据标准探讨之起源

一、党的十八大后党内建设与反腐败建设

党的十八大前，党和国家的反腐败体制由三部分组成：一是行政机关内部监察部门，依据《行政监察法》对行政机关内部行政人员行使行政权力不当的监督，进行行政监察。二是人民检察院，其是我国的法律监督机关，对国家公职人员当中涉嫌贪污、贿赂、渎职等职务犯罪进行侦查并提起公诉，追究刑事责任。三是党的纪律检查部门，其是党内追究党纪的专门机关。党的十九大修订了《中国共产党章程》，其规定，党的纪检监察机构是执行党的纪律的专责机关，有权对涉嫌腐败的党员领导干部进行调查。三个不同性质的机关，承担着不同内容的反腐败职责，在很长一段时间共同承担起党和国家的反腐败重任。

党的十八大后，以习近平同志为核心的党中央，结合过往反腐败实战经验，谋划反腐败体制机制的调整，致力于建成更加权威高效的权力监督和反腐败体制，坚定不移地推进党风廉政建设和反腐败斗争。结合近年来的职务犯罪案件实例，我们发现腐败是一个由小到大、由轻到重的过程，随着经济社会的不断发展，其作案形式、手段、环节越来越具有隐秘性、复杂性，原有三大机构构成的反腐败体制中的介入时间、调查手段等有待进一步优化，反腐败力量有待整合，同时提升其程序、措施、监督机制的合法性。

2014 年 10 月 23 日，党的十八届四中全会第二次全体会议指出："深入推进反腐败斗争，持续保持高压态势，做到零容忍的态度不变、猛药去疴的决心不减、刮骨疗毒的勇气不泄、严厉惩处的尺度不松，发现一起查处一起，发现多少查处多少，不定指标、上不封顶，凡腐必反，除恶务尽。"在此精神的指引和鼓舞下，反腐倡廉、打击职务犯罪的行动全面铺开。

2015 年 10 月修订《中国共产党廉洁自律准则》，对其部分重要内容进行了调整。修订前其适用对象为"党员领导干部"，修订后扩大到"全体党员"；修订前，其要求表述为"廉洁从政"，修订后调整为"廉洁自律"；同时在具体要求的表述上，由以往的负面清单转变为正面倡导。

2016年，党的十八届六中全会审议通过了《中国共产党党内监督条例》，首次提出“建立党内监督体系”的要求，指出要加强党中央统一领导，形成党委（党组）全面监督，纪律检查机关专责监督，党的工作部门职能监督，党的基层组织日常监督，党员民主监督的党内监督体系；同时决定进行监察体制改革，首先在北京、山西、浙江三个省（市）进行试点，提出在取得一定相关的经验后再通过立法的形式将监察体制改革扩展到全国。

2018年3月20日，第十三届全国人民代表大会第一次会议审议通过《监察法》，反腐败进入制度化、法治化的新阶段。在机构设置上，国家监察机关与党的纪律检查机关合署办公[1]，实现了党内监督与国家监督、党的纪律检查与国家监察、党和国家监督体系的有机统一，反腐败法治化建设不断推进。这一举措，有效解决了过去纪律检查机关监督范围过窄、反腐败力量分散、党纪和国法衔接不畅等问题，整合了反腐败的力量和资源，优化了反腐败的体制机制，加强了党的集中统一领导，为反腐败的顺利开展提供重要保障。

2024年12月，第十四届全国人民代表大会常务委员会第十三次会议审议通过了《关于修改〈中华人民共和国监察法〉的决定》，自2025年6月1日起正式施行，对于促进新时代监察工作高质量发展具有重要意义。2025年6月1日，国家监察委员会发布2025年第2号公告，公布2025年4月27日国家监察委员会全体会议修订通过的《监察法实施条例》。

二、党章修订与党的建设

在党内，党章是立党、管党、治党的总章程，是最根本的党内法规，是党内的普遍行为规范。中国共产党历来高度重视党章，在重大历史关头，党章的指引作用至关重要，修订党章对于加强自身建设、保持党的先进性，起到了重要作用，同时也是不断深化自我革命、促进党和国家的建设的重要保障。

1922年，党的二大制定了党的第一部党章《中国共产党章程》，一百年来，我

---

[1] 《中国共产党纪律检查委员会工作条例》第7条规定，党的中央纪律检查委员会与国家监察委员会合署办公，党的地方各级纪律检查委员会与地方各级监察委员会合署办公，实行一套工作机构、两个机关名称，履行党的纪律检查和国家监察两项职责，实现纪委监委领导体制和工作机制的统一融合，集中决策、一体运行，坚持纪严于法，执纪执法贯通。

们党完成了18次党章修改。到2022年10月22日,中国共产党第二十次全国代表大会通过了《关于〈中国共产党章程(修正案)〉的决议》,进行了50处修改,既有总纲部分的内容修改,也有条文部分的修改。将"以伟大自我革命引领伟大社会革命"写入党章,把全面从严治党、深化党的自我革命经验体现到党章中,并将其上升为全党共同意志,成为全党的根本遵循和行为规范,更加自觉地贯彻党的基本路线,通过自我革命不断推进发展新业绩,创造新时代中国的新发展,这是跳出治乱兴衰历史周期率的正确答案。

作为唯一的、长期的执政党,从严治党是我党的一贯作风和要求。党的十八大以来,以习近平同志为核心的党中央以崇高的使命追求、非凡的理论勇气、无畏的担当精神、卓越的创新实践,提出了一系列全面从严治党的新理念新思想新要求,把全面从严治党纳入"四个全面"战略布局,着力从严从细抓管党治党。[1]习近平总书记关于党的建设的重要思想指出"四个全面"战略布局,即全面深化改革,全面依法治国,全面从严治党,建党100周年全面建成小康社会,这"四个全面"是引领我们未来几十年发展的纲领性理论,是对我们现在所处的历史发展阶段和未来奋斗目标的科学的判断和论述。

党的十九大报告集中论述习近平新时代中国特色社会主义思想,指出现在进入从"富起来"到"强起来"的转折时期,提出第二个"一百年"要实现中华民族的伟大复兴,根本是党的建设,在报告中提出了"十四个坚持",即(1)坚持党对一切工作的领导。(2)坚持以人民为中心。(3)坚持全面深化改革。(4)坚持新发展理念。(5)坚持人民当家作主。(6)坚持全面依法治国。(7)坚持社会主义核心价值体系。(8)坚持在发展中保障和改善民生。(9)坚持人与自然和谐共生。(10)坚持总体国家安全观。(11)坚持党对人民军队的绝对领导。(12)坚持"一国两制"和推进祖国统一。(13)坚持推动构建人类命运共同体。(14)坚持全面从严治党。中国共产党要承担和完成这种历史使命,必须做好自身建设,这与全面从严治党的精神和内涵是一致的,唯有这样,才能使我们党有能力领导全国人民实现"两个一百年"的奋斗目标。

加强党的建设的一个重要任务就是防止党员和党员领导干部对国家公权力

---

〔1〕 参见张英伟:《十八大以来全面从严治党新理念新思想新特色述略》,载《中国纪检监察》2017年第12期。

的滥用，避免公权力的行使对国家、社会、公民的利益造成损害，避免伤害党在人民群众中的形象和公信力，因此，打赢反腐败攻坚战，要深刻理解、领会权力和腐败的关系、公权力滥用的形式和危害，监督执纪"四种形态"的内容和处理，尤其是职务犯罪的调查与处置。

三、新时期反腐败工作的特点

党的十八大以来，以习近平同志为核心的党中央始终坚持将马克思主义普遍原理同中国具体实际相结合，把全面从严治党纳入"四个全面"战略布局，运用法治思维和法治方式来推进反腐败工作的法治化、制度化建设，高度重视并科学谋划中国特色社会主义反腐败制度建设，着力推动反腐败"标本兼治"向纵深方向不断发展。[1]

1. 加强党的领导

党的十八大以来，党中央不断强化顶层设计，为制度反腐构建系统性的战略规划，保证了反腐败工作的统一性、长效性和有序性。

2. 立足中国实际

结合中国实际，中国特色社会主义反腐败制度体系是由国家法律和党规党纪构成，突出党规党纪在反腐败制度建设中的重要地位。党的十八届四中全会通过的《中共中央关于全面推进依法治国若干重大问题的决定》为使国家法律体系和党内法规制度统一起来发挥最大效能，特别强调党的领导和社会主义法治是一致的，社会主义法治必须坚持党的领导，党的领导必须依靠社会主义法治。

3. 执纪执法贯通

监督执纪"四种形态"集中体现了党和国家对当下反腐败形势的科学研判和对贯通党的纪律要求和国家法律法规的总体谋划。一方面，通过划分四种不同形态，明确每种形态的适用范围和处置要求，打破了以往不同反腐败机关之间各自为战和职权掣肘的局面；另一方面，从法律制度建设上，针对当下腐败案件呈现出

〔1〕 参见张云霄、李建飞：《我国反腐败制度建设呈现五个特点》，载《检察日报》2017年8月8日，第8版。

的新特点，如犯罪主体和行为隐蔽性高、犯罪手段复杂、腐败问题与政治问题交织等特点，《刑法修正案（九）》、《关于新形势下党内政治生活的若干准则》和《中国共产党党内监督条例》等增加相关新规定，一部分法律条文降低了“入罪”的门槛，一部分纪律检查规定上升为法律制度，达到执纪执法贯通。

4. 多部门合力，提升执纪执法水平

腐败案件在犯罪主体、实施行为等方面具有特殊性，犯罪主体上，以公职人员为主要主体，尤其是大案、要案通常牵涉多为位高权重的官员，这些人员利用职务上的便利，隐匿或销毁证据，制造调查壁垒，给腐败案件的调查带来非常大的难度，出现发现难、取证难、定性难的困难局面，给监督和调查带来新的挑战。因此，反腐败斗争需要进行系统性、法治化、综合性的改革，整合分散的反腐败力量，确立享有充分职权的国家机关，运用多种手段综合治理，各部门合力，进行体制机制的革新，推进制度建设、法治化建设。同时，对于办案人员的能力和素质有了更高的要求，提升调查水平与办案能力，不断提升执纪执法综合水平。

四、反腐败力量的整合

党的十八大前，反腐败力量由三部分组成，在过往的实践中存在力量分散、各自为战、衔接困难、行动滞后等问题，分散的反腐败力量造成了缺乏沟通、配合的协调机制和监督覆盖面可能有遗漏的现实问题。通过党和国家不断进行理论建设和制度建设，推进监察体制改革，把原有的三部分反腐败力量，即行政监察部门，人民检察院的反贪、反渎和预防部门，党的纪律检查部门的职能整合到监察委员会。从形式上看，监察委员会和党的纪律检查部门合二为一，“一套人马，两块牌子”，但并不是简单加了一块牌子。从实质上看，把行政监察职能，检察院反贪、反渎职能整合到一起，以党的纪检部门为基础，加挂国家监察委员会的牌子，同时进行职能整合。因此，经过监察体制改革，原有的三部分反腐败力量中，《行政监察法》已废止，行政监察机构撤销；人民检察院仍然是国家法律监督机关，但是其反腐败职能被剥离出来，交由国家监察委员会行使。通过此次改革，实现了一个部门、两种身份，对公职人员和有关人员进行监察，把所有行使公权力的人全部纳入，是反腐败进程中的重大成就。

这同时也引发出一个问题，以往党的纪律检查部门有调查违纪和轻微违法问题的经验，但是对职务犯罪案件的调查是一个新的挑战，调查方式、技巧、证据收集、审查、案件移送应详细规范，确保案件调查过程的合法性、程序性。同时，对重大疑难案件要合理适时开展检察机关提前介入调查，实现跨部门力量的整合。

因此，探讨公职人员职务犯罪案件的证据标准十分必要，从权力机关、实施措施、证据标准等方面进行比较和厘清，对于指导办案实践，调高证据收集、审查效率至关重要。

第二节　廉政建设及职务犯罪案件办理标准域外考察

一、新加坡

（一）组织机构

新加坡是世界上最清廉的国家之一，其反贪污国家机关是贪污调查局（Corruption Practices Investigation Bureau，CPIB）。1952 年之前，新加坡警察署刑事侦查局（Criminal Investigation Department，CID）中的反贪处承担反贪职责，面临腐败率居高不下、社会风气亟待整治的状况，新加坡于 1952 年成立贪污调查局，负责调查公务人员涉嫌贪污腐败、滥用职权等的行为。从性质上看，新加坡贪污调查局属于行政系统，又是执法机关，同时行使反贪和监察两项职权。同时，其代表新加坡加入了国际监察协会，是符合国际通行标准的监察机关。

1960 年，新加坡制定《防止贪污法》，通过立法方式确定了贪污调查局的职权和确保权力高效运行的具体措施。

后续，随着反贪污国家执法的实践发展，新加坡对《防止贪污法》进行了多次修订，不断扩充贪污调查局的职权，强化反贪污调查的措施和手段，新加坡反贪污执法的规范化、法治化实践不断深化。

1970 年起，新加坡贪污调查局直接隶属于总理公署，其局长由总统根据总理的提名任命，工作由总理直接领导，对总理负责，不受其他机关的干预，其职权行使拥有极大的自主性，贪污调查局也发展成为一个强有力的反贪污执法机关。

（二）组织结构

新加坡贪污调查局直接隶属于新加坡总理公署，其局长由新加坡总统根据新加坡总理的提名任命，全面负责贪污调查局工作，工作由总理直接领导，对总理负责，不受其他机关的干预。

贪污调查局内部下设调查部门、行动支援部门和事务管理部门等内设机构。

1. 调查部门

调查部门是贪污调查局的主要职能部门，内部根据案件的性质和涉及的主要领域分为不同部门，包括特别调查组（政府）、特别调查组（企业）、金融调查组和综合调查组。其中特别调查组（政府），负责调查公共领域的重大腐败犯罪；与之对应，私营经济领域的重大腐败犯罪的调查由特别调查组（企业）负责。同时，对于具有较强金融属性的洗钱、跨国腐败犯罪案件等，由金融调查组负责。对于日常受理的普通违法犯罪案件，由综合调查组调查。根据案件的性质和主要涉及的领域进行分类，有助于加强执法的针对性、专业性，这也是贪污调查局能够高效履行职责的一大原因。除此之外，调查政策处对犯罪趋势进行专业分析，调查训练处负责为调查人员制定和安排培训课程，为调查提供了强有力的理论和业务水平提升支持。

2. 行动支援部门

行动支援部门内设情报部门与行动管理和支援部门，为调查行动提供信息和技术支持。顾名思义，情报部门主要负责为调查部门提供情报信息服务，收集腐败犯罪情报信息提供给调查处；行动管理和支援部门主要负责为调查部门提供行动支持与辅助，包括但不限于协助逮捕和护送犯罪嫌疑人、整理与检查案卷资料、提供技术支持。

3. 事务管理部门

事务管理部门内设人事、财务、行政、政策、对外合作和信息技术服务等部门，负责贪污调查局日常行政事务。其中，人事管理和发展处制定和执行贪污调查局的人才发展战略，协调人力资源的分配，保障调查的人才需求，促进个人能力的提升；财务管理处负责制定和执行贪污调查局的财务预算和审计、资产政策和资产管理，为调查工作提供基础设施和财政支持；政策规划和合作关系处制定贪污调查局的廉政政策和对外合作计划，对外落实同其他国家机关的横向联络，为其提供反腐败培训、做好发腐败宣传；信息技术处为贪污调查局提供信息技术服务，为贪污调查局履行各项职能提供信息系统技术保障。

（三）法律权能

1960年6月17日，新加坡颁布了《防止贪污法》，对贪污调查局的权限和职责作了详细规定，后续该法进行了多次修订，不断扩充贪污调查局的职权，明确反贪污调查的措施。具体而言，贪污调查局的职能包括：对公务人员的失当、渎职行为以及公共和私营领域发生的腐败、渎职犯罪及不当行政行为进行调查，对政府机关的行政活动、行政程序进行监督，开展反腐败宣传和教育培训。

根据《防止贪污法》的规定，贪污调查局拥有不同于其他行政、司法机关的特殊权力，主要包括：

1. 搜查权

在治安法官或调查局局长批准后，可以进行搜查，并控制相关物证、书证等。经检察官授权，可以搜查涉嫌犯罪人员的金融账户，并要求相关人员提供信息。

2. 逮捕权

《防止贪污法》第十五条规定，贪污调查局局长、副局长、首席特别调查员或特别调查员可以在没有逮捕令的情况下，直接逮捕可能涉嫌腐败犯罪的人，调查员在此过程中有权对被逮捕对象进行搜查。

3. 司法警察权

《防止贪污法》第十七条规定，贪污调查局可以在没有检察官指示的情况下，调查《刑法》和《防止贪污法》所规定的职务犯罪及与之相关其他犯罪，此时调查人员有权行使《刑事诉讼法》授予司法警察的一切调查权力。

4. 秘密/特殊调查权

在特定情况下，贪污调查局可以基于监视、监听、录音、秘密拍摄等技术手段和方式对公职人员进行证据收集。同时，贪污调查局有权随时调阅法院公证处存放的公务人员的个人财产申报记录，并约谈公职人员要求其说明与对应的其收入来源,不能说明合法来源或者提供虚假信息均可能构成犯罪。

(四)调查程序

公职人员职务犯罪案件的调查程序,既包括贪污调查局内部各职能部门之间的工作流程与衔接,又包括贪污调查局同其他国家机关如检察机关、审判机关等的衔接程序。具体而言,包括获得案件线索、案件受理、案件调查、总检察署审查起诉、检察官提起诉讼、法院审判等环节。

1. 获得案件线索

案件线索是调查的源头,在新加坡,贪污调查局为了广泛的获得线索来源,设置了多渠道、低门槛的投诉和检举渠道,民众可以通过现场、电话、网络、传真、电子邮件等多种不同的方式提交投诉或进行检举,贪污调查局设有专门工作人员接收案件线索。

2. 案件受理

通过广泛的渠道获得案件线索后,贪污调查局的内部机构申诉评估委员会(Complaints Evaluation Committee,CEC)会对线索进行评估和审理,确定案件线索的管辖权、真实性、调查价值,并对是否需要立即采取行动作出判断。具体而言:

(1)对于贪污调查局有管辖权的案件线索,应当受理,并将案件线索移交至调查部门进行调查。

(2)对于贪污调查局没有管辖权的案件线索,应当移送至有管辖权的机关。

(3)经评估和审理,认为案件线索没有调查价值的,可以作出不予受理的决定。

3. 案件调查

申诉评估委员会决定受理线索并启动调查程序后,将根据线索涉嫌犯罪性质和主要涉及的领域,移送具体调查科室进行调查,根据前述贪污调查局内部机构的设置,案件线索将根据其内容与性质,由特别调查组(政府)、特别调查组(企业)、金融调查组、综合调查组开展调查,其他内部机构提供技术支持和保障工作等。

调查人员依照法定程序展开全面调查，并形成工作记录、工作日志等，并在调查结束时形成调查报告。针对不同的调查结果，进行下一步的处置和与其他机关的衔接程序。

(1)经调查，发现被调查对象涉嫌腐败犯罪，且已经收集到足够证据，将案件移送新加坡总检察署审查决定是否移送起诉。

(2)经调查，发现被调查对象的行为不构成犯罪，但是属于行政行为不当或违反纪律，将该调查对象移送给主管机关给予行政处分。特别说明的是，新加坡制定了《公务惩戒性程序规则》，其针对尚不构成刑事处罚的、渎职或者玩忽职守的公务员的调查程序和行政处分作了相应的规定。

4. 总检察署审查起诉

不同于我国的司法体制，贪污调查局调查结束后无权决定移送法院起诉，而是要移交总检察署[1]进行审查并决定是否起诉至法院。同时，总检察署的职能仅限于公诉职能，不同于我国的检察机关对于职务犯罪案件有补充侦查等职能。就职务犯罪而言，总检察署接收到贪污调查局移送的提请起诉的案件后，指派检察官进行审查，经过审查后决定是否移送到有管辖权的法院提起诉讼。

5. 检察官提起诉讼

总检察署在对贪污调查局移送的案件进行审查后，认为可能构成犯罪、符合起诉条件的，向有管辖权法院提起诉讼。

6. 法院审判

法院进行审理并作出判决。

(五)特殊要求

1. 全面、严明的法律体系，反腐败有法可依

《防止贪污法》是新加坡反贪污腐败的重要法律依据。作为反腐败的专门法

---

[1] 新加坡只设一个检察机关，对应三级法院(初级法庭、高级法院和最高法院)的三审制，三审开庭均由他们出庭应诉，指控犯罪。新加坡的检察机关只承担公诉职能，而没有职务犯罪侦查等职能；它只接受侦查机关(包括刑事调查局、中央肃毒局、贪污调查局、移民局、关税局、商业事务局等)移送的提请起诉的案件。

律，为反腐败实践提供法律依据，它详细规定了新加坡反贪污的机构和组织设置、职能权限、行动措施和支撑与保障，为预防和惩戒腐败问题起到了重要作用。随着反腐败实践的发展，该法令历经多次修订，对重要的法律术语和核心要素的解释不断细化、明晰。譬如，对于反腐败实践中一重要要素“贿赂”的界定，经修订后，其内涵包括除工资以外的任何形式的经济收入，如收受金钱、礼品、证券、房产、动产如汽车等，不仅包括有形财产，还包括无形财产，如通过职务获得的便利、影响力、优惠或好处，或为他人创造优势条件等。同时，对于“贪污行为”的认定也采取了扩张解释，既包括常见的公职人员利用公共权力非法谋取私利的行为，也包括广义的利用职权非法取得利益，涵盖公共部门和私人部门的工作人员。

健全的法律法规制度是惩治腐败的可靠依据。除《防止贪污法》外，从 20 世纪 60 年代开始，新加坡逐步建立起全面、严明的反腐败法律体系，包括《公务员法》《公务员守则和纪律条例》《财产申报法》《没收腐败、贩运毒品和其他严重犯罪所得法》《公务惩戒性程序规则》等，同时规定了详细、具体的实施要求。

在《公务员法》和《公务员守则和纪律条例》中，详细规定了公务员的工作要求及纪律，实施公务日记制度，要求公务员详细记录公务行为，并对其定期进行详细审查，及早发现并遏制可能存在的贪腐及滥用公权力问题。

《财产申报法》中规定了严格的财产申报制度，申报范围包括公务员及其家庭成员、担保人，申报内容包括各类财产，申报的时间点不仅包括聘用前的考察申报，还包括任期内的年度申报，如此一来，不能说明来源的财产无处隐匿。

《没收腐败、贩运毒品和其他严重犯罪所得法》强化了对贪污腐败犯罪的经济制裁，对贪污腐败犯罪所得的评估、没收的条件、程序和相关调查程序、对相关财产的保全制度和对潜逃犯罪分子的财产没收程序等有了全面的规定，使调查过程中可以及时控制、保全相关财产，避免造成进一步的外流，为执行打下良好基础。

此外，对于尚不构成刑事处罚的、渎职或者玩忽职守的公务员的调查和行政处分程序主要规定在《公务惩戒性程序规则》中，类似于我国监督执纪“四种形态”中的前三种。

以上法律、法规的规定，构成了新加坡反腐败法律体系的重要内容，全面规定了涉及贪污腐败、渎职等犯罪行为的认定、职能权限、调查程序和处理、处置，形成全面、严明的法律体系，为打造廉洁、高效的行政系统和清廉、奉公的公职人员形象打下重要基础。

2. 贪污调查局高度的独立性和自主性

从机构设置上，贪污调查局直接隶属于内阁总理，是全国防止贪污贿赂的最高机关。局长和副局长由总理任命，局长只对总理负责，不受其他任何人士的指挥和管辖。贪污调查局及其首长不受其他行政机关的干涉，拥有高度独立性，为其能够高效反腐提供基础。

从法律依据上，《防止贪污法》确立了贪污调查局的职能和权限，拥有充分、自主的调查权限，对于全面开展反腐败调查提供了基础。同时，该法第十七条授权调查局可以在没有检察官指示的情况下，调查《刑法》和《防止贪污法》所规定的职务犯罪及与之相关其他犯罪，此时调查人员有权行使《刑事诉讼法》授予司法警察的一切调查权力。由此可见，贪污调查局拥有充分、独立、自主的调查权限。

3. 严惩贪污腐败犯罪

李光耀曾说过："让腐败者在政治上身败名裂，让腐败者在经济上倾家荡产。"由此可见，新加坡政府对于严惩贪污腐败犯罪和建设廉政高效政府的坚定决心。从严治理体现在有罪必罚、轻罪重罚，严格执法，严肃处置。

从严惩治贪污腐败的一个表现是降低了"入罪"的门槛。如前所述，《防止贪污法》中，对于部分法律要素的扩张解释，"贪污行为"既包括常见的公职人员利用公共权力非法谋取私利的行为，也包括广义的利用职权非法取得利益，涵盖公共部门和私人部门的工作人员；"贿赂"的形式既包括有形财产，也包括无形财产，同时还包括通过职务地位、影响力等为自己或他人创造的优势条件，在判断行为方式和犯罪形态时，在判断收受贿赂或行贿行为是否既遂时，只要"同意给予"或"同意接受"，均被视为既遂，不管贿赂性报酬是否已经实际给予或是否已经实际接受。

从严惩治贪污腐败的另一个表现是轻罪重罚。《防止贪污法》加大了对贪腐的惩罚范围和惩罚力度，如前所述，在判断犯罪形态时，仅有贿赂或表现出收受贿赂的意图也可以定罪；在涉案金额上，入罪的标准非常非常低；在证据标准上，公职人员财产来源不明或与所申报的财产数额有较大差距，即使执法机关并未掌握确实证据也能先行对其提出指控。通过诸如以上的规定，把违法成本拉升到最大幅度，给予政治和经济上的双重震慑，实行有罪必罚、轻罪重罚原则，构筑起“不敢腐”的反腐败体系。

4. 证据标准上的“有罪推定”

基于上述对新加坡严肃、从严处置贪腐问题的论述，新加坡在特别条文中还规定了“有罪推定”的证据标准，即特殊情况下的举证责任由被控告人承担。譬如，在进行巨额财产来源不明和贪污受贿相关的调查时，立法者认为任何人所拥有的财产或其拥有的财产利益，应当与其收入相匹配，如与已知的收入来源不相符合且不能向法院作出合理的解释时，可被视为贪污受贿所得或触犯巨额财产来源不明罪。当然，“有罪推定”的证据规则并不是公认的刑事诉讼举证规则，其适用范围非常有限，只有在法律明确规定时才可适用，才能保障执法、司法权力不被滥用，权威高效进行反腐败执法。

二、香港特别行政区

（一）组织机构

香港廉政公署（Independent Commission Against Corruption，ICAC）最早可追溯到1952年香港港务处反贪污部，该机构是香港英国政府警察系统内部的一个纪律纠察组织，当时对腐败问题处理不当，造成贪腐严重。

1973年的立法会议决定成立一个独立的反贪污组织。之后，在1974年香港廉政公署成立，成为专门、独立的反腐机构，通过预防、执法和教育的方式打击贪污腐败行为，维护香港的公平正义。

从机构设置上，其自成立之日起，独立于其他行政机关，尤其是不受警察部门干扰；廉政公署署长由总督任命，对总督负责。在《廉政公署条例》第五条第二款规定“除行政长官外，廉政专员不受任何其他人指示和管辖”，由此可见，其有较高的独立性和自主性，经总督同意可以独立制定反腐败政策，为其高效开展工作提供基础。

（二）组织结构

香港廉政公署有着明确的机构设置和职能分工，且职能全面，集预防、调查和宣传于一体，各部门的职能相互协调配合。

香港廉政公署的主要机构及职能如下：

1. 廉政专员

廉政专员负责廉政公署的指导及行政事务。根据《香港特别行政区基本法》的规定，香港特别行政区长官有权提名廉政专员并报请中央人民政府任命。

2. 行政总部

行政总部负责香港廉政公署内的日常行政工作，包括组织、协调、分配全廉政公署的资源，为执行处、社区关系处、防止贪污处等提供保障和支持。

3. 社区关系处

社区关系处负责向香港市民进行廉政宣传，宣传廉政公署的职责；传播反腐败的法律知识，包括如何识别贪污受贿行为、贪污腐败的危害等；报道腐败行为，激发公民责任感，鼓励香港市民对贪污腐败行为进行举报。其晚于执行处和防止贪污处出现，但承担着重要的宣传、教育和动员作用，在日常工作中，其通过“接地气”且活跃的工作方式，赢得了香港公民的一致认可。他们通过同社区内各行各业的人员建立联系，如企业、工厂、学校、医院等，使民众感觉廉政公署容易接近。同时，他们通过丰富多样的方式进行宣传和教育，包括制作和印发宣传教育读本、册子，制作和播放纪录片、电视节目，组织廉政公署官员参加电视节目和接待群众来访回复群众来信等，一方面对大众进行了教育和宣传，另一方面拉近了廉政公署同普通民众间的距离，塑造了廉政公署良好的社会形象。

4. 执行处（行动处）

执行处负责接受香港市民关于贪污腐败案件的举报并就相关问题展开调查，根据案件内容的不同，分别由内设的负责政府部门贪腐问题和私营部门贪腐问题的两大部门进行调查。

廉政公署打击贪腐问题，是按照法定的程序进行的，这套流程的源头就是香港市民的举报，直接介入这一环节的就是执行处。举报是整个流程的源头，对反腐败有着重要的作用。根据相关规定,举报可以通过实名进行或匿名进行,执行处在接收举报后需要对举报线索进行分析判断并作出相应决定。

当执行处判定举报线索具有调查价值,且廉政公署具有管辖权时,即进入下一程序,是案件的调查,由执行处负责对政府部门和私营部门的贪腐问题及相关罪行进行侦查和调查。《防止贿赂条例》给予廉政公署更广泛的权力,使其能有力地展开调查活动,并及时控制相关人员和固定证据。譬如,调查人员可以在无须授权的情况下,就条例所规定的犯罪行为展开逮捕。与此同时,规定了详细的调查程序要求,使调查活动在法制化的轨道上进行,避免廉政公署工作人员滥用调查职权。

5. 防止贪污处

防止贪污处主要负责防止贪污腐败的发生的相关体制机制、制度设计,从防患于未然的角度,开展相关工作。

防止贪污处的一大职责是严格地、透彻地审查法律确定的政府部门和公共机构的工作和程序,发现其中可能造成贪污腐败或者给贪污腐败创造条件的流程漏洞,并提出对其进行体制机制方面改革的建议和制度设计,消除逾越法律规定的特权、调整不恰当的法律程序并提高工作效率、优化工作流程。

廉政公署内部各个部门紧密配合、协调统一,各自承担着本部门负责的重要职责,实现了举报、调查、逮捕的高效运转,强有力的职权保障了对犯罪嫌疑人的控制和固定相关证据,结合对工作流程的优化和对廉政清风的宣传教育,多部门合力实现反腐倡廉的效果。

(三)法律权能

廉政公署的权力和职能由《廉政公署条例》和《防止贿赂条例》及相关条例条令规定。

《廉政公署条例》赋予了廉政公署广泛的调查权,包括独立进行反贿赂的调查和查处行动,具有查阅、调取资料权、无证逮捕权、搜查扣押权、要求单位或个人协助权等,这些权力可以保障廉政公署权威高效地开展反贪污调查、对相关人员进行控制并及时地固定相关证据。

无证逮捕权是一项较为特殊的权力,在执行处有理由怀疑某人触犯了《廉政公署条例》《防止贿赂条例》等法规时，执行处工作人员可以在没有办理拘捕令的情况下先行逮捕，必要时可以动用武力进入有关场所。这项强有力的权力为执行处开展调查、防止犯罪嫌疑人外逃等提供了保障。

同时，执行处有权对犯罪嫌疑人进行搜查，或者对其可能藏匿的地方进行搜查，以及时固定证据。

在廉政公署拥有以上广泛、独立、有力的权力的同时，也对其行使权力的程序和边界进行了规定，以防权力滥用。

（四）调查程序

香港廉政公署的调查过程分为接受举报、展开调查、实施逮捕、进行监控四个环节。

1. 接受贪污举报

廉政公署在执行处设有专门的举报中心，市民可直接向举报中心举报，也可向分区办事处举报，由分区办事处转交给举报中心。举报中心全年无休，每时每刻都在运作，一般情况下，廉政公署会于收到贪污举报后的两天内联络投诉人，安排会见，妥善记录投诉资料，保护其投诉的隐私性、秘密性。

2. 执行处处长级人员评估及分类

对于民众举报的案件，执行处处长级人员进行评估和分类。经过评估，案件线索分为以下三类：

（1）可追查的贪污举报线索；

（2）无法追查的贪污举报线索；

（3）非贪污举报线索。

3. 成立调查小组

对于执行处经评估，认为可追查的贪污举报线索，将成立调查小组，由处内调查科展开具体调查工作。不同类型和性质的案件，由不同的调查科进行调查，分别负责调查公营及私营机构的贪污及相关罪行。

从组织架构上，执行处向审查贪污举报咨询委员会汇报工作，包括执行处评估的三类线索中，可追查的贪污举报线索的调查进度及证据情况和无法追查的贪污举报线索情况。

从实施措施上，执行处有逮捕犯罪嫌疑人的权力，对于有合理理由和证据证明其犯有相应罪行的情况下，执行处可以对其进行逮捕，逮捕后可扣留在廉政公署或交由警署看管。

4. 作出检控

调查结束后，廉政公署将形成调查报告，将调查结果呈交律政司进行审核。律政司的刑事检控高级助理专员对案件报告及相关证据进行审核，作出是否提起检控的决定。

对于作出提起检控决定的案件，按流程进行后续司法程序，由法院作出是否成立触犯《廉政公署条例》、《防止贿赂条例》及《选举（舞弊及非法行为）条例》的罪行并作出判决。

对于不予提起检控的案件，律政司将相关情况汇报给审查贪污举报咨询委员会。

（五）对廉政公署的内部、外部监督

如前所述，廉政公署拥有独立、广泛、有力的职权，为防止权力滥用，根据香港特别行政区《廉政公署条例》的规定，对廉政公署实行内部和外部完备的监察与制衡机制。

1. 内部监督机制

内部监督是指在廉政公署内部设立调查及监察机构（L 组），专门负责调查涉及廉政公署内部人员的违纪行为、对其的贪污指控和非刑事指控，以确保廉政公署自身工作人员清廉高效。

设立廉政公署事宜投诉委员会独立运作，监察及复检所有涉及廉政公署及廉政公署人员的非刑事投诉，以及监察针对廉政公署的职务投诉。

委员会成员由行政长官委任，主席由行政会议成员出任，其他委员包括行政会议及立法会成员和社会贤达。

2. 外部监督机制

外部监督机制主要来自以下三个方面：

一是调查权与检控权分离。廉政公署调查的案件是否提交法庭，须由律政司作出决定。对贪污罪行提出检控须经律政司决定，律政司对刑事案件是否检控有酌情决定权。调查权和检控权分立，可以确保不会单以廉政公署的判断而作检控决定，防止滥权。

二是司法监督。在司法监督下，廉政公署行使某些权力前，必须事先获得法庭的准许。同时，廉政公署会谨慎研究法官就调查工作所提出的意见或批评，并检讨执法程序，确保权力不被滥用。

三是四个咨询委员会的监督。在委以廉政公署重任的同时，香港特别行政区设有四个委员会，分别为贪污问题咨询委员会、审查贪污举报咨询委员会、防止贪污咨询委员会、社区关系市民咨询委员会，分别承担不同的职责。其中，贪污问题咨询委员会负责就香港的贪污问题向廉政专员提供意见；审查贪污举报咨询委员会负责监察廉政公署的调查工作；防止贪污咨询委员会负责向廉政公署建议防贪研究的优先次序及审阅所有完成的防贪研究报告；社区关系市民咨询委员会负责向廉政公署建议推行倡廉教育及争取社会各界支持廉政工作的策略。

其中，审查贪污举报咨询委员会对廉政公署的调查工作起到直接、外部的监察作用，虽然其为非官方组织，但其职权涵盖廉政公署调查工作的全过程，既包括听取对举报线索的判断及处置，又包括重要调查措施，如搜查的适用情况，也包括对于终止调查的决定的审议，同时还可以就个别案件向廉政公署提出质询和意见。

这几个咨询委员会由来自社会各界的贤达组成，主席由非官方人士出任，四个咨询委员会紧密结合廉署的各项业务和职能，负责监督廉署的工作并提出意见。

以上几种内外监督方式相互配合，对廉政公署独立的调查权形成了有效的制衡机制。

（六）特殊要求

1. 制定、完善反腐败法律体系

香港具有完善的反腐败法律制度，包括《廉政公署条例》、《防止贪污条例》、《防止贿赂条例》、《选举（舞弊及非法行为）条例》和《公务员守则》等，使反腐败

执法有法可依,同时规范程序和权限,防止权力滥用。

(1)《廉政公署条例》。1974 年制定的《廉政公署条例》,对廉政公署的机构性质、内设机构组成、反腐败职权、调查流程、相应的内部、外部监督措施等作了全面的规定。

(2)《防止贪污条例》。1948 年制定的《防止贪污条例》,主要规定"贪污"的定义及相应处罚,后经多次修改,不断扩大适用范围,加大处罚力度,对"贪污"的调查及范围采取扩张解释,对于官员拥有的与之收入不相匹配、无法解释来源的财产均可认定为贪污所得。

(3)《防止贿赂条例》。1971 年制定的《防止贿赂条例》,主要对"贿赂"的含义进行了规定,其对政府官员、公共机构和私人机构人员的贪污行为有不同的界定;《防止贿赂条例》同时确定了对贿赂相应的处罚的规定,还对香港廉政公署的部分权力作了规定。

(4)《选举(舞弊及非法行为)条例》。2000 年制定的《选举(舞弊及非法行为)条例》,规定了与选举相关的犯罪行为及对其进行调查和处罚的规定。

(5)《公务员守则》。《公务员守则》是公务员的日常工作、决策和行为的重要指南,内容涵盖公务员应有的基本信念和操守准则。

2. 完善机构和体制设计

在廉政公署成立以前,香港并无专门的反贪污组织。1952 年开始在警队刑事侦察部下设立反贪小组,后经历过一系列机构调整为警署内的反贪污办公室。但在实践中,它隶属于警署,人员、机构、行动和职权缺乏独立性。

廉政公署建立后,作为专门的反贪污机关,其具有高度的独立性,表现在:机构独立、人事独立、财政独立和办案独立。

(1)机构独立。廉政公署为独立的机构,直接受总督领导,免受其他行政机关干扰。

(2)人事独立。人事任命上,廉政专员由总督委任,廉政专员只对总督一人负责,负责指挥和管理廉政公署。人员管理上,在编制上,廉政公署从专员到各级职员都不属于公务员系列,不受公务员条例的约束。

(3)财政独立。廉政公署虽不属于政府机构,但它的经费开支由政府支付。廉政公署有自己独立的预算,有独立、充足的经费保障。

(4)办案独立。根据《廉政公署条例》《防止贿赂条例》《选举(舞弊及非法行为)条例》等法规的规定,廉政公署拥有独立调查权,同时可以行使搜查、扣押、拘捕、审讯等调查措施,必要时可使用武力。

正是在上述方面的独立权力,使廉署从体制及运行上免受其他行政部门的干扰,提高了办案效率,从而令反贪肃贪"一查到底"成为可能。

3. 职权广泛

廉政公署在《廉政公署条例》《防止贪污条例》《防止贿赂条例》《选举(舞弊及非法行为)条例》等文件的授权下,拥有广泛的调查权。

从调查对象上看,廉政公署的调查对象初期为公务员,继而扩展至公共事业机构,进而包括所有私人机构。通过廉政专员书面授权,任何政府部门、公共事业机构和社会私营机构及其工作人员都会成为廉政公署工作人员查询和调查的对象。

从调查权行使上看,廉政公署拥有审查举报并决定调查、无证逮捕权、搜查权等权限,可以对任何作为物证的物品进行搜查、扣押、检查;可以对任何涉嫌贪污者的银行账号和保险箱作出处理,并对其任何相关的财产处置行为作出限制;若廉政公署人员怀疑有人有涉嫌贪污的行为时可以直接对涉嫌贪污者进行搜查;还有权要求任何人提供与案件相关的材料。

三、丹麦

从事全球贪污腐败研究的知名国际非政府组织透明国际(Transparency International)在2025年2月10日发布了2024年全球廉洁指数排名报告,丹麦继续位居全球最清廉国家[1]榜首,其独立、高效的议会监察专员制度(Danish Parliamentary Ombudsman)是世界上最早设立的监察专员制度之一,旨在保障公民在与公共行政机关互动中的合法权益,能够执行良好的权力监督职能。

(一)立法框架

1849年6月5日,丹麦颁布了第一部宪法,明确了丹麦的政治体制。1953

〔1〕 排名前十(含并列)的国家是丹麦、芬兰、新加坡、新西兰、卢森堡、挪威、瑞士、瑞典、荷兰、澳大利亚、冰岛与爱尔兰。

年，丹麦颁布宪法修正案，决定引入议会监察专员制度。1954 年 6 月，丹麦制定《丹麦议会监察专员法》(Ombudsman Act)，正式建立起议会监察专员制度，其详细规定了监察专员的产生方式、监察对象、监察权限、汇报和处置机制等重要内容，构建起丹麦监察制度的基石。

(二)组织机构

从监察主体的角度看，丹麦议会监察专员办公室是一个采取议会监察专员负责制的中央监察机关，议会监察专员由丹麦议会(Folketing)选举产生，对其负责，受其监督。《丹麦议会监察专员法》规定，议会监察专员由议会选举产生，任期 4 年，可连选连任，总任期不得超过 10 年。议会监察专员向议会法律委员会负责，负责的形式主要是提交年度工作报告和特别报告并接受后者的审议。就其性质而言，监察专员的监督不是法院的司法性监督，不是议会的政治性监督，不是政府的行政性监督，也不是媒体等的社会监督。

这种由立法机关产生和监督、独立于行政机关之外并对行政机关进行异体监督的制度设计，保障了监察专员能够高效地履行良好的权力监督职能。

在横向机构设置上，在议会监察专员之下，设有投诉处理部门、监督部门、法律事务部门、国际合作等内设机构，各部门分管一定领域的具体工作，相互配合，组织紧密。

(三)监察对象

从监察对象的角度看，丹麦议会监察专员的监察范围经历了从中央机关扩展到地方机关、从国家机关扩展到其他公共机构的发展过程。

根据最新修订的《丹麦议会监察专员法》的规定，“议会监察专员的监察对象主要包括中央及地方政府行政人员与自治团体、军事机关及所属公职人员，包括部长及民选官员，但是不包括法官”，但由议会通过选举而担任公职的人员、律师和法院工作人员不在监察之列。

从调查范围看，监察专员有权调查任何公共活动，可以受理国家公务员有关个人聘用的投诉，包括民事和军事行政管理，但不包括法院的司法行为。

（四）监察内容及职权

丹麦议会监察专员的监察内容主要涵盖效能监察、执法监察和廉政监察三个方面。从监察职权的角度看，《丹麦议会监察专员法》赋予议会监察专员调查权、巡察权、建议权等监察职权。

1. 调查权

议会监察专员既可以对受理的公民投诉的行政机关的不当行为开展调查，也可以根据新闻媒体报道、自己收集的案件线索主动开展调查。“《丹麦议会监察专员法》第6章第19条规定，在调查期间，丹麦议会监察专员享有调阅任何与案件相关的正式与非正式文件、要求被调查机构就调查事宜做出书面报告和询问当事人等权力。”[1]通过接受公民投诉启动调查，或者自己发起主动调查，对官员行为进行合法性、合理性审查并提出改进的建议，监察专员可以发挥强有力的作用。同时，对于案件处理结果是否公开，监察专员有一定的自主选择权，但一般情况下他们会选择对社会公众开放。

2. 巡察权

《丹麦议会监察专员法》第十八条规定，议会监察专员每年可以对监狱、精神病院等公共单位及机构主动实施巡察，以监督弱势群体的权利保护状况。

3. 建议权

议会监察专员提供建议、咨询，帮助政府改进不足。在调查过程中如发现行政机关在组织结构、工作程序和规章制度等方面存在系统性错误或者工作效率低下等问题时，监察专员可以提出建议，帮助政府改进工作。由此可见，监察专员的职权不仅涵盖对官员个人行为的监督，还包括对政府机构的行为、规章制定、行政效率等的全面监督，从而推动政府机构整体的行政效率和管理水平的提高。通常情况下，对于监察专员提出的建议政府部门都会采纳并做出改进；对于建议的落实，由司法委员会来监督政府机构的具体执行。

在丹麦，提起刑事公诉的职责由丹麦检察机关（Anklagemyndigheden）承担。

---

〔1〕 饶志静：《丹麦国会监察使制度初探》，载《人大研究》2007年第10期。

议会监察专员不具备提起公诉的权力，也不能代表公民参与诉讼。如果公民希望就某一行政行为提起诉讼，监察专员可以提供法律指导或建议其申请法律援助。

（五）调查程序

从动态的运行过程来看，丹麦议会监察专员制度的运行过程包括：公民向议会监察专员提出申诉、监察专员审核是否接受并立案、启动调查程序、调查结果公布和反馈、问责等。需要指出的是，这些阶段之间既不是截然分立的，也并非每个阶段都是必然经历的，议会监察专员制度的具体运行情况取决于每个阶段的成立要件与审查结果。

1. 提出申诉

丹麦公民可以直接向监察专员提出申诉，申诉需要满足三个条件才可被受理：其一，申诉行为须在法定时效内；其二，上一级行政机关能够改变的行政决定，在未决定是否改变之前，不能投诉；其三，受理当事人或与案件有直接利害关系的人提出的申诉，投诉必须以书面形式，且签字画押。

2. 监察专员审核

对于公民的申诉，监察专员首先的任务是决定是否应立案并调查。监察专员主要依据法治和良好行政两个原则对受理的所有案件进行评估，负责受理和调查行政失当行为。[1] 每年约有一半左右的申诉因不同原因被拒绝调查，回绝申诉需要清晰明了地向申诉人说明拒绝的原因，并给予建议或是提供法律援助，帮助申诉人解决问题和维护合法权益。

议会监察专员办公室是否受理公民的申诉主要取决于以下三个因素：

第一，公民在向议会监察专员办公室提出申诉之前是否已经穷尽现有的行政救济手段，为避免监察资源的浪费与维护行政机关的权威性，没有穷尽现有行政救济手段的公民申诉是不被受理的。

第二，公民申诉是不是以书面形式提出的。按照《丹麦议会监察专员法》的

---

〔1〕 See Hatchard J. Developing Governmental Accountability: The Role of the Ombudsman, *Third World Legal Studies*, 1992 (9): 215 - 230.

规定，议会监察专员办公室只受理以书面形式提交的申诉申请。

第三，公民申诉是否超出议会监察专员的管辖范围。《丹麦议会监察专员法》第十六条规定，当议会监察专员认为公民申诉案件超出其管辖范围时，可以拒绝受理公民的申诉。

通过上述受理公民申诉的三个成立要件的筛选后，案件进入后续环节。

3. 立案调查

议会监察专员办公室在决定受理公民申诉以后，会启动对申诉案件的立案和启动调查程序，这是议会监察专员制度运行重要阶段。在调查期间，丹麦议会监察专员享有调阅任何与案件相关的正式与非正式文件、要求被调查机构就调查事宜做出书面报告和询问当事人等权力。议会监察专员会在进行详细的调查取证的基础上撰写内容翔实的调查报告，内容涵盖被调查对象工作中存在的问题及其改进建议等方面。与行政法院一样，监察专员也是民众与政府机关之间的“冲突调解人”，其既保障了公民的合法权益，也推动了政府部门的公正与廉洁。

4. 调查结果公布和反馈

议会监察专员将调查结果和工作改进建议以调查报告的形式反馈给被调查对象，由于议会监察专员的建议权对被调查对象不具有直接的法律约束力，被调查对象可能接受也可能拒绝议会监察专员的工作改进建议，这是影响议会监察专员制度运行过程及效率的重要节点。当被调查对象对议会监察专员提出的问题、批评意见和工作改进建议予以接受，并据此改进自己的行政行为或行政机关的规章制度时，议会监察专员制度的运行过程就会宣告结束。反之，如果被调查对象拒绝接受建议或作出改变，议会监察专员会通过动员立法机关等的力量来实现监督效果。

5. 问责

丹麦议会监察专员的主要职责是监督公共行政机关的行为，确保其合法、公正并遵循良好的行政实践。虽然其在行政监督方面具有重要作用，但不具备提起公诉或直接参与诉讼的权力。当被调查对象拒不接受议会监察专员的调查结果和工作改进建议时，议会监察专员可以通过向立法机关报告情况与提出问责建议、将调查结果通过新闻媒体公布于众等多元渠道寻求支持，迫使被调查对象接受其批评意见和工作改进建议。

第三节　国家监察体制法治化改革路径

一、法律制度改革

为了实现权力监督全覆盖的思想，任何行使公权力的人员和机构都要接受监察，不能有死角，在这一方针的指导下，2016 年，党的十八届六中全会决定，在北京市、山西省、浙江省开始进行试点，规定了 12 项监察职权[1]，进行监察体制改革试行。

2017 年，党的十九大报告就如何实现中华民族伟大复兴提出了十四个方面的坚持，落脚点是党的建设。在党的建设领域特别提到了反腐败的新的目标和要求：要夺取反腐败斗争压倒性胜利。从具体措施上，提出要建设覆盖纪检监察系统的检举举报平台；从思想引领上，强化不敢腐的震慑、扎牢不能腐的“笼子”、增强不想腐的自觉；从法律制度上，制定国家监察法，依法赋予监察委员会职责权限和调查手段，用留置取代“两规”措施，依法行使监督国家公权力的合法性。不断践行党中央在十八大后提出的反腐败三阶段理论，从提升威慑震慑，实现“不敢腐”；从加强法律法规、党纪党规建设，实现“不能腐”；通过全方位系统化建设，最终实现“不想腐”的终极目标。

随后，2018 年第十三届全国人民代表大会第一次会议通过《宪法修正案》，集中体现依宪治国、依宪执政的总方针，修正后的宪法在第三章“国家机构”增加了“监察委员会”一节，共 5 条，即第一百二十三条至第一百二十七条。提出监察机关这一独立于“一府两院”的机构，国家权力机构发生变化：人民授权人大及其常委会，人大及其常委会产生一府、一委、两院。同时详细规定了国家监察委员会和地方各级监察委员会的性质、地位、组织体制、领导体制和工作机制，即国家监察体制。

2018 年 3 月 20 日，第十三届全国人民代表大会第一次会议通过《监察法》，是我党在反腐败建设、全面推进依法治国、不断创新治理能力现代化建设上的重

---

〔1〕 自《监察法》实施后，监察委员会根据《监察法》获得了法律上的授权，有 15 项监察职权。

要里程碑。《监察法》总结了党的十八大以来的反腐败经验，确立了国家监察制度，对于构建党统一指挥、全面覆盖、权威高效的中国特色社会主义监察体系具有重要意义，是新时代党和国家自我监督的重要规范。[1]

《监察法》第一条明确指出，“为了深化国家监察体制改革，加强对所有行使公权力的公职人员的监督，实现国家监察全面覆盖，深入开展反腐败工作，推进国家治理体系和治理能力现代化，根据宪法，制定本法”。该条明确了《监察法》的立法目标和现实价值，同时也指出了《监察法》的上位法依据。党的十九大，部署了制定《监察法》、将监察体制改革试点工作在全国推开、组建国家、省、市、县监察委员会的相关工作，以立法形式将实践证明是行之有效的做法和经验上升为法律，将改革的成果固定化、法治化。在《监察法》出台前，行政监察主要限于对行政机关及其工作人员的监督，覆盖面窄，制定《监察法》，就是落实党中央关于监察体制改革的决策部署，通过制度设计补上行政监察范围过窄的短板，真正把所有公权力都关进制度“笼子”，切实做到依法治国、推进治理体系和治理能力现代化。[2]

2019 年 10 月 26 日，第十三届全国人大常委会第十四次会议表决通过《全国人民代表大会常务委员会关于国家监察委员会制定监察法规的决定》，明确“国家监察委员会根据宪法和法律，制定监察法规”，同时对国家监委制定监察法规的范围、程序等进行了明确。在起草过程中，《监察法实施条例》遵循了坚持正确政治方向、坚持职责法定、坚持问题导向、坚持系统集成的原则，把坚持和加强党的全面领导落实到制度设计各方面，严格依据《宪法》和《监察法》立规，不突破《宪法》和《监察法》另行创设制度，集中体现了深化国家监察体制改革的理论、实践和制度成果。

2021 年 9 月 20 日，经党中央批准，国家监察委员会发布公告，为了推动监察工作法治化、规范化，根据《监察法》，结合工作实际，制定《监察法实施条例》。《监察法实施条例》在《监察法》的基础上，进一步明晰监察机关及其职责、监察范围和管辖、监察权限、监察程序、反腐败国际合作、对监察机关和监察人员的监督

〔1〕 参见马怀德：《监察法：新时代党和国家自我监督的重要规范》，载《紫光阁》2018 年第 4 期。

〔2〕 参见中共中央纪律检查委员会法规室、中华人民共和国国家监察委员会法规室编写：《〈中华人民共和国监察法〉释义》，中国方正出版社 2018 年版。

等内容。其指出，监察机关与党的纪律检查机关合署办公，坚持法治思维和法治方法，促进执纪执法贯通、有效衔接司法，实现依纪监督和依法监察、适用纪律和适用法律有机融合。《监察法实施条例》的制定是深化国家监察体制改革这一重大政治体制改革的重要举措，对于进一步强化监察机关的政治机关属性，加强党对监察工作统一领导，不断完善中国特色国家监察体制，健全集中统一、权威高效的监察体系将发挥重要作用。该条例的实施有助于推进监察工作的规范化、法治化、正规化，确保监察权在法治轨道上运行，从而维护宪法和法律的尊严，促进国家治理体系和治理能力现代化。

2024 年 12 月，第十四届全国人民代表大会常务委员会第十三次会议审议通过了《关于修改〈中华人民共和国监察法〉的决定》，持续推进反腐败国家立法，与时俱进修改《监察法》，进一步明确和完善立法目的、监察工作基本原则、监察权限、监察程序及措施和反腐败国际合作等制度，保障监察权在法治轨道上运行。

2025 年 6 月 1 日，国家监察委员会发布 2025 年第 2 号公告，公布 2025 年 4 月 27 日国家监察委员会全体会议修订通过的《监察法实施条例》。

二、改革的法治化进程

总览监察体制改革和反腐败进程，我们认识到纪检监察工作要增强法治意识、程序意识、证据意识，不断提高纪检监察工作规范化、法治化、程序化水平。《监察法》的制定和修改是建立和完善反腐败国家立法、健全反腐败法规制度的重要体现，是对国家监察工作起统领性和基础性作用的反腐败国家立法，集中体现了新时代监察工作高质量发展、以法治思维和法治方式反腐败的重要成果，集中体现依法治国的基本方略，是落实习近平总书记提出的要让任何重大的改革措施做到于法有据，要让法律引导改革的重要体现。

党的十八大后，习近平总书记提出将依法治国作为治国理政的基本方略，要依法治国、依规治党，依法治国首先是依宪治国，共产党作为执政党要依法执政，依宪执政。从法律依据上看，2018 年第十三届全国人民代表大会第一次会议通过《宪法修正案》，增加“监察委员会”一章，同时规定其领导体制、同其他国家机关的关系等；后于 2018 年 3 月 20 日，第十三届全国人民代表大会第一次会议通过了《监察法》，体现了以法治化的思维统领监察体制改革和顶层设计，通过修订

《宪法》、颁布《监察法》及《监察法实施条例》，调整国家机构、赋予监察委员会法定职权、确定其对内、对外关系，解决了反腐败的领导机制、权责关系、职权措施等方面的问题。

党的二十大报告提出要“深化标本兼治，推进反腐败国家立法”，党的二十届三中全会进一步提出“推进反腐败国家立法，修改监察法”的要求。在此基础上，《监察法》修改工作展开，并于2024年12月第十四届全国人民代表大会常务委员会第十三次会议审议通过了《关于修改〈中华人民共和国监察法〉的决定》，持续推进反腐败国家立法，与时俱进修改《监察法》，进一步明确和完善立法目的、监察工作基本原则、监察权限、监察程序及措施和反腐败国际合作等制度，保障监察权在法治轨道上运行。

2024年修正《监察法》，将第五条改为“国家监察工作严格遵照宪法和法律，以事实为根据，以法律为准绳；权责对等，严格监督；遵守法定程序，公正履行职责；尊重和保障人权，在适用法律上一律平等，保障监察对象及相关人员的合法权益；惩戒与教育相结合，宽严相济”，增加了“尊重和保障人权原则”和“遵守法定程序原则”两项基本原则。一方面体现了监察工作与保障人员的有机统一这一法治精神，另一方面突出了程序正义在监察工作中的重要作用，强化了监察立法和监察权运行的法治理念和程序价值。

同时，通过完善监察措施、监察程序适用要求，将授权与控权相结合，加强对监察措施、监察程序的适用要求规制，防止权力滥用。监察措施上，此次修改新增了强制到案、责令候查、管护三项监察强制措施，结合原有的留置措施，有利于根据实际情况选择合适的强制措施，加强对被调查人人身自由的保护，避免留置措施滥用；同时规定了三项监察强制措施的适用要求，通过列举的形式，明确了采取各项强制措施的审批、适用等程序性要求；在此基础上增加了强制措施变更制度及其适用条件，增加了将管护、留置措施依法变更为责令候查措施的规定，将尊重和保障人权等法治精神贯穿到本次修改中。监察程序上，明确了“全面依法审理”的工作要求，规定监察机关在调查结束后，应当依法对案件事实和证据、性质认定、程序手续、涉案财物等进行全面审理，切实起到审核把关和监督制约作用。同时完善了监察调查取证的基本要求，修改后的《监察法》第四十三条第二款规定“调查人员应当依法文明规范开展调查工作。严禁以暴力、威胁、引诱、欺骗及其他非法方式收集证据，严禁侮辱、打骂、虐待、体罚或者变相体罚被调查人和涉案人员”，同时增加一款，作为第三款：“监察机关及其工作人员在履行职责过程中应当依法保护企业产权和自主经营权，严禁利用职权非法干扰企业生产经营。需要企业经营者协助调查的，应当保障其人身权利、财产权利和其他合法权益，避免或者尽量减少对企业正常生产经营活动的影响”，专门规定了监察机关履职过程中对企业产权和自主经营权的保护以及对企业经营者人身、财产等合法权益的保护。

三、依法收集审查证据

《监察法》第三条确定了监察委员会对职务犯罪的调查权，这一职务犯罪证据收集主体和程序上的变化意味着，对职务犯罪的追诉流程变为：监察机关调查—检察机关审查并提起公诉—人民法院审判，监察委员会调查成为职务犯罪案件追诉的起点，职务犯罪证据将从监察委员会移送到检察机关、审判机关。为建立权威高效的监督体系，保障监察机关与司法机关办案工作衔接顺畅，针对职务犯罪的特殊证据标准，掌握如何收集职务犯罪的证据尤为重要。

谈及职务犯罪的调查，在《监察法》出台前，其刑事侦查权由公安机关和检察机关行使，案件侦查材料的内容、程序需要遵守《刑事诉讼法》的规定，据此形成的侦查材料自然具有证据能力。《监察法》第三条确立了监察机关的性质和职能，监察机关被确立为职务犯罪的调查主体，独立行使监察权，对职务犯罪进行调查，对涉嫌职务犯罪的，将调查结果移送至人民检察院依法审查、提起公诉；监察机关通过调查收集的物证、书证、证人证言、被调查人供述和辩解、视听资料、电子数据等证据材料即为监察证据，《监察法》第三十六条明确了监察证据“在刑事诉讼中可以作为证据使用”的地位，即监察证据获得了进入《刑事诉讼法》的证据资格。职务犯罪案件的查明主体和程序的变化，对职务犯罪的追诉流程变为：监察机关调查—检察机关审查起诉（并采取强制措施）—人民法院审判，监察机关取代公安机关和检察机关，成为案件追诉的“源头”，其经调查形成的监察证据和材料也将移送至控诉机关、审判机关。但由于《监察法》和《刑事诉讼法》在立法主旨与目的、具体取证要求、规范的详细度等方面存在诸多不同之处，由此而产生了所谓的“监检衔接”问题。

作为职务犯罪案件追诉流程中重要的一环,一个不可避免的问题就是对于监察证据与刑事诉讼证据关系问题的讨论。在此问题上,学界有“程序二元、证据一体”[1]之观点,即监察调查与刑事诉讼在程序上是二元的,但在证据上是一体的,监察机关在调查职务犯罪案件时,对于《监察法》及《监察法实施条例》中,尚未规定的有关证据的内容,应参照《刑事诉讼法》,与刑事诉讼的取证规范、证据规则和证明标准保持一致。[2] 笔者赞同此观点,即就职务犯罪案件调查而言,两个法律在取证规范、证据规则、证明标准方面是一致的,《监察法》中尚未规定的内容应参照《刑事诉讼法》的证据制度执行。在中央纪委法规室、国家监委法规室编写的《〈中华人民共和国监察法〉释义》中写道:“刑事审判关于证据的要求和标准有严格、细致的规定,监察机关收集的证据材料在刑事诉讼中作为证据使用,必须要与其相衔接、相一致。”《刑事诉讼法》对刑事审判的证据种类、取证程序、证据审查和认定的要求、非法证据排除等方面都作了详细的规定,监察机关在调查职务犯罪案件中收集的证据,要经得起控诉机关与审判机关的审查,这既是其进入刑事诉讼程序并作为刑事诉讼证据使用的需要,也是以审判为中心、高质效办案的题中之义。

实践中,由监察委员会调查完结职务犯罪案件向人民检察院移送的过程中,存在证据证明能力、取证流程、非法证据排除等多方面的衔接难题;同时,由于职务犯罪隐蔽性强、主体社会关系复杂的特殊性、调查难度大等特点,实践中监察机关向人民检察院移送案件由于证据不足等原因需要退回补充调查或检察机关自行补充侦查的情况也有发生。因此,探讨如何收集职务犯罪的监察证据十分必要。

探讨如何收集职务犯罪中的证据,有必要回归证据的基本概念进行探讨,根据《刑事诉讼法》第五十条可知,证据是可以用于证明案件事实、符合法定的形式(种类)的材料,并需经过证据能力和证明力双重审查,才可作为定案的根据。一方面,要立足《监察法》及《监察法实施条例》关于证据类型、取证的程序和要求、

---

〔1〕 参见李勇:《〈监察法〉与〈刑事诉讼法〉衔接问题研究——“程序二元、证据一体”理论模型之提出》,载《证据科学》2018 年第 5 期。

〔2〕 参见朱孝清:《刑事诉讼法与监察法衔接中的若干争议问题》,载《中国刑事法杂志》2021 年第 1 期。

满足案件移送的证据材料标准全面客观收集证据，审慎审查证据，确保犯罪事实清楚、证据确实充分；另一方面，要深刻领会我国以审判为中心的司法制度改革要求，即进入刑事诉讼程序的证据材料原则上都应满足《刑事诉讼法》所规定的“刑事审判关于证据种类和取证程序”〔1〕，接受证据能力和证明力的审查，深刻领悟并处理好《监察法》与《刑事诉讼法》在实践中的关系问题。本书认为，职务犯罪案件证据的收集与审查，应当依据法定的种类、按照法定的程序、围绕《刑法》中各罪名的犯罪构成要件收集证据，排除非法证据，达到事实清楚、证据确实充分的证明标准。

---

〔1〕 参见李栋、井晓龙：《刑事诉讼视域下监察证据的证据能力探究》，载《中国人民公安大学学报（社会科学版）》2023 年第 5 期。

第二章　监察机关与监察权

第一节　监察机关及其性质

2018年3月11日，第十三届全国人民代表大会第一次会议通过的《宪法修正案》，将《宪法》第三条第三款“国家行政机关、审判机关、检察机关都由人民代表大会产生，对它负责，受它监督”修改为“国家行政机关、监察机关、审判机关、检察机关都由人民代表大会产生，对它负责，受它监督”。设立中华人民共和国国家监察委员会，不再保留监察部，并入国家监察委员会。在《宪法》第三章“国家机构”中增加了一节“监察委员会”，包括5条，自第一百二十三条至第一百二十七条，分别规定了监察委员会的性质、地位、组织结构、内外关系等内容。由此可见，监察委员会的性质是独立于“一府两院”的国家机关，独立行使国家监察权。

法条链接

《宪法》

第一百二十三条　中华人民共和国各级监察委员会是国家的监察机关。

第一百二十四条　中华人民共和国设立国家监察委员会和地方各级监察委员会。

监察委员会由下列人员组成：

主任，

副主任若干人，

委员若干人。

监察委员会主任每届任期同本级人民代表大会每届任期相同。国家监察委员会主任连续任职不得超过两届。

监察委员会的组织和职权由法律规定。

第一百二十五条　中华人民共和国国家监察委员会是最高监察机关。

国家监察委员会领导地方各级监察委员会的工作，上级监察委员会领导下级监察委员会的工作。

第一百二十六条　国家监察委员会对全国人民代表大会和全国人民代表大会常务委员会负责。地方各级监察委员会对产生它的国家权力机关和上一级监察委员会负责。

第一百二十七条　监察委员会依照法律规定独立行使监察权，不受行政机关、社会团体和个人的干涉。

监察机关办理职务违法和职务犯罪案件，应当与审判机关、检察机关、执法部门互相配合，互相制约。

第二节　监察权的性质及来源

宪法修正后，在第一百二十三条确定了监察机构代表党和国家行使“监察权”，独立于“一府两院”行使职权，我国的政权组织形式也由“人大领导下的一府两院制”转变为“人大领导下的一府一委两院制”。

监察权，是指监察委员会在党直接领导下，代表党和国家对所有行使公权力的公职人员进行监督，既调查职务违法行为又调查职务犯罪行为的权力，依托纪检、拓展监察、衔接司法。[1]

根据《宪法》规定，监察委员会由各级人民代表大会产生，对人民代表大会负责，并接受其监督，同时，国家监察委员会领导地方各级监察委员会工作，上级监

〔1〕 参见中共中央纪律检查委员会法规室、中华人民共和国国家监察委员会法规室编写：《〈中华人民共和国监察法〉释义》，中国方正出版社2018年版，第62页。

察委员会领导下级监察委员会工作;作为反腐败的专职机关,其改变了监察体制改革前检察院反贪反渎的部分职能,检察机关将自行侦查职务犯罪的职能交由监察委员会,保留公诉职能,由监察委员会行使监督、调查、处置三项职能,根据《监察法》及相关法律的规定开展监察活动。

《监察法》第十一条对监察权限作了明确规定,各级监察委员会行使监督、调查和处置三项职能,依据《监察法》及相关法律的规范行使职权,调查权不同于侦查权,不执行《刑事诉讼法》的规定也无须遵守《刑事诉讼法》为规范侦查活动所确立的各项诉讼程序。《监察法实施条例》第二章通过三节分别讲述了监察监督、监察调查、监察处置三项职责的具体内容:

(1)对公职人员开展廉政教育,对其依法履职、秉公用权、廉洁从政从业以及道德操守情况进行监督检查。

(2)对涉嫌贪污贿赂、滥用职权、玩忽职守、权力寻租、利益输送、徇私舞弊以及浪费国家资财等职务违法和职务犯罪进行调查。

(3)对违法的公职人员依法作出政务处分决定;对履行职责不力、失职失责的领导人员进行问责;对涉嫌职务犯罪的,将调查结果移送人民检察院依法审查、提起公诉;向监察对象所在单位提出监察建议。

一、监察监督权

监察监督权,是指监察机关对公职人员依法履职、秉公用权、廉洁从政从业以及道德操守情况进行监督检查的权力,是监察委员会的首要职责。[1] 监察机关依法履行监察监督职责,对公职人员政治品行、行使公权力和道德操守情况进行监督检查,督促有关机关、单位加强对所属公职人员的教育、管理、监督。[2]

具体而言,监察监督包括思想监督、价值监督、工作监督。

思想监督,是指监察机关对公职人员特别是领导人员坚持党的领导、坚持中国特色社会主义制度,贯彻落实党和国家路线方针政策、重大决策部署,履行从严

---

〔1〕 参见中共中央纪律检查委员会法规室、中华人民共和国国家监察委员会法规室编写:《〈中华人民共和国监察法〉释义》,中国方正出版社2018年版,第88页。

〔2〕 参见《监察法实施条例》第十五条。

管理监督职责,依法行使公权力等情况的监督。[1]

价值监督,是指监察机关加强对公职人员理想信念教育、为人民服务教育、宪法法律法规教育和社会主义先进文化、革命文化、中华优秀传统文化教育,弘扬社会主义核心价值观,深入开展警示教育,教育引导公职人员树立正确的权力观、政绩观、事业观,保持为民务实清廉本色。[2]

工作监督,是指监察机关结合公职人员的职责加强日常监督,通过收集群众反映、座谈走访、查阅资料、召集或者列席会议、听取工作汇报和述责述廉、开展监督检查等方式,促进公职人员依法用权、公正用权、为民用权、廉洁用权。[3]

监察监督可以综合运用多种方式进行,包括谈心谈话、专项监督、提出意见或建议等。通过与公职人员进行谈心谈话,发现政治品行、行使公权力和道德操守方面有苗头性、倾向性问题的,及时进行教育提醒。[4] 对于发现的行业性、系统性、区域性的突出问题,以及群众反映强烈的问题,可以通过专项监督进行深入了解,督促有关机关、单位强化治理,促进公职人员履职尽责。[5] 通过以办案促进整改、以监督促进治理,在查清问题、依法处置的同时,剖析问题发生的原因,发现制度建设、权力配置、监督机制等方面存在的问题,向有关机关、单位提出改进工作的意见或者监察建议,促进完善制度,提高治理效能。[6]

同时,工作中应注意形成监督合力,注意与纪律监督、派驻监督、巡视监督统筹衔接,与人大监督、民主监督、行政监督、司法监督、审计监督、财会监督、统计监督、群众监督和舆论监督等贯通协调,健全信息、资源、成果共享等机制,形成监督合力。[7]

二、监察调查权

监察调查权,是指监察机关依法履行监察调查职责,依据《监察法》、《公职人

---

〔1〕 参见《监察法实施条例》第十六条。
〔2〕 参见《监察法实施条例》第十七条。
〔3〕 参见《监察法实施条例》第十八条。
〔4〕 参见《监察法实施条例》第十九条。
〔5〕 参见《监察法实施条例》第二十条。
〔6〕 参见《监察法实施条例》第二十二条。
〔7〕 参见《监察法实施条例》第二十四条。

员政务处分法》和《刑法》等规定对职务违法和职务犯罪进行调查。[1] 可见，监察调查权是监察机关依据法定程序、采取法定措施、对公职人员涉嫌职务违法和职务犯罪的行为进行调查、收集证据的法定职权。《监察法》及《监察法实施条例》对调查程序、措施等进行了详细规定，依据措施强制性的不同，分为非强制性措施、强制性措施和技术手段，具体在“监察措施”一章中详细讲述。

由于监察体制改革后，监察委员会成为负责反腐败工作的专职机关，检察机关将自行侦查职务犯罪的职能交由监察委员会，保留公诉职能，由监察委员会对涉嫌贪污贿赂、滥用职权、玩忽职守、权力寻租、利益输送、徇私舞弊以及浪费国家资财等职务违法和职务犯罪进行调查，实质上其吸收了检察机关的职务犯罪侦查权，但调查权又不等同于侦查权，因此对于调查范围应明确划定。《监察法实施条例》通过列举的方式，将调查范围按照对职务违法行为、职务犯罪行为的调查分别规制。

监察机关负责调查的职务违法，是指公职人员实施的与其职务相关联，虽不构成犯罪但依法应当承担法律责任的下列违法行为：

(1)利用职权实施的违法行为；

(2)利用职务上的影响实施的违法行为；

(3)履行职责不力、失职失责的违法行为；

(4)其他违反与公职人员职务相关的特定义务的违法行为。[2]

监察机关发现公职人员存在其他违法行为，具有下列情形之一的，可以依法进行调查、处置：

(1)超过行政违法追究时效，或者超过犯罪追诉时效、未追究刑事责任，但需要依法给予政务处分的；

(2)被追究行政法律责任，需要依法给予政务处分的；

(3)监察机关调查职务违法或者职务犯罪时，对被调查人实施的事实简单、清楚，需要依法给予政务处分的其他违法行为一并查核的。

监察机关发现公职人员成为监察对象前有前述规定的违法行为的，依照前述

---

〔1〕 参见《监察法实施条例》第二十五条。
〔2〕 参见《监察法实施条例》第二十六条。

规定办理。[1]

监察机关负责调查的职务犯罪包括贪污贿赂犯罪、滥用职权犯罪、玩忽职守犯罪、徇私舞弊犯罪、公职人员在行使公权力过程中涉及的重大责任事故犯罪和公职人员在行使公权力过程中涉及的其他犯罪等几大类。

1. 贪污贿赂犯罪

贪污贿赂犯罪包括贪污罪、挪用公款罪、受贿罪、单位受贿罪、利用影响力受贿罪、行贿罪、对有影响力的人行贿罪、对单位行贿罪、介绍贿赂罪、单位行贿罪、巨额财产来源不明罪、隐瞒境外存款罪、私分国有资产罪、私分罚没财物罪,以及公职人员在行使公权力过程中实施的职务侵占罪,挪用资金罪,对外国公职人员、国际公共组织官员行贿罪,非国家工作人员受贿罪和相关联的对非国家工作人员行贿罪。[2]

2. 滥用职权犯罪

滥用职权犯罪包括滥用职权罪,国有公司、企业、事业单位人员滥用职权罪,滥用管理公司、证券职权罪,食品、药品监管渎职罪,故意泄露国家秘密罪,报复陷害罪,阻碍解救被拐卖、绑架妇女、儿童罪,帮助犯罪分子逃避处罚罪,违法发放林木采伐许可证罪,办理偷越国(边)境人员出入境证件罪,放行偷越国(边)境人员罪,挪用特定款物罪,非法剥夺公民宗教信仰自由罪,侵犯少数民族风俗习惯罪,打击报复会计、统计人员罪,以及司法工作人员以外的公职人员利用职权实施的非法拘禁罪、虐待被监管人罪、非法搜查罪。[3]

3. 玩忽职守犯罪

玩忽职守犯罪包括玩忽职守罪,国有公司、企业、事业单位人员失职罪,签订、履行合同失职被骗罪,国家机关工作人员签订、履行合同失职被骗罪,环境监管失职罪,传染病防治失职罪,商检失职罪,动植物检疫失职罪,不解救被拐卖、绑架妇女、儿童罪,失职造成珍贵文物损毁、流失罪,过失泄露国家秘密罪。[4]

---

[1] 参见《监察法实施条例》第二十七条。
[2] 参见《监察法实施条例》第二十九条。
[3] 参见《监察法实施条例》第三十条。
[4] 参见《监察法实施条例》第三十一条。

4.徇私舞弊犯罪

徇私舞弊犯罪包括徇私舞弊低价折股、出售公司、企业资产罪，非法批准征收、征用、占用土地罪，非法低价出让国有土地使用权罪，非法经营同类营业罪，为亲友非法牟利罪，枉法仲裁罪，徇私舞弊发售发票、抵扣税款、出口退税罪，商检徇私舞弊罪，动植物检疫徇私舞弊罪，放纵走私罪，放纵制售伪劣商品犯罪行为罪，招收公务员、学生徇私舞弊罪，徇私舞弊不移交刑事案件罪，违法提供出口退税凭证罪，徇私舞弊不征、少征税款罪。[1]

5.公职人员在行使公权力过程中涉及的重大责任事故犯罪

公职人员在行使公权力过程中涉及的重大责任事故犯罪包括重大责任事故罪，教育设施重大安全事故罪，消防责任事故罪，重大劳动安全事故罪，强令、组织他人违章冒险作业罪，危险作业罪，不报、谎报安全事故罪，铁路运营安全事故罪，重大飞行事故罪，大型群众性活动重大安全事故罪，危险物品肇事罪，工程重大安全事故罪。[2]

6.公职人员在行使公权力过程中涉及的其他犯罪

公职人员在行使公权力过程中涉及的其他犯罪包括破坏选举罪，背信损害上市公司利益罪，金融工作人员购买假币、以假币换取货币罪，利用未公开信息交易罪，诱骗投资者买卖证券、期货合约罪，背信运用受托财产罪，违法运用资金罪，违法发放贷款罪，吸收客户资金不入账罪，违规出具金融票证罪，对违法票据承兑、付款、保证罪，非法转让、倒卖土地使用权罪，私自开拆、隐匿、毁弃邮件、电报罪，故意延误投递邮件罪，泄露不应公开的案件信息罪，披露、报道不应公开的案件信息罪，接送不合格兵员罪。[3]

在调查过程及后续程序衔接上，监察机关发现依法由其他机关管辖的违法犯罪线索，应当及时移送至有管辖权的机关，具体在监察管辖部分详细论述。监察机关调查结束后，对于应当给予被调查人或者涉案人员行政处罚等其他处理的，依法移送至有关机关。

---

〔1〕 参见《监察法实施条例》第三十二条。
〔2〕 参见《监察法实施条例》第三十三条。
〔3〕 参见《监察法实施条例》第三十四条。

三、监察处置权

监察处置权，是指监察机关对涉嫌职务违法和职务犯罪的监察对象进行调查之后，根据监督、调查结果，依照法定程序予以审查定性并对监察对象作出处分和处理的权利。[1] 监督处置权是监察机关依据法定程序，采取谈话提醒、批评教育、责令检查、问责、政务处分、移送审查起诉等措施对违法的公职人员及单位进行处置的职权。

监察处置包括政务处分、监察问责、监察建议和其他形式，《监察法实施条例》第二章第四节、第五章第五节对处置的分类、适用进行了详细规定。

1. 政务处分

政务处分，是指监察机关对违法的公职人员，依据《监察法》《公职人员政务处分法》等规定作出政务处分决定。[2] 包括警告、记过、记大过、降级、撤职、开除等六种惩戒方式。

程序上，需要符合政务处分决定书的制作、送达、宣布等程序要求和生效、办理期限等要求，避免程序瑕疵。

2. 监察问责

监察机关在追究违法的公职人员直接责任的同时，依法对履行职责不力、失职失责，造成严重后果或者恶劣影响的领导人员予以问责。

监察机关应当组成调查组依法开展问责调查。调查结束后经集体讨论形成调查报告，需要进行问责的按照管理权限作出问责决定，或者向有权作出问责决定的机关、单位书面提出问责建议。[3]

3. 监察建议

监察机关根据监督、调查结果，发现监察对象所在单位在廉政建设、权力制约、监督管理、制度执行以及履行职责等方面存在问题需要整改纠正的，依法提出监察建议。

---

〔1〕 参见杜兴洋主编:《国家监察概论》，武汉大学出版社2019年版，第132页。

〔2〕 参见《监察法实施条例》第三十六条。

〔3〕 参见《监察法实施条例》第三十七条。

监察机关应当跟踪了解监察建议的采纳情况，指导、督促有关单位限期整改，对未达到整改要求的提出进一步整改意见，推动监察建议落实到位。[1]

4. 其他

(1)涉嫌职务违法。

针对有职务违法行为但情节较轻的公职人员，可以采取谈话提醒、批评教育、责令检查，或予以诫勉的手段。谈话提醒、批评教育应当制作记录，由监察机关相关负责人或者承办部门负责人进行，被谈话提醒、批评教育人可以要求所在单位有关负责人陪同；经批准也可以委托其所在单位主要负责人进行。被责令检查的公职人员应当作出书面检查并进行整改，且整改情况要在一定范围内通报。诫勉由监察机关以谈话或者书面方式进行，以谈话方式进行的，应当制作记录。[2]

(2)涉嫌职务犯罪。

监察机关对涉嫌职务犯罪的人员，经调查认为犯罪事实清楚，证据确实、充分，需要追究刑事责任的，依法移送人民检察院审查起诉。[3]

对于涉嫌行贿等犯罪的非监察对象，案件调查终结后依法移送起诉。综合考虑行为性质、手段、后果、时间节点、认罪悔罪态度等具体情况，对于情节较轻，经审批不予移送起诉的，应当采取批评教育、责令具结悔过等方式处置；应当给予行政处罚的，依法移送有关行政执法部门。[4]

在监察处置上，尤其要处理好《监察法》与《中国共产党纪律处分条例》《刑事诉讼法》《监察法实施条例》《公职人员政务处分法》《公务员法》等的衔接，坚持系统思维，整体理解与把握，处理涉嫌职务犯罪行为时，应处理好监察程序同后续司法程序的衔接关系尤为重要。

---

〔1〕 参见《监察法实施条例》第三十九条。
〔2〕 参见《监察法实施条例》第二百三十一条。
〔3〕 参见《监察法实施条例》第三十八条。
〔4〕 参见《监察法实施条例》第二百三十八条。

第三节 监察主体和监察对象

一、监察主体

《监察法》第三条中规定，"各级监察委员会是行使国家监察职能的专责机关"，确定了监察委员会是国家监察权的权力行使主体，明确了各级监察委员会在国家监督体系中的地位。

专责机关，是指专门担负特定职责的机构，对于专责机关的理解，要作限缩解释，不可泛泛地将其理解为专门机关或专门机构。"专责"，一方面体现了监察委员会的专门性职责，另一方面突出体现了其责任，依法行使国家监察权不仅是监察委员会的职权，更是其职责所在。[1]

对于监察主体的理解，离不开对于"独立行使监察权"的理解，这一表述源于《宪法》第一百二十七条第一款，其规定"监察委员会依照法律规定独立行使监察权，不受行政机关、社会团体和个人的干涉"。基于这一点，我国的监察法律体系区别于行政法律体系，也不属于诉讼法律体系。《监察法》第四条第一款通过"监察委员会依照法律规定独立行使监察权，不受行政机关、社会团体和个人的干涉"的表述，突出了监察委员会的独立性，排除行政机关、社会团体和个人对监察权行使的非法干扰和干涉。

从国家机构的角度，《宪法》第一百二十三条规定，中华人民共和国各级监察委员会是国家的监察机关，明确了其独立于"一府两院"的国家机构性质。进而在第一百二十七条规定了监察机关独立行使监察权的基础上，明确指出"监察机关办理职务违法和职务犯罪案件，应当与审判机关、检察机关、执法部门互相配合，互相制约"，印证了其独立监察主体的宪制机关特殊地位，保证了监察主体的独特性和专门性。

---

〔1〕 参见中共中央纪律检查委员会法规室、中华人民共和国国家监察委员会法规室编写：《〈中华人民共和国监察法〉释义》，中国方正出版社2018年版，第62页。

二、监察对象

国家监察体制改革实现了对所有行使公权力的公职人员的全覆盖,《监察法》第十五条将监察对象列举为:

(1)中国共产党机关、人民代表大会及其常务委员会机关、人民政府、监察委员会、人民法院、人民检察院、中国人民政治协商会议各级委员会机关、民主党派机关和工商业联合会机关的公务员〔1〕,以及参照《公务员法》管理的人员〔2〕;

(2)法律、法规授权或者受国家机关依法委托管理公共事务的组织中从事公务的人员〔3〕;

(3)国有企业管理人员〔4〕;

(4)公办的教育、科研、文化、医疗卫生、体育等单位中从事管理的人员〔5〕;

(5)基层群众性自治组织中从事管理的人员〔6〕;

---

〔1〕《监察法实施条例》第四十一条第一款规定:“监察法第十五条第一项所称公务员范围,依据《中华人民共和国公务员法》(以下简称公务员法)确定。”

〔2〕《监察法实施条例》第四十一条第二款规定,监察法第十五条第一项所称参照公务员法管理的人员,是指有关单位中经批准参照公务员法进行管理的工作人员。

〔3〕《监察法实施条例》第四十二条规定,监察法第十五条第二项所称法律、法规授权或者受国家机关依法委托管理公共事务的组织中从事公务的人员,是指在上述组织中,除参照公务员法管理的人员外,对公共事务履行组织、领导、管理、监督等职责的人员,包括具有公共事务管理职能的行业协会等组织中从事公务的人员,以及法定检验检测、检疫等机构中从事公务的人员。

〔4〕《监察法实施条例》第四十三条规定,监察法第十五条第三项所称国有企业管理人员,是指国家出资企业中的下列人员:(1)在国有独资、全资公司、企业中履行组织、领导、管理、监督等职责的人员;(2)经党组织或者国家机关,国有独资、全资公司、企业,事业单位提名、推荐、任命、批准等,在国有控股、参股公司及其分支机构中履行组织、领导、管理、监督等职责的人员;(3)经国家出资企业中负有管理、监督国有资产职责的组织批准或者研究决定,代表其在国有控股、参股公司及其分支机构中从事组织、领导、管理、监督等工作的人员。

〔5〕《监察法实施条例》第四十四条规定,监察法第十五条第四项所称公办的教育、科研、文化、医疗卫生、体育等单位中从事管理的人员,是指国家为了社会公益目的,由国家机关举办或者其他组织利用国有资产举办的教育、科研、文化、医疗卫生、体育等事业单位中,从事组织、领导、管理、监督等工作的人员。

〔6〕《监察法实施条例》第四十五条规定,监察法第十五条第五项所称基层群众性自治组织中从事管理的人员,是指该组织中的下列人员:(1)从事集体事务和公益事业管理的人员;(2)从事集体资金、资产、资源管理的人员;(3)协助人民政府从事行政管理工作的人员,包括从事救灾、防疫、抢险、防汛、优抚、帮扶、移民、救济款物的管理,社会捐助公益事业款物的管理,国有土地的经营和管理,土地征收、征用补偿费用的管理,代征、代缴税款,有关计划生育、户籍、征兵工作,协助人民政府等国家机关在基层群众性自治组织中从事的其他管理工作。

(6)其他依法履行公职的人员[1]。

综合《监察法》第三条和第十五条的内容,可以概括出划定监察对象范围的依据,一是看其是否具有公职人员的身份,二是看其是否在行使公权力、履行公务、管理公共事务、提供公共服务或管理公共财产。这些依据是公权、公职、公务、公财组合形成的综合实质性识别标准。[2]

监察体制改革前,反贪反渎职能由行政监察机关、检察院中的反贪反渎部门、党的纪律检查机关组合而成,其监督体制未能覆盖全部行使公权力的人员。在本次监察体制改革中,为了实现对所有行使公权力的公职人员实现全面覆盖,《监察法》第十五条在对监察对象进行判断时,对监察对象所处组织的性质和监察对象个人的身份属性进行综合理解,将监察对象所处的行使公权力的组织或者行使公权力的人员,均被列入监察范围内,突出体现了监察对象的全面性,实现了对所有行使公权力公职人员全覆盖的目标。

第四节　管　辖　权

一、监察机关立案调查的案件范围

《监察法》出台前,检察机关在行使反贪、反渎职能时针对的对象是国家工作人员[3]。同时,《刑法》基于对国家工作人员从严规制的刑事政策,将国家工作人员聚焦于从事公务的人员,作为确定职务犯罪具体罪名的依据。根据 2003 年《全国法院审理经济犯罪案件工作座谈会纪要》进一步解释,“从事公务,是指代

---

〔1〕《监察法实施条例》第四十六条规定,下列人员属于监察法第十五条第六项所称其他依法履行公职的人员:(1)履行人民代表大会职责的各级人民代表大会代表,履行公职的中国人民政治协商会议各级委员会委员、人民陪审员、人民监督员;(2)虽未列入党政机关人员编制,但在党政机关中从事公务的人员;(3)在集体经济组织等单位、组织中,由党组织或者国家机关,国有独资、全资公司、企业,国家出资企业中负有管理监督国有和集体资产职责的组织,事业单位提名、推荐、任命、批准等,从事组织、领导、管理、监督等工作的人员;(4)在依法组建的评标、谈判、询价等组织中代表国家机关,国有独资、全资公司、企业,事业单位,人民团体临时履行公共事务组织、领导、管理、监督等职责的人员;(5)其他依法行使公权力的人员。

〔2〕参见谭宗泽:《论国家监察对象的识别标准》,载《政治与法律》2019 年第 2 期。

〔3〕《刑法》第九十三条第一款规定,国家工作人员是指国家机关中从事公务的人员。

表国家机关、国有公司、企业、事业单位、人民团体等履行组织、领导、监督、管理等职责”。

《监察法》出台后，其第十五条规定，监察机关的管辖范围主要包括公职人员和有关人员，如公务员、参照《公务员法》管理的人员、从事公务的人员等。这些人员如果涉嫌贪污贿赂、滥用职权、玩忽职守等职务违法和职务犯罪，由监察机关进行调查。《监察法》基于对公权力监督全覆盖的目的，将行使公共职权、履行公共职责的公职人员作为监察机关监督、调查的对象，不同于以往刑法意义下的“国家工作人员”，两者内涵不完全相同。

从本质上讲，认定从事公务活动的国家工作人员，前提是其具有管理国家事务或者代表国家参与管理社会事务的职权。从这一意义上说，公职人员完全包含国家工作人员，是《监察法》的监察对象。

由于《刑法》中的“国家工作人员”均为“履行公职的人员”，而“履行公职的人员”未必全部是“国家工作人员”，监察对象一旦涉罪，就应该进一步甄别其在刑法中的具体身份，进而确定其涉嫌犯罪的具体罪名。[1] 例如，监察机关在调查中发现公职人员利用职务上的便利收受贿赂，就需要确定该公职人员是否属于从事公务的国家工作人员，进而确定其收受贿赂的行为是受贿罪还是非国家工作人员受贿罪，由此可见，主体身份的判断，直接关系到提起公诉时罪名的确定。

二、监察机关与其他机关的管辖权竞合

监察机关与公安机关、检察机关在管辖权的竞合问题，主要涉及不同机关之间职能和管辖范围的划分，国家监委与最高人民法院、最高人民检察院、公安部联合印发实施的《关于加强和完善监察执法与刑事司法衔接机制的意见(试行)》，专门就职务犯罪案件办理工作中涉及监察执法和刑事司法衔接问题作出较为全面、系统的规定。

《关于加强和完善监察执法与刑事司法衔接机制的意见(试行)》第二条规定了互涉案件的概念，即“被调查人既涉嫌职务犯罪，又涉嫌其他犯罪的案件”，准确区分和界定互涉案件，对于监察机关、检察机关、公安机关在确定案件管辖、强

---

〔1〕 参见《国家工作人员与公职人员的关系》，载中央纪委国家监委网，https://www.ccdi.gov.cn/yaowenn/202101/t20210127_84672.html。

制措施适用以及办案过程中协同取证、移送起诉等问题具有重要意义。

第一种情况是，监察机关调查过程中发现被调查人既涉嫌严重职务违法或者职务犯罪，又涉嫌其他违法犯罪的。

（1）根据《监察法》第三十七条第二款的规定，被调查人既涉嫌严重职务违法或者职务犯罪，又涉嫌其他违法犯罪的，一般应当由监察机关为主调查，其他机关予以协助。

（2）公职人员既涉嫌贪污贿赂、失职渎职等严重职务违法和职务犯罪，又涉嫌公安机关、人民检察院等机关管辖的犯罪，依法由监察机关为主调查的，应当由监察机关和其他机关分别依职权立案，监察机关承担组织协调职责，协调调查和侦查工作进度、重要调查和侦查措施使用等重要事项。[1]

例如，监察委员会对某涉嫌贪污罪的官员立案调查，在调查过程中发现他还有非法拘禁的犯罪事实，此时，非法拘禁犯罪仍然由公安机关立案调查，但由监察委员会承担组织协调职责，协调贪污罪的调查和公安机关非法拘禁罪的侦查工作进度、重要调查和侦查措施使用等重要事项。

需要注意的是，以监察机关为主调查并不是由监察机关替代包办其他机关职能管辖权限范围内的案件，而是要发挥好组织协调职责，确保各职能部门既各司其职又相互配合，使案件办理实现政治效果、纪法效果和社会效果有机统一。同时，根据以上规定，在互涉案件办理中，监察机关除管辖的101个罪名外，不能对应由其他机关单独管辖的罪名立案调查或者并案调查。

第二种情况是，人民检察院侦查过程中发现犯罪嫌疑人同时涉嫌监察机关管辖的职务犯罪线索的，应遵循以下工作原则与流程：

（1）应当及时与同级监察机关沟通。

（2）经沟通，认为全案由监察机关管辖更为适宜的，人民检察院应当将案件和相应职务犯罪线索一并移送监察机关。

（3）认为由监察机关和人民检察院分别管辖更为适宜的，人民检察院应当将监察委员会管辖的相应职务犯罪线索移送监察委员会，对依法由人民检察院管辖

〔1〕 参见《监察法实施条例》第五十四条。

的犯罪案件继续侦查[1]。

(4)人民检察院应当及时将沟通情况报告上一级人民检察院。沟通期间,人民检察院不得停止对案件的侦查。

第三种情况是,如果案件主要涉嫌刑事犯罪,但其中又涉及公职人员的职务行为,公安机关在侦查过程中应及时与监察机关沟通,确保案件得到妥善处理。

依照《监察法》第三十七条第二款,《监察机关监督执法工作规定》第六条、第六十九条和《中央纪委国家监委立案相关工作程序规定(试行)》第二十四条等规定,上述的监察机关与侦查机关互涉案件各种情况,从最终管辖权归属来看,主要有分案办理、并案办理两种办理模式。

分案办理的模式下,案件就不同的犯罪事实分别管辖,监察机关、侦查机关分别对依法属于其管辖的职务犯罪、普通犯罪案件进行调查、侦查,且一般以监察机关为主调查,侦查机关协助的办理模式。在此种分案办理模式下,调查、侦查终结前,监察机关应当与侦查机关协商,并与检察机关沟通,确定并案审查起诉的检察机关及相关事宜。

并案办理的模式下,监察机关对属于其管辖的职务犯罪和侦查机关管辖的职务犯罪或者普通犯罪案件一并进行调查。其中:

(1)涉及检察机关管辖的司法工作人员利用职权实施的非法拘禁罪、非法搜查罪、刑讯逼供罪、暴力取证罪、虐待被监管人罪、滥用职权罪、玩忽职守罪、徇私枉法罪、私放在押人员罪、失职致使在押人员脱逃罪,以及民事、行政枉法裁判罪,执行判决、裁定失职罪,执行判决、裁定滥用职权罪和徇私舞弊减刑、假释、暂予监外执行罪等14个罪名的,鉴于司法工作人员均属于公职人员、上列犯罪均属于职务犯罪,依照《监察法》第三条、《刑事诉讼法》第十九条第二款、《监察机关监督执法工作规定》第六条第二款和《最高人民检察院关于人民检察院立案侦查司法工作人员相关职务犯罪案件若干问题的规定》,可以由监察机关一并调查,并在调查终结后将全部犯罪事实移送检察机关审查起诉。若检察机关已经立案侦查,经沟通认为全案由监察机关管辖更为适宜的,检察机关应当撤销案件,将案件和相应职务犯罪线索一并移送监察机关。

---

[1] 人民检察院在办理直接受理侦查的案件中,发现犯罪嫌疑人同时涉嫌监察机关管辖的其他职务犯罪,经沟通全案移送监察机关管辖的,监察机关应当依法进行调查。

（2）涉及公安机关管辖的普通犯罪，若并案调查更为适宜，监察机关可以将普通犯罪问题与职务犯罪问题一并调查，必要时可以请公安机关提供协助。

监察机关与公安机关、检察机关在管辖上的竞合问题，需要各机关之间密切协作、相互配合，以确保案件得到公正、高效的处理。《宪法》第一百二十七条在规定了监察机关依法独立行使监察权的基础上，还规定了同其他国家机关合作与制约的机制：监察机关办理职务违法和职务犯罪案件，应当与审判机关、检察机关、执法部门互相配合，互相制约。在调查取证上，监察机关、检察机关或公安机关在办案过程中发现案件不属于自己管辖，需要移交有管辖权的机关调查（侦查）时，将案件移送有管辖权的机关管辖时，随案移交的各类证据材料，经审查符合法定要求的，可以在刑事诉讼中作为证据使用。

互涉案件涉及管辖权竞合的问题，在案件管辖权、事实调查、证据审查等多方面存在较为复杂的情况，检察机关提前介入侦查，发现相关问题线索，利于正确判断案件涉及的主要问题和管辖机关。

以四川刘某富行贿、非法采矿案为例，公安机关在对刘某富涉非法采矿犯罪进行侦查过程中，发现行为人可能涉嫌监察机关管辖的职务犯罪，发现刘某富涉嫌行贿、刘某东涉嫌受贿犯罪问题线索，依程序商请检察机关提前介入侦查，并对行贿、受贿等问题线索进行判断，检察机关建议公安机关依法移交监察机关处理。

案例　四川刘某富行贿、非法采矿案

【基本案情】

被告人刘某富，男，1968年2月4日出生，汉族，四川省某某市市政建设工程有限公司（以下简称市政公司）施工班组长。

1. 行贿罪

2010年至2018年，刘某东历任市政公司副经理、经理、董事长兼总经理。2012年，刘某富经刘某东安排，进入市政公司担任施工班组长。2013年至2018年，刘某东帮助刘某富承接了某某市某某新区健康路、南外环路一期等多个道路建设重大项目。其间，刘某富多次直接或者通过他人给予刘某东（已判决）人民币共计265万元。

2. 非法采矿罪

2017 年 4 月至 5 月,刘某富在对某某市某某区南外环路一期道路工程施工过程中,在没有采矿许可证的情况下,超越限定范围,在某某区某某镇前进村康泰路非法采挖连砂石共计 25340 方。四川省国土资源厅依法认定刘某富非法采矿造成矿产资源破坏价值共计 96.292 万元。2018 年 4 月 11 日,刘某富因涉嫌非法采矿罪,被四川省雅安市公安局采取监视居住强制措施。雅安市雨城区人民检察院在提前介入侦查过程中,发现刘某富涉嫌行贿、刘某东涉嫌受贿犯罪问题线索,经与雅安市公安局沟通,将问题线索移送雅安市监察委员会。2018 年 7 月 16 日,雅安市监察委员会以涉嫌行贿罪对刘某富采取留置措施,2018 年 10 月 11 日向雅安市人民检察院移送起诉。次日,雅安市人民检察院决定将案件交由雅安市雨城区人民检察院办理。2018 年 10 月 17 日,雅安市公安局雨城分局以刘某富涉嫌非法采矿罪向雅安市雨城区人民检察院移送起诉。2019 年 2 月 11 日,雅安市雨城区人民检察院以刘某富涉嫌行贿罪、非法采矿罪提起公诉。2019 年 4 月 23 日,雅安市雨城区人民法院作出一审判决,以行贿罪判处刘某富有期徒刑四年,并处罚金三十万元,以非法采矿罪判处刘某富有期徒刑一年六个月,并处罚金五万元,数罪并罚决定执行有期徒刑五年,并处罚金三十五万元。一审判决后,被告人刘某富未上诉,判决已生效。

【监察、检察履职情况】

1. 检察机关提前介入侦查,发现行贿问题线索,建议公安机关依法移交监察机关处理

雅安市公安机关在对刘某富非法采矿犯罪侦查过程中,检察机关应商请提前介入,通过审查证据材料、会同侦查人员赴现场勘查、联席会议讨论等方式,发现刘某富在没有建设工程资质的情况下,违规担任市政公司施工班组长,借用他人资质承接大量市政公司建设项目。同时刘某富工程建设账目支出情况不清楚,其中可能存在职务违法犯罪问题,检察机关向公安机关提出及时将问题线索移交监察机关处理的建议,推动公安侦查和监察调查有机衔接。

2. 监察机关充分履行组织协调职责,有效提升互涉案件办理质效

2018 年 7 月 6 日,雅安市公安局将刘某富涉嫌行贿、刘某东涉嫌受贿问题线索移交雅安市监察委员会。雅安市监察委员会立即分别成立行贿、受贿案件专案

组并开展初步核实，组织检察、公安等相关单位召开案件会商联席会，梳理互涉案件交织点、取证共通点、办理难点，精准确定调查、侦查方向，统筹推进互涉案件证据收集、调取工作。监察机关在对刘某东受贿案立案后，于2018年7月16日对正被公安机关监视居住的刘某富采取留置措施。监察机关在对行贿、受贿一起查办的同时，也积极为公安机关办理的非法采矿犯罪固定有关证据，做到程序衔接流畅、实体配合高效。

3. 监察机关统筹做好互涉案件移送审查起诉工作，检察机关依法并案审查起诉

鉴于刘某富涉嫌行贿罪、非法采矿罪由监察机关、公安机关分别查办，检察机关在提前介入过程中，及时了解掌握互涉案件办理情况，沟通协商移送起诉工作进度，确保互涉案件同步移送，程序衔接畅通。监察机关在移送审查起诉前，再次邀请检察机关、公安机关进行诉前会商，强化行贿、受贿犯罪的证据材料梳理，为做好职务犯罪调查管辖和其他关联犯罪属地管辖衔接配合，明确以非法采矿案属地管辖为主确定案件管辖，将职务犯罪商请指定管辖并案处理。2018年10月11日、17日，监察机关、公安机关先后向检察机关移送审查起诉，检察机关在分别受理后，为确保互涉案件统一处理，决定并案审查起诉，依法以行贿罪、非法采矿罪向法院提起公诉。

4. 监察机关、检察机关联动配合，及时查明行为人违法所得及获取的不正当利益情况，依法追赃挽损

检察机关审查发现，刘某富通过行贿承接了雅安市19个重要交通道路工程，涉及该市重点打造的川西综合交通枢纽，获取了巨额利益，又在工程建设中通过非法采矿获取更大的非法收益，应依法严惩。为依法追赃挽损，监检配合做好以下工作：一是检察机关要求公安机关补充鉴定，查明刘某富非法开采矿产资源价值共计96.292万元。二是监察机关在受贿行贿一起调查的过程中，查明刘某富通过虚增连砂石用量等方式，在刘某东的帮助下，从市政公司处非法获利1256万余元。三是监察机关、检察机关、公安机关加大协作力度，促使刘某富主动退缴859万元。四是协调公安机关依法处理案件涉及的其他非法所得。在法院判决追缴非法采矿违法所得96.292万元以后，监察机关、检察机关及时与公安机关沟通，对于案件中涉及的其他非法所得，书面建议公安机关依法予以处理。公安机

关协调有关部门依法予以收缴。

【典型意义】

1. 检察机关在办案中发现行贿受贿等职务犯罪问题线索，应当依照规定移送监察机关

检察机关在案件办理和履行法律监督职能过程中，发现行为人可能涉嫌监察机关管辖的职务犯罪的，应当依法严格落实线索移送、职能管辖等规定，向监察机关移送问题线索，或建议有关部门向监察机关移送线索，形成惩治腐败工作合力。对于在提前介入侦查工作中发现行贿犯罪线索的，引导公安机关及时固定证据线索，共同做好线索移送工作。特别是针对在国家重要工作、重点工程、重大项目中的行贿犯罪，应当建议依法严肃查处，精准推进受贿行贿一起查。

2. 监察机关办理互涉案件承担为主调查职责的，要统筹组织协调调查、侦查工作，形成反腐败合力

为主调查的监察机关承担组织协调职责，统筹调查和侦查工作进度、协调调查留置措施和刑事强制措施的衔接适用、协商重要调查和侦查措施使用等重要事项。办理互涉案件的公安机关、检察机关，要主动及时向监察机关通报相关案件的办理情况，以便监察机关能够及时全面掌握互涉案件办理情况。相关办案单位应注重形成合力，全面准确认定犯罪事实和涉嫌罪名，确保互涉案件在办案程序、事实认定和法律适用等方面做到统一均衡。

3. 检察机关对监察机关、公安机关分别移送起诉的互涉案件，可以依职权并案处理，注意做好补查的衔接工作

检察机关应当加强与监察机关、公安机关沟通，协调互涉案件的移送起诉进度，符合并案条件的，在分别受理审查起诉后及时并案处理。需要退回补充调查、退回补充侦查的，检察机关应同时将案件分别退回监察机关、公安机关，并统筹做好程序衔接。符合自行补查条件的，经与监察机关沟通一致，检察机关可以开展自行补充侦查，完善证据体系。

三、监察机关的级别管辖

国家监察委员会是最高监察机关，由全国人民代表大会产生，负责全国监察工作。省、自治区、直辖市、自治州、县、自治县、市、市辖区设立监察委员会，地方

各级监察委员会由本级人民代表大会产生，负责本行政区域内的监察工作。国家监察委员会对全国人民代表大会及其常务委员会负责，并接受其监督。地方各级监察委员会对本级人民代表大会及其常务委员会和上一级监察委员会负责，并接受其监督。这是《监察法》中级别管辖的根本规定。

《监察法》第十六条第二款、第三款规定："上级监察机关可以办理下一级监察机关管辖范围内的监察事项，必要时也可以办理所辖各级监察机关管辖范围内的监察事项。监察机关之间对监察事项的管辖有争议的，由其共同的上级监察机关确定。"进而在《监察法实施条例》中具体规定了监察机关的级别管辖，即监察机关开展监督、调查、处置，按照管理权限与属地管辖相结合的原则，实行分级负责制。

1. 级别管辖的一般规定

设区的市级以上监察委员会按照管理权限，依法管辖同级党委管理的公职人员涉嫌职务违法和职务犯罪案件。

县级监察委员会和直辖市所辖区（县）监察委员会按照管理权限，依法管辖本辖区内公职人员涉嫌职务违法和职务犯罪案件。

同时，此处也提示了可能遇到的两种特殊情况，对于被调查人为公职人员管理权限和属地管辖不一致情况，地方各级监察委员会按照《监察法实施条例》第十三条、第五十二条规定，可以依法管辖工作单位在本辖区内的有关公职人员涉嫌职务违法和职务犯罪案件。监察机关调查公职人员涉嫌职务犯罪案件，可以依法对涉嫌行贿犯罪、介绍贿赂犯罪或者共同职务犯罪的涉案人员中的非公职人员一并管辖并进行调查处置。非公职人员涉嫌利用影响力受贿罪的，监察机关按照其所利用的公职人员的管理权限确定管辖并进行调查处置。[1]

2. 提级管辖

提级管辖，是指上级监察机关对下一级监察机关管辖范围内的职务违法和职务犯罪案件，在满足特定情形的情况下，可以依法提级由本级监察机关进行调查。具体情形包括：(1)在本辖区有重大影响的；(2)涉及多个下级监察机关管辖的监察对象，调查难度大的；(3)其他需要提级管辖的重大、复杂案件。

---

〔1〕 参见《监察法实施条例》第四十九条。

上级监察机关对于所辖各级监察机关管辖范围内有重大影响的案件,必要时可以依法直接调查或者组织、指挥、参与调查。

地方各级监察机关所管辖的职务违法和职务犯罪案件,具有前述规定情形的,可以依法报请上一级监察机关管辖。[1]

实践中,这一类案件调查难度大,需要整合更高、更多的办案力量和办案资源,可见提级管辖是对分级管辖制度的必要补充,便于处理一些难度较大的案件。但同时,上级监察机关在确定提级管辖时也应考虑必要性,过度干预下级监察机关的工作,不仅对上级机关带来过重的办案负担,也不利于下级机关积极性和主动性的发挥,影响整体监察工作的效果。

在上级机关主动提级管辖的同时,《监察法实施条例》第五十条第三款也规定了下一级监察机关报请提级管辖的规定,即地方各级监察机关所管辖的职务违法和职务犯罪案件,具有第一款规定情形的,可以依法报请上一级监察机关管辖。由此可见,对于第一款所规定的三种情形,不仅上级监察机关可以提级管辖,下级监察机关还可以报请提级管辖。实践中,这一规定有利于根据实际情况合理确定管辖权,利于案件调查,提高办案效率。

四、监察机关的指定管辖

《监察法》第十七条规定,“上级监察机关可以将其所管辖的监察事项指定下级监察机关管辖,也可以将下级监察机关有管辖权的监察事项指定给其他监察机关管辖。监察机关认为所管辖的监察事项重大、复杂,需要由上级监察机关管辖的,可以报请上级监察机关管辖”。这是在《监察法》一般管辖的规则之外,针对办案过程中的特殊情况,根据上级监察机关的指定来确认监察事项的具体管辖机关。

指定管辖是对管辖权一般原则的突破,具有合理性基础。对于公职人员的调查,时常存在涉案的公职人员具有较高的级别,在当地形成了错综复杂的权力关系的情况,这样,在当地审理有可能出现不公正、不方便等情况,指定管辖可以排除权力干扰,确保案件审理的公正性。结合长期的反腐败斗争经验,实践中已形

---

〔1〕 参见《监察法实施条例》第五十条。

成了职务犯罪异地管辖的司法惯例，尤其是对于省部级干部职务犯罪案件的跨省管辖、对于厅局级干部的跨市管辖，都是其体现，这有助于提高反腐败治理效率、坚守公平公正，减少对办案人员和过程的干扰。

《监察法实施条例》第五十一条具体规定了指定管辖的适用条件、类型和适用程序等内容。从实施主体和主动性上，指定管辖可以分为上级监察机关自行指定管辖和下级监察机关报请指定管辖。

1. 上级监察机关自行指定管辖

（1）上级监察机关可以依法将其所管辖的案件指定下级监察机关管辖。

在程序上，设区的市级监察委员会将同级党委管理的公职人员涉嫌职务违法或者职务犯罪案件指定下级监察委员会管辖的，应当报省级监察委员会批准；省级监察委员会将同级党委管理的公职人员涉嫌职务违法或者职务犯罪案件指定下级监察委员会管辖的，应当报国家监察委员会相关监督检查部门备案。

（2）对于下级监察机关管辖的具有特定情形的职务违法和职务犯罪案件，上级监察机关认为由其他下级监察机关管辖更为适宜的，可以依法指定给其他下级监察机关管辖。

上级监察机关对于下级监察机关管辖的职务违法和职务犯罪案件，具有下列情形之一，认为由其他下级监察机关管辖更为适宜的，可以依法指定给其他下级监察机关管辖：（1）管辖有争议的；（2）指定管辖有利于案件公正处理的；（3）下级监察机关报请指定管辖的；（4）其他有必要指定管辖的。

同时，在《监察法实施条例》第五十一条第四款规定了指定管辖的限制性规定以及请示报告制度。被指定的下级监察机关未经指定管辖的监察机关批准，不得将案件再行指定管辖。发现新的职务违法或者职务犯罪线索，以及其他重要情况、重大问题，应当及时向指定管辖的监察机关请示报告。[1]

通过以上适用指定管辖的情形及不可再指定管辖的规定可以看出，在《监察法》一般管辖权规则之外设置指定管辖，一方面可以有效解决监察事项管辖权冲突的问题，另一方面有助于促进案件办理公平公正、高效高质，是对管辖权一般规则的突破与补充，有助于促进监察事项得到及时准确的处理，提高监察效率。

---

〔1〕 参见《监察法实施条例》第五十一条。

2. 下级监察机关报请指定管辖

监察机关认为所管辖的监察事项重大、复杂，需要由上级监察机关管辖的，可以报请上级监察机关管辖。[1]

除此之外，监察机关办理职务犯罪案件调查终结，向检察机关移送起诉环节，例如，涉及指定起诉、审判管辖的，须依据《国家监察委员会与最高人民检察院办理职务犯罪案件工作衔接办法》等有关文件的要求，国家监察委员会向最高人民检察院移送的案件，一般应当在移送起诉 20 日前，由最高人民检察院商最高人民法院办理指定管辖事宜，并由最高人民检察院向国家监察委员会通报。地方各级监察机关一般应当在移送起诉 20 日前将商请指定管辖函件送交同级人民检察院，由其商同级人民法院办理指定管辖事宜，由人民法院作出回复并由人民检察院通报监察机关。

第五节　监察工作基本原则

《监察法》第五条规定："国家监察工作严格遵照宪法和法律，以事实为根据，以法律为准绳；权责对等，严格监督；遵守法定程序，公正履行职责；尊重和保障人权，在适用法律上一律平等，保障监察对象及相关人员的合法权益；惩戒与教育相结合，宽严相济。"

《监察法》第五条指出，监察工作的基本原则主要有四个方面，是依法治国这一治国理政方略在监察体制改革上的体现，要求以法治思维和法治方式开展监察工作，使监察工作在法治的框架内开展；切实保护监察对象及相关人员的合法权益；平等适用法律，维护社会公平正义；加强对公权力的监督，防止权力滥用；同时惩教结合，宽严相济，是党的"惩前毖后，治病救人"方针的体现，是十八大以来管党治党经验和策略的体现。

2024 年修正《监察法》，增加了"尊重和保障人权原则"和"遵守法定程序原则"两项基本原则。一方面体现了监察工作与保障人员的有机统一这一法治精

---

〔1〕 参见《监察法》第十七条第二款。

神，另一方面突出了程序正义在监察工作中的重要作用，强化了监察立法和监察权运行的法治理念和程序价值。

《监察法》第六条指出国家监察工作具体措施和目标是：国家监察工作坚持标本兼治、综合治理，强化监督问责，严厉惩治腐败；深化改革、健全法治，有效制约和监督权力；加强法治教育和道德教育，弘扬中华优秀传统文化，构建不敢腐、不能腐、不想腐的长效机制。它体现了党的十九大报告“坚持无禁区、全覆盖、零容忍”的要求，党的二十大报告“反腐败是最彻底的自我革命”的坚定决心，旨在通过法治和德治的结合，形成不敢腐、不能腐、不想腐的长效机制，确保党和国家长治久安。

法治精神与法治手段是贯穿监察体制改革、反腐败工作全过程的，2024 年《监察法》修正尤为强调了法治化精神和程序正义。通过监察体制改革，将原本行政监察部门、人民检察院反贪、反渎职能、党的纪律检查职能整合到一个机关——监察委员会，通过立法的形式赋予其监督、调查、处置的职能，并规定法定的措施与权力，监察机关应按照法定的程序、法定的标准，针对不同的对象，行使法定职权；同时遵循“在法律之外，是没有其他任何权力的”，实现了改革有法可依和法无授权即禁止的统一，实现了授权和控权的统一。

第三章　监察措施

2018 年 3 月 20 日，第十三届全国人民代表大会第一次会议通过的《监察法》规定监察机关有权实施谈话、讯问、询问、留置、查询、冻结、搜查、勘验检查、鉴定、调取、查封、扣押、技术调查、通缉、限制出境等 15 项调查措施。之后，《中国共产党纪律检查机关监督执纪工作规则》《监察机关监督执法工作规定》《监察法实施条例》等规范性文件对 15 项调查措施的适用条件、审批程序等事项予以细化或明确，为理论研究与执纪执法实务提供了指导。

2024 年 12 月 25 日，第十四届全国人大常委会第十三次会议审议通过《关于修改〈中华人民共和国监察法〉的决定》，增设强制到案、责令候查、管护、禁闭、调查实验等措施。具体到每一项措施，其适用对象、适用要求、审批程序及注意事项均不同。本章逐项阐述各类调查措施。

《监察法》第十一条确定了监察机关监督、调查、处置的职能，它是原有行政监察职能、检察院反贪反渎职能、党的纪律检查职能整合而成，实现了对全体行使公权力的人员的全覆盖。进而列举了监察机关可以行使的 16 项措施，即谈话、讯问、强制到案、询问、责令候查、查询、冻结、调取、查封、扣押、搜查、勘验检查和调查实验、鉴定、留置、管护，以及经严格审批流程交有关机关实施的 3 项措施，即技术调查、通缉、限制出境。这 19 项措施，包括对《行政监察法》中所规定的查询、复制、冻结、扣留、封存等措施进行了调整和完善，将反腐败实践中所运用的谈话、询问等措施纳入法定权限，对“双规”等备受争议的措施进行法治化改造形成留置措施,同时规定将公安机关职权范围的技术调查、通缉、限制出境等措施,经审批后,交由公安机关执行。这集中体现了监察体制改革中的法治化思维、法治化方法。

因此,对于监察措施的理解与应用,要结合其职权来源、长期的反腐败实践经验、依法治国基本方略的指引下法治化思维与法治化方法的要求,进行全面、综合的理解。监察体制改革的一大重要价值就是法治化,通过明确、法定的方式规定监察措施适用对象、适用程序、适用方式、适用后果,充分体现了《监察法》制定的目的和价值,也是监察体制改革意义之所在。

第一节 限制人身自由或财产权的强制性措施

一、讯问

《监察法》第二十条规定:“在调查过程中,对涉嫌职务违法的被调查人,监察机关可以进行谈话,要求其就涉嫌违法行为作出陈述,必要时向被调查人出具书面通知。对涉嫌贪污贿赂、失职渎职等职务犯罪的被调查人,检察机关可以进行讯问,要求其如实供述涉嫌犯罪的情况。”

讯问,是调查人员为了获取涉嫌职务犯罪的被调查人的陈述,通过监察机关工作人员提问、被调查人回答的方式,依照法定程序取得被调查人及相关涉案人员职务犯罪事实的口供并将相关证据固定下来的调查措施,通过讯问,查明职务犯罪案件事实,固定相关证据。

由于公职人员贪污、贿赂等职务犯罪行为的高度私密性、主体身份的特殊性、作案手段的隐蔽性、内容的特殊性,通过外部获取客观证据具有较大难度,在这种情况下口供尤为重要。通过当事人的口供结合外部线索,综合判断证据证明能力。区别于谈话,讯问是在已经有证据表明被调查人存在一定问题的情况下,通过讯问获取证据,证明其有重大违法或者犯罪。因此,在适用对象、适用条件、讯问主体上应明确规定,尤其是与谈话、询问等措施要严格区分。

从适用对象上,讯问措施的适用对象是被调查的监察对象,在管辖权范围内,对公职人员和其他涉案人员依法实施,其他人员可能包括对合犯和共同犯罪的情况。同时,由于谈话和询问有着不同的要求和目的,对非职务犯罪的对象不能进行讯问,对涉嫌职务犯罪的被调查人也不能以谈话代替讯问。

从适用条件上,讯问措施适用于被调查人涉嫌职务违法或者职务犯罪,或者涉案人员的对合犯或共同犯罪人员。

从讯问主体上,由于调查事项的特殊性、证据的重要性,讯问不能委托给其他机关行使,只能由监察机关工作人员依法行使。

同时,从本质上而言,监察机关的讯问不同于司法机关的讯问,是组织同个人之间的一种交流方式,体现的是对公权力的监督。

1. 讯问的基本要求

具体而言,讯问的基本要求如下:

(1)履行严格的审批手续,将拟定的讯问提纲、讯问计划等材料及手续逐级报批。

(2)讯问只能由监察机关工作人员依法行使,不能委托给其他机关、个人。

(3)讯问应当个别进行,调查人员不得少于二人。[1]

(4)依法保障被讯问人的权利。

对于被讯问人的权利,《监察法》及其实施条例中明确提出的包括:首先,首次讯问时,应当向被讯问人出示《被调查人权利义务告知书》,由其签名、捺指印。被讯问人拒绝签名、捺指印的,调查人员应当在文书上记明。被讯问人未被限制人身自由的,应当在首次讯问时向其出具《讯问通知书》。[2] 其次,对于讯问的持续时间、保障饮食和必要休息、对聋、哑人员的保障等要求均有规定。最后,在非法证据审查与排除的角度,规定严禁以威胁、引诱、欺骗及其他非法方式获取口供,严禁侮辱、打骂、虐待、体罚或者变相体罚被调查人或涉案人员。以非法方法收集的口供应当依法予以排除,不得作为案件处置的依据。

(5)讯问应当在规定地点进行,讯问被管护人员、被留置人员,应当在留置场所进行。[3]

(6)讯问时,应当告知被讯问人将进行全程同步录音录像。告知情况应当在

[1] 参见《监察法实施条例》第九十条第一款。
[2] 参见《监察法实施条例》第九十条第二款。
[3] 参见《监察法实施条例》第八十九条。

录音录像中予以反映，并在笔录中记明。[1]

录音录像制作成光盘后，需要技术人员、监察机关的讯问人员以及被询问人，三方进行签字，表明这个录音录像没有进行过修改。

（7）《监察法实施条例》第八十二条至第八十六条的要求，也适用于讯问。[2]

（8）坚持以人为本，高度负责，严实深细做好讯问工作，避免为取得口供、撬开嘴巴而不择手段的倾向，要把组织严管厚爱、治病救人的态度融于其中，守住不发生重大安全事故的底线和红线。

2. 讯问的顺序

讯问一般按照下列顺序进行：

（1）核实被讯问人的基本情况，包括姓名、曾用名、出生年月日、户籍地、身份证件号码、民族、职业、政治面貌、文化程度、工作单位及职务、住所、家庭情况、社会经历，是否属于党代表大会代表、人大代表、政协委员，是否受到过党纪政务处分，是否受到过刑事处罚等；

（2）告知被讯问人如实供述自己罪行可以依法从宽处理和认罪认罚的法律规定；

---

〔1〕 参见《监察法实施条例》第九十条第六款。

〔2〕 《监察法实施条例》第八十二条规定：“立案后，与被责令候查人员或者未被限制人身自由的被调查人谈话的，应当在具备安全保障条件的场所进行。调查人员按规定通知被调查人所在单位派员或者被调查人家属陪同被调查人到指定场所的，应当与陪同人员办理交接手续，填写《陪送交接单》。”

第八十三条规定：“调查人员与被强制到案人员、被管护人员、被留置人员或者被禁闭人员谈话的，按照法定程序在执行相关监察强制措施的场所进行。与在押的犯罪嫌疑人、被告人谈话的，应当持以监察机关名义出具的介绍信、工作证件，商请有关案件主管机关依法协助办理。与在看守所、监狱服刑的人员谈话的，应当持以监察机关名义出具的介绍信、工作证件办理。”

第八十四条规定：“与被调查人进行谈话，应当合理安排时间、控制时长，保证其饮食和必要的休息时间。”

第八十五条规定：“谈话笔录应当在谈话现场制作。笔录应当详细具体，如实反映谈话情况。笔录制作完成后，应当交给被调查人核对。被调查人没有阅读能力的，应当向其宣读。笔录记载有遗漏或者差错的，应当补充或者更正，由被调查人在补充或者更正处捺指印。被调查人核对无误后，应当在笔录中逐页签名、捺指印。被调查人拒绝签名、捺指印的，调查人员应当在笔录中记明。调查人员也应当在笔录中签名。”

第八十六条规定：“被调查人请求自行书写说明材料的，应当准许。必要时，调查人员可以要求被调查人自行书写说明材料。被调查人应当在说明材料上逐页签名、捺指印，在末页写明日期。对说明材料有修改的，在修改之处应当捺指印。说明材料应当由二名调查人员接收，在首页记明接收的日期并签名。”

(3)讯问被讯问人是否有犯罪行为，让其陈述有罪的事实或者无罪的辩解，应当允许其连贯陈述。

调查人员的提问应当与调查的案件相关。被讯问人对调查人员的提问应当如实回答。调查人员对被讯问人的辩解，应当如实记录，认真查核。[1]

从形式上，讯问笔录应客观、全面反映被讯问人的真实意思，不能用书面语代替其口语，不得进行违背原意或断章取义的转述和概括；严禁以威胁、引诱、欺骗及其他非法方式获取口供，严禁侮辱、打骂、虐待、体罚或者变相体罚被调查人或涉案人员。从犯罪构成要件角度上，讯问的内容应充分挖掘被讯问人涉嫌职务违法、犯罪的主观故意要件，使讯问笔录与客观证据相互印证，形成完整、可靠的证据链。

3. 讯问程序违法或程序瑕疵的处置

在讯问过程中，如出现程序违法或程序瑕疵，会影响讯问笔录的效力，即笔录的真实性、可靠性，是否符合证据证明能力，依据不同情况进行处置。

讯问程序违法，影响笔录真实性，丧失证据证明能力的情况包括：(1)采用刑讯逼供等非法方法收集犯罪嫌疑人供述的；(2)讯问笔录没有经被告人核对确认的；(3)讯问聋、哑人，应当提供通晓聋、哑手势的人员而未提供的；(4)讯问不通晓当地通用语言、文字的被告人，应当提供翻译人员而未提供的。

讯问程序瑕疵通常未达到影响笔录真实性的程度，如讯问人没有签名、首次讯问笔录没有记录告知被讯问人有关权利和法律规定，这种情况需要依情况作出不同处理，经补正或者作出合理解释的，可以采用；否则不得作为定案的根据。

二、强制到案

《监察法》第二十一条规定："监察机关根据案件情况，经依法审批，可以强制涉嫌严重职务违法或者职务犯罪的被调查人到案接受调查。"

2024 年 12 月 25 日通过的修正后的《监察法》，新增了"强制到案"措施。增加强制到案措施，规定监察机关根据案件情况，可以强制涉嫌严重职务违法或者

[1] 参见《监察法实施条例》第九十条第三款、第四款。

职务犯罪的被调查人到案接受调查，解决监察实践中存在的部分被调查人经通知不到案的问题，增强监察执法权威性。实践中，监察人员根据案件实际情况选择合适的强制措施，解决了以往强制措施单一难以满足办案需求的问题。

监察机关调查严重职务违法或者职务犯罪，对于经通知无正当理由不到案的被调查人，经依法审批，可以强制其到监察机关谈话场所或者留置场所接受调查。〔1〕

具体而言，强制到案的基本要求如下：

(1)首次通知到案一般应当以书面方式，确因情况紧急无法书面通知的，可以通过电话等方式通知，并将相关情况制作工作记录。〔2〕

(2)采取强制到案措施时，调查人员不得少于二人，应当向被强制到案人员出具《强制到案决定书》。〔3〕

(3)监察机关应当立即将被强制到案人员送至监察机关谈话场所或者留置场所。强制到案的时间自被强制到案人员到达相关场所时起算。

被强制到案人员到案后，应当要求其在《强制到案决定书》上填写到案时间，并签名、捺指印；强制到案结束后，应当要求被强制到案人员在《强制到案决定书》上填写结束时间，并签名、捺指印。被强制到案人员拒绝填写或者签名、捺指印的，调查人员应当在文书上记明。

一次强制到案持续的时间不得超过十二小时；依法需要采取管护或者留置措施的，按规定报批后，强制到案持续的时间不得超过二十四小时。两次强制到案间隔的时间不得少于二十四小时，不得以连续强制到案的方式变相拘禁被调查人。两次强制到案的间隔时间从第一次强制到案结束时起算。〔4〕

(4)监察机关强制被调查人到案后，应当对涉嫌职务违法的被调查人及时谈话，对涉嫌职务犯罪的被调查人及时讯问。〔5〕

(5)监察机关在强制到案期限内未作出采取其他监察强制措施决定的，强制

〔1〕 参见《监察法实施条例》第九十九条第一款。
〔2〕 参见《监察法实施条例》第九十九条第二款。
〔3〕 参见《监察法实施条例》第九十九条第三款。
〔4〕 参见《监察法实施条例》第一百条。
〔5〕 参见《监察法实施条例》第一百零一条。

到案期满，应当立即结束强制到案。[1]

三、责令候查

《监察法》第二十三条规定："被调查人涉嫌严重职务违法或者职务犯罪，并有下列情形之一的，经监察机关依法审批，可以对其采取责令候查措施：（一）不具有本法第二十四条第一款所列情形的；（二）符合留置条件，但患有严重疾病、生活不能自理的，系怀孕或者正在哺乳自己婴儿的妇女，或者生活不能自理的人的唯一扶养人；（三）案件尚未办结，但留置期限届满或者对被留置人员不需要继续采取留置措施的；（四）符合留置条件，但因为案件的特殊情况或者办理案件的需要，采取责令候查措施更为适宜的。被责令候查人员应当遵守以下规定：（一）未经监察机关批准不得离开所居住的直辖市、设区的市的城市市区或者不设区的市、县的辖区；（二）住址、工作单位和联系方式发生变动的，在二十四小时以内向监察机关报告；（三）在接到通知的时候及时到案接受调查；（四）不得以任何形式干扰证人作证；（五）不得串供或者伪造、隐匿、毁灭证据。被责令候查人员违反前款规定，情节严重的，可以依法予以留置。"

监察机关调查严重职务违法或者职务犯罪，对于符合《监察法》第二十三条第一款规定的，经依法审批，可以对被调查人采取责令候查措施。[2] 相较于留置措施，责令候查在适用上对于被调查人的人身自由限制较小，解决了以往强制措施单一、留置措施过度干预被调查人人身自由的情况。2024年《监察法》增加责令候查措施，解决了未被采取留置措施的被调查人缺乏相应监督管理措施的问题，同时减少留置措施适用，减少不必要的留置适用，避免对被调查人和相关涉案人员的人身自由造成过度干预，体现了尊重和保障人权、维护监察对象和相关人员合法权益的基本原则。

具体而言，责令候查的基本要求如下：

（1）采取责令候查措施时，调查人员不得少于二人，应当向被责令候查人员宣布《责令候查决定书》，出示《被责令候查人员权利义务告知书》，由被责令候查人员签名、捺指印，要求其遵守《监察法》第二十三条第二款的规定，告知其违反

---

〔1〕 参见《监察法实施条例》第一百零二条。

〔2〕 参见《监察法实施条例》第一百零三条。

规定应负的法律责任。被责令候查人员拒绝签名、捺指印的,调查人员应当在文书上记明。

监察机关将其他监察强制措施变更为责令候查措施的,应当按照前款规定履行权利义务告知程序。[1]

(2)责令候查最长不得超过十二个月,自向被责令候查人员宣布之日起算。[2]

(3)除无法通知的以外,监察机关应当在采取责令候查措施后二十四小时以内,通知被责令候查人员所在单位和家属。当面通知的,由有关人员在《责令候查通知书》上签名。无法当面通知的,可以先以电话等方式通知,并通过邮寄、转交等方式送达《责令候查通知书》,要求有关人员在《责令候查通知书》上签名。有关人员拒绝签名的,调查人员应当在文书上记明。[3]

(4)责令候查应当由决定采取责令候查措施的监察机关执行。

执行责令候查的监察机关应当履行下列职责:

①监督、考察被责令候查人员遵守有关规定,及时掌握其活动、住址、工作单位、联系方式及变动情况;

②审批被责令候查人员离开所居住的直辖市、设区的市的城市市区或者不设区的市、县的辖区(以下统称所居住的市、县)的申请;

③被责令候查人员违反应当遵守的规定的,及时制止或者纠正;

④会同被责令候查人员所在单位、家属等对被责令候查人员开展思想教育、心理疏导工作。[4]

(5)被责令候查人员未经批准不得离开所居住的市、县。确有正当理由需要离开的,应当经决定采取责令候查措施的监察机关批准。

在同一直辖市、设区的市内跨区活动的,不属于离开所居住的市、县。

《监察法实施条例》第一百零七条第一款所称正当理由,是指就医、就学、参与诉讼、往返居住地与工作地、处理重要家庭事务或者参加重要公务、商务活

---

〔1〕参见《监察法实施条例》第一百零四条第一款、第二款。
〔2〕参见《监察法实施条例》第一百零四条第三款。
〔3〕参见《监察法实施条例》第一百零五条。
〔4〕参见《监察法实施条例》第一百零六条。

动等。[1]

(6)被责令候查人员需要离开所居住的市、县的,应当向监察机关提出书面申请,并注明事由、目的地、路线、交通方式、往返日期、联系方式等。监察机关应当自收到书面申请之日起三日以内作出决定。被责令候查人员有紧急事由,无法及时提出书面申请的,可以先行通过电话等方式提出申请,并及时补办书面申请手续。

监察机关批准被责令候查人员离开所居住的市、县的申请后,应当告知其遵守下列要求:①保持联系方式畅通,并在接到通知后及时到案接受调查;②严格按照批准的地点、路线、往返日期出行;③不得从事妨碍调查的活动;④返回居住地后及时向执行机关报告。

对于被责令候查人员因正常工作或者生活需要经常性离开所居住的市、县的,可以根据情况简化批准程序,一次性审批其在特定期间内按照批准的地点、路线出行。[2]

(7)被责令候查人员具有下列情形之一的,可以认定为《监察法》第二十三条第三款所规定的违反责令候查规定,情节严重:①企图逃跑、自杀的;②实施伪造、隐匿、毁灭证据或者串供、干扰证人作证行为,严重影响调查工作正常进行的;③对举报人、控告人、被害人、证人、鉴定人等相关人员实施打击报复的;④未经批准,擅自离开所居住的市、县,严重影响调查工作正常进行,或者两次未经批准,擅自离开所居住的市、县的;⑤经通知无正当理由不到案,严重影响调查工作正常进行,或者两次经通知无正当理由不到案的;⑥住址、工作单位和联系方式等发生变动,未按规定向监察机关报告,导致无法通知到案,严重影响调查工作正常进行的。

依照《监察法》第二十三条第一款第三项规定被责令候查的人员,违反责令候查规定,情节严重,依法应予留置的,省级监察机关应当报请国家监察委员会批准,设区的市级以下监察机关应当逐级报送省级监察机关批准。[3]

(8)被管护人员、被留置人员、被禁闭人员及其近亲属向监察机关申请变更

〔1〕 参见《监察法实施条例》第一百零七条。
〔2〕 参见《监察法实施条例》第一百零八条。
〔3〕 参见《监察法实施条例》第一百零九条。

为责令候查措施的，应当以书面方式提出。监察机关收到申请后，应当在三日以内作出决定。经审查，符合责令候查条件的，可以将管护、留置或者禁闭措施依法变更为责令候查措施；不符合责令候查条件的，应当告知申请人，并说明不同意的理由。[1]

(9)对被责令候查人员不需要继续采取责令候查措施或者责令候查期满的，应当按规定报批后解除责令候查措施。调查人员应当向被责令候查人员宣布《解除责令候查决定书》，由其签名、捺指印。被责令候查人员拒绝签名、捺指印的，调查人员应当在文书上记明。

解除责令候查措施的，应当及时通知被责令候查人员所在单位和家属。当面通知的，由有关人员在《解除责令候查通知书》上签名。无法当面通知的，可以先以电话等方式通知，并通过邮寄、转交等方式送达《解除责令候查通知书》，要求有关人员在《解除责令候查通知书》上签名。有关人员拒绝签名的，调查人员应当在文书上记明。[2]

(10)案件依法移送人民检察院审查起诉的，责令候查措施自移送之日自动解除，不再办理解除法律手续。[3]

四、留置

《监察法》第二十四条规定："被调查人涉嫌贪污贿赂、失职渎职等严重职务违法或者职务犯罪，监察机关已经掌握其部分违法犯罪事实及证据，仍有重要问题需要进一步调查，并有下列情形之一的，经监察机关依法审批，可以将其留置在特定场所：(一)涉及案情重大、复杂的；(二)可能逃跑、自杀的；(三)可能串供或者伪造、隐匿、毁灭证据的；(四)可能有其他妨碍调查行为的。对涉嫌行贿犯罪或者共同职务犯罪的涉案人员，监察机关可以依照前款规定采取留置措施。留置场所的设置、管理和监督依照国家有关规定执行。"

《监察法》实施前，党的纪检监察机构是执行党的纪律的专责机关，有权利对涉嫌腐败的党员领导干部进行调查，实践中，"双规"是一个行之有效的调查措

---

〔1〕 参见《监察法实施条例》第一百一十条。
〔2〕 参见《监察法实施条例》第一百一十一条。
〔3〕 参见《监察法实施条例》第一百一十二条。

施。由于贪污腐败受贿等职务犯罪，被调查人身份特殊，往往具有较高的职务和社会地位，社会关系往往比较复杂，同时，其犯罪行为通常具有隐蔽性和高度私密性。调查过程中，让被调查人在规定的时间、规定的地点交代问题，提升自我认识和思想觉悟，引导他自愿交代，对于获得可靠的口供十分关键。

从法律角度讲“双规”限制了被调查人的人身自由，根据《立法法》第十一条[1]的规定，限制公民人身自由的强制措施，只能根据全国人大及其常委会通过的法律进行限制。因此，在过往的实践中，“双规”等措施曾遭受合法性质疑。

从刑法角度判定被调查人是否构成职务犯罪，要从犯罪构成要件视角进行实质审查，即包括犯罪主体、主观方面、客体和客观方面四个方面，如果被调查人不交代，无法获得口供，仅凭外界证据，无法判断主观动机、因果关系等，直接影响定罪量刑。比如，在被调查人家中查获大量现金，但其拒不交代财产来源，仅可定巨额财产来历不明罪，不能定受贿罪，只有在被调查人自己交代有口供证据印证，才能作为一份证据提交至法庭证明他涉嫌受贿。

为解决调查中这一困境和调查措施的合法性争议，《监察法》规定了留置措施，取代了之前备受争议的“双规”措施，在调查涉嫌贪污贿赂、失职渎职等严重职务违法或者职务犯罪时，已经掌握被调查人部分违法犯罪事实及证据，仍有重要问题需要进一步调查且具备法定情形的情况下，经依法审批后，将被调查人羁押在特定场所，使其就案件所涉及的问题配合调查。由此可见，留置措施具有限制性强、审批严格、措施严厉、限制人身自由的特点，因此法律对可以采取留置措施的情形、不得采取留置措施的人员范围、采取留置措施的流程、协助与措施解除，进行了详细的规定，是监察体制改革合法性的一个重要体现，对于深化国家监察体制改革成果、畅通党纪国法的衔接联系具有重要意义。

（一）可以采取留置措施的情形

《监察法》第二十四条规定，被调查人涉嫌贪污贿赂、失职渎职等严重职务违

[1] 《立法法》第十一条第五项规定：“下列事项只能制定法律：（五）对公民政治权利的剥夺、限制人身自由的强制措施和处罚……”

法或者职务犯罪,监察机关已经掌握其部分违法犯罪事实及证据〔1〕,仍有重要问题〔2〕需要进一步调查,并有下列情形之一的,经监察机关依法审批,可以将其留置在特定场所:

1. 涉及案情重大、复杂的

案情重大、复杂在《监察法》中没有规定具体的标准,但是一般而言可以从数量、情节等方面加以规定:(1)数量是指涉嫌贪污贿赂数量;(2)情节包括失职渎职造成重大人员伤亡或财产损失的,需要监察委通过监察法规进行进一步规制。一般是指涉嫌重大贪污贿赂、失职渎职等职务犯罪的案件情形。但是目前尚未统一标准,很容易成为留置措施适用的"口袋条款",造成留置措施的滥用。

2. 可能逃跑、自杀的〔3〕

具体包括:(1)着手准备自杀、自残或者逃跑的;(2)曾经有自杀、自残或者逃跑行为的;(3)有自杀、自残或者逃跑意图的;(4)其他可能逃跑、自杀的情形。

在被调查人具有逃跑倾向时及时将其留置,能够保证调查活动的顺利进行,节约办案成本,同时使确实违法、犯罪的被调查对象得到应有的惩罚。

3. 可能串供或者伪造、隐匿、毁灭证据的〔4〕

可能串供或者伪造、隐匿、毁灭证据的,具体包括:(1)曾经或者企图串供,伪造、隐匿、毁灭、转移证据的;(2)曾经或者企图威逼、恐吓、利诱、收买证人,干扰证人作证的;(3)有同案人或者与被调查人存在密切关联违法犯罪的涉案人员在逃,重要证据尚未收集完成的;(4)其他可能串供或者伪造、隐匿、毁灭证据的情形。

职务违法与犯罪案件具有较强的隐蔽性,案件取证难度极高,由于身份的特

---

〔1〕《监察法实施条例》第一百二十一条第二款规定:"监察法第二十四条第一款规定的已经掌握其部分违法犯罪事实及证据,是指同时具备下列情形:(一)有证据证明发生了违法犯罪事实;(二)有证据证明该违法犯罪事实是被调查人实施;(三)证明被调查人实施违法犯罪行为的证据已经查证属实。"

〔2〕《监察法实施条例》第一百二十一条第四款规定:"监察法第二十四条第一款规定的重要问题,是指对被调查人涉嫌的严重职务违法或者职务犯罪,在定性处置、定罪量刑等方面有重要影响的事实、情节及证据。"

〔3〕参见《监察法实施条例》第一百二十二条。

〔4〕参见《监察法实施条例》第一百二十三条。

殊性相关犯罪证据容易灭失。对违法与犯罪行为熟知的人大多是同案犯、行贿人或被调查人的亲友,出于惧怕打击报复或维护亲友的心理,这些人与被调查人实施串供、销毁、转移、隐匿证据行为的可能性极高,导致案件的调查陷入僵局。

4. 可能有其他妨碍调查行为的〔1〕

可能有其他妨碍调查行为的,具体包括:(1)可能继续实施违法犯罪行为的;(2)有危害国家安全、公共安全等现实危险的;(3)可能对举报人、控告人、被害人、证人、鉴定人等相关人员实施打击报复的;(4)无正当理由拒不到案,严重影响调查的;(5)其他可能妨碍调查的行为。

对涉嫌行贿犯罪或者共同职务犯罪的涉案人员,监察机关可以依照《监察法》第二十四条第一款规定采取留置措施。留置场所的设置、管理和监督依照国家有关规定执行。〔2〕

与此相衔接,在《监察法实施条例》同时规定了"严重职务违法"的范围及"重要问题"含义,以及"已经掌握其部分违法犯罪事实及证据"所指的具体情形,提升了实践中精准采取留置措施的可操作性。

其中,"严重职务违法"是指根据监察机关已经掌握的事实及证据,被调查人涉嫌的职务违法行为情节严重,可能被给予撤职以上政务处分;"重要问题"是指对被调查人涉嫌的严重职务违法或者职务犯罪,在定性处置、定罪量刑等方面有重要影响的事实、情节及证据;"已经掌握其部分违法犯罪事实及证据"是指同时具备下列情形:(1)有证据证明发生了违法犯罪事实;(2)有证据证明该违法犯罪事实是被调查人实施;(3)证明被调查人实施违法犯罪行为的证据已经查证属实。需要指出的是,部分违法犯罪事实,既可以是单一违法犯罪行为的事实,也可以是数个违法犯罪行为中任何一个违法犯罪行为的事实。

需要注意的是,留置措施适用的情形主要是贪污贿赂、失职渎职等行为严重的情况,其是对人身自由的直接限制,需要同时满足涉案要件、证据要件、法定要件,依照法定流程执行。

---

〔1〕 参见《监察法实施条例》第一百二十四条。
〔2〕 参见《监察法》第二十四条第二款、第三款。

(二)不得采取留置措施的人员

《监察法实施条例》第一百二十五条规定不得实施留置的人员范围,包括三种情形:(1)患有严重疾病、生活不能自理的;(2)怀孕或者正在哺乳自己婴儿的妇女;(3)系生活不能自理的人的唯一扶养人。

这三种情形与《刑事诉讼法》第七十四条[1]规定的监视居住的前三种情形一致,其所指的具体情况及设置原因具有一致性,一方面出于人道主义精神,另一方面由于此类人员妨碍调查的可能性较低、社会危害性较低。上述情形消失后,根据调查需要可以对相关人员采取留置措施。

(三)留置程序

《监察法实施条例》第一百二十六条至第一百三十四条规定了留置措施实施的程序性要求,具体而言包括:

(1)批准手续:监察机关采取留置措施,应当由监察机关领导人员集体研究决定。设区的市级以下监察机关采取留置措施,应当报上一级监察机关批准。省级监察机关采取留置措施,应当报国家监察委员会备案。

(2)调查人员不得少于二人:采取留置措施时,调查人员不得少于二人。[2]

(3)应当向被留置人员宣布《留置决定书》,告知被留置人员权利义务,要求其在《留置决定书》上签名、捺指印。被留置人员拒绝签名、捺指印的,调查人员应当在文书上记明。[3]

(4)通知家属:采取留置措施后,应当在二十四小时以内通知被留置人员所在单位和家属。当面通知的,由有关人员在《留置通知书》上签名。无法当面通知的,可以先以电话等方式通知,并通过邮寄、转交等方式送达《留置通知书》,要求有关人员在《留置通知书》上签名。有关人员拒绝签名的,调查人员应当在文书上记明。

---

〔1〕《刑事诉讼法》第七十四条规定:"人民法院、人民检察院和公安机关对符合逮捕条件,有下列情形之一的犯罪嫌疑人、被告人,可以监视居住:(一)患有严重疾病、生活不能自理的;(二)怀孕或者正在哺乳自己婴儿的妇女;(三)系生活不能自理的人的唯一扶养人……"

〔2〕参见《监察法实施条例》第一百二十六条。

〔3〕参见《监察法实施条例》第一百二十六条。

因可能导致伪造、隐匿、毁灭证据，干扰证人作证或者串供等有碍调查情形而不宜通知的，应当按规定报批，记录在案。有碍调查的情形消失后，应当立即通知被留置人员所在单位和家属。[1]

(5)监察机关采取留置措施后，应当在二十四小时以内对涉嫌职务违法的被调查人进行谈话，对涉嫌职务犯罪的被调查人进行讯问。[2]

(四)留置期限

留置时间不得超过三个月，自向被留置人员宣布之日起算。

1. 留置期限的延长

具有下列情形之一的，经审批可以延长一次，延长时间不得超过三个月：

(1)案情重大，严重危害国家利益或者公共利益的；

(2)案情复杂，涉案人员多、金额巨大，涉及范围广的；

(3)重要证据尚未收集完成，或者重要涉案人员尚未到案，导致违法犯罪的主要事实仍须继续调查的；

(4)其他需要延长留置时间的情形。

2. 留置期限延长的批准

省级以下监察机关采取留置措施的，延长留置时间应当报请上一级监察机关批准。

延长留置时间的，应当在留置期满前向被留置人员宣布延长留置时间的决定，要求其在《延长留置时间决定书》上签名、捺指印。被留置人员拒绝签名、捺指印的，调查人员应当在文书上记明。

延长留置时间的，应当及时通知被留置人员所在单位和家属。[3]

3. 涉嫌职务犯罪等的留置期限再延长

对涉嫌职务犯罪的被调查人可能判处十年有期徒刑以上刑罚，监察机关按照《监察法实施条例》第一百二十九条规定延长期限届满，仍不能调查终结的，经审

---

〔1〕 参见《监察法实施条例》第一百二十七条。
〔2〕 参见《监察法实施条例》第一百二十八条。
〔3〕 参见《监察法实施条例》第一百二十九条。

批可以再延长，再延长时间不得超过二个月。

省级以下监察机关需要再延长留置时间的，应当逐级报送国家监察委员会批准。

再延长留置时间的，应当在留置期满前向被留置人员宣布再延长留置时间的决定，要求其在《再延长留置时间决定书》上签名、捺指印。被留置人员拒绝签名、捺指印的，调查人员应当在文书上记明。

再延长留置时间的，应当及时通知被留置人员所在单位和家属。[1]

4. 留置期限再延长的工作要求

报请批准延长或者再延长留置时间，应当在报请材料中写明被留置人员基本情况、主要案情和留置后调查工作进展情况、下一步调查工作计划、延长或者再延长留置时间的具体理由及起止时间。

报请批准延长或者再延长留置时间，应当根据案件具体情况和实际工作需要，提出合理、必要的时间建议。

上级监察机关收到报请批准延长或者再延长留置时间的申请后，应当及时研究，在原留置期限届满前按程序作出决定。[2]

5. 重新计算留置时间

省级以上监察机关在调查期间，发现涉嫌职务犯罪的被调查人另有与留置时的罪行不同种的重大职务犯罪或者同种的影响罪名认定、量刑档次的重大职务犯罪，经审批可以依照《监察法》第四十八条第三款的规定重新计算留置时间。留置时间重新计算以一次为限。

依照《监察法实施条例》第一百三十二条第一款规定重新计算留置时间的，国家监察委员会调查部门应当自发现之日起五日以内履行报批程序，省级监察机关应当自发现之日起五日以内报请国家监察委员会批准。

重新计算留置时间的，应当自作出决定之日起五日以内向被留置人员宣布，要求其在《重新计算留置时间决定书》上签名、捺指印，并及时通知被留置人员所

---

〔1〕 参见《监察法实施条例》第一百三十条。

〔2〕 参见《监察法实施条例》第一百三十一条。

在单位和家属。被留置人员拒绝签名、捺指印的,调查人员应当在文书上记明。[1]

重新计算留置时间的,留置时间不得超过三个月。新发现的罪行具有《监察法实施条例》第一百二十九条、第一百三十条规定情形的,可以依法延长和再延长留置时间。但是,此前已经根据《监察法实施条例》第一百三十条规定再延长留置时间的,不得再次适用该规定再延长留置时间。[2]

(五)留置的解除或变更措施

对被留置人员不需要继续采取留置措施的,应当按规定报批后解除留置或者变更为责令候查措施。留置期满的,应当按规定报批后予以解除。[3]

解除留置措施的,调查人员应当向被留置人员宣布解除留置措施的决定,由其在《解除留置决定书》上签名、捺指印;变更为责令候查措施的,应当向被留置人员宣布变更为责令候查措施的决定,由其在《变更留置决定书》上签名、捺指印。被留置人员拒绝签名、捺指印的,调查人员应当在文书上记明。

解除留置措施或者变更为责令候查措施的,应当及时通知被留置人员所在单位和家属、申请人。调查人员应当与交接人办理交接手续,并由其在《解除留置通知书》或者《变更留置通知书》上签名。无法通知或者有关人员拒绝签名的,调查人员应当在文书上记明。不得因办理交接手续延迟解除或者变更留置措施。

案件依法移送人民检察院审查起诉的,留置措施自犯罪嫌疑人被执行拘留时自动解除,不再办理解除法律手续。[4]

综上,《监察法》对留置措施的实施规定了严格的适用范围、管辖条件、情节要件、证据要件、程序要求、否定性要件等方面,在实施过程中应严格把握,尤其对于《监察法》第二十四条规定的留置措施适用范围的理解,"严重职务违法"、"职务犯罪"内涵、外延的理解,禁止以"主动配合调查"等为由变相滥用留置措施。同时,在决定、实施留置措施的过程中,尤其要强化程序意识,对留置的决定、文书

---

〔1〕 参见《监察法实施条例》第一百三十二条。
〔2〕 参见《监察法实施条例》第一百三十三条。
〔3〕 参见《监察法实施条例》第一百三十四条第一款。
〔4〕 参见《监察法实施条例》第一百三十四条第二款至第四款。

制作、宣布、执行、通知、期限及延长等要杜绝程序瑕疵，确保调查活动安全、有序进行。

办案过程中，还应注意后续与检察机关的衔接问题，根据相关文件的规定，对于需要移送人民检察院起诉的留置案件，监察机关应当将卷宗、起诉意见书、涉案财物清单、案件移送单等材料一并移送审理部门，由案件监督管理部门协调办理移送检察机关事宜。同时根据《刑事诉讼法》第一百七十条的规定，人民检察院应当对犯罪嫌疑人先行拘留，留置措施自动解除。

2024 年《监察法》修改在现行留置期限规定的基础上增加规定，经国家监察委员会批准或决定，对可能判处十年有期徒刑以上刑罚的案件可以再延长二个月留置期限，省级以上监察机关发现另有重要罪行可以重新计算一次留置期限，以适应监察办案实际，解决重大复杂案件留置期限紧张的问题，保证办案质效。同时，严格限定留置期限再延长和重新计算的审批层级、适用条件和次数等，以防止实践中泛化使用，进一步提升了留置措施执行的规范化程度。

五、管护

《监察法》第二十五条规定："对于未被留置的下列人员，监察机关发现存在逃跑、自杀等重大安全风险的，经依法审批，可以进行管护：（一）涉嫌严重职务违法或者职务犯罪的自动投案人员；（二）在接受谈话、函询、询问过程中，交代涉嫌严重职务违法或者职务犯罪问题的人员；（三）在接受讯问过程中，主动交代涉嫌重大职务犯罪问题的人员。采取管护措施后，应当立即将被管护人员送留置场所，至迟不得超过二十四小时。"

2024 年《监察法》修改增加管护措施，规定监察机关在特定情形下，对存在逃跑、自杀等重大安全风险的涉嫌严重职务违法或者职务犯罪人员，可以进行管护，避免有关人员自动投案或者交代有关问题后因情绪波动等原因发生安全事件。对于管护措施，和前文提到的责令候查、强制到案措施，是 2024 年《监察法》新增加的三项监察强制措施，应制定配套的实施条件、实施程序和相关工作要求，并明确规定申请变更监察强制措施的条件，保障被调查人合法权利，确保相关措施严格规范行使。

具体而言，管护的基本要求如下：

(1)采取管护措施时,调查人员不得少于二人,应当向被管护人员宣布《管护决定书》,告知被管护人员权利义务,要求其在《管护决定书》上签名、捺指印。被管护人员拒绝签名、捺指印的,调查人员应当在文书上记明。[1]

(2)采取管护措施后,应当立即将被管护人员送留置场所,至迟不得超过二十四小时。[2]

(3)采取管护措施后,应当在二十四小时以内通知被管护人员所在单位和家属。当面通知的,由有关人员在《管护通知书》上签名。无法当面通知的,可以先以电话等方式通知,并通过邮寄、转交等方式送达《管护通知书》,要求有关人员在《管护通知书》上签名。有关人员拒绝签名的,调查人员应当在文书上记明。

因可能伪造、隐匿、毁灭证据,干扰证人作证或者串供等有碍调查情形而不宜通知的,应当按规定报批,记录在案。有碍调查的情形消失后,应当立即通知被管护人员所在单位和家属。[3]

(4)监察机关采取管护措施后,应当在二十四小时以内对被管护人员进行谈话、讯问。[4]

(5)管护时间不得超过七日,自向被管护人员宣布之日起算。因案情复杂、疑难,在七日以内无法作出留置或者解除管护决定的,经审批可以延长一日至三日。

延长管护时间的,应当在管护期满前向被管护人员宣布延长管护时间的决定,要求其在《延长管护时间决定书》上签名、捺指印。被管护人员拒绝签名、捺指印的,调查人员应当在文书上记明。

延长管护时间的,应当及时通知被管护人员所在单位和家属。[5]

(6)对被管护人员不需要继续采取管护措施的,应当按规定报批后解除管护或者变更为责令候查措施。管护期满的,应当按规定报批后予以解除。

解除管护措施的,调查人员应当向被管护人员宣布解除管护措施的决定,由

---

〔1〕 参见《监察法实施条例》第一百一十四条。
〔2〕 参见《监察法实施条例》第一百一十五条。
〔3〕 参见《监察法实施条例》第一百一十六条。
〔4〕 参见《监察法实施条例》第一百一十七条。
〔5〕 参见《监察法实施条例》第一百一十八条。

其在《解除管护决定书》上签名、捺指印；变更为责令候查措施的，应当向被管护人员宣布变更为责令候查措施的决定，由其在《变更管护决定书》上签名、捺指印。被管护人员拒绝签名、捺指印的，调查人员应当在文书上记明。

解除管护措施或者变更为责令候查措施的，应当及时通知被管护人员所在单位和家属、申请人。调查人员应当与交接人办理交接手续，并由其在《解除管护通知书》或者《变更管护通知书》上签名。无法通知或者有关人员拒绝签名的，调查人员应当在文书上记明。不得因办理交接手续延迟解除或者变更管护措施。[1]

(7)在管护期满前，将管护措施变更为留置措施的，按照《监察法实施条例》关于采取留置措施的规定执行。[2]

六、查询与冻结

《监察法》第二十六条规定："监察机关调查涉嫌贪污贿赂、失职渎职等严重职务违法或者职务犯罪，根据工作需要，可以依照规定查询、冻结涉案单位和个人的存款、汇款、债券、股票、基金份额等财产。有关单位和个人应当配合。冻结的财产经查明与案件无关的，应当在查明后三日内解除冻结，予以退还。"

监察机关调查严重职务违法或者职务犯罪，根据工作需要，按规定报批后，可以依法查询、冻结涉案单位和个人的存款、汇款、债券、股票、基金份额等财产。[3]

《宪法》第十三条明确规定，公民的合法的私有财产不受侵犯。在以往的实践中，办案过程中为避免造成国有资产流失、转移资产等情况，纪委在查处职务犯罪案件时需要将涉案财物进行冻结、查封、扣押。但由于宪法财产权的规定，并没有全国人大及其常委会通过的法律授予纪律检查机构相关权能，使该措施的合法性饱受争议。同"双规"措施一样，通过监察体制改革，法律赋予相关权能，是此次改革法治化的一个重要体现。

查询，是指查询电讯、银行、证券、邮政等掌握违法违纪嫌疑人某种电讯联系、银行存款、证券交易、邮政联系等信息的部门，以获取相应信息。

---

〔1〕 参见《监察法实施条例》第一百一十九条。

〔2〕 参见《监察法实施条例》第一百二十条。

〔3〕 参见《监察法实施条例》第一百三十五条。

冻结，是指冻结银行存款、邮政汇款、证券交易等，以防止违法违纪嫌疑人转移涉案资金、款项。

《监察法》第二十六条明确规定监察机关有权查询、冻结涉案单位和个人的存款、汇款、债券、股票、基金份额等财产。因涉及公民财产权，该措施实施有严格限制，即查询、冻结必须是为了“调查涉嫌贪污贿赂、失职渎职等严重职务违法或者职务犯罪”的需要，具体而言，包括以下几点：

首先，存款等财产必须与被调查的涉嫌贪污贿赂、失职渎职等严重职务违法或者职务犯罪案件相关，即属于被调查人或与案件有牵连的单位和个人财产。

其次，通过查询、冻结存款等财产，可以帮助查明案情，查清被调查人涉嫌违法或犯罪的事实，并防止赃款转移，挽回和减少损失。

最后，通过查询、冻结存款、汇款、债券、股票、基金份额等财产，发现新的线索，扩大调查范围。

1. 基本要求

查询、冻结财产时，调查人员不得少于二人。

冻结财产，应当为被调查人及其所扶养的亲属保留必需的生活费用。[1]

2. 文书要求

调查人员应当出具《协助查询财产通知书》或者《协助冻结财产通知书》，送交银行或者其他金融机构、邮政部门等单位执行。有关单位和个人应当予以配合，并严格保密。

查询财产应当在《协助查询财产通知书》中填写查询账号、查询内容等信息。没有具体账号的，应当填写足以确定账户或者权利人的自然人姓名、身份证件号码或者市场主体名称、统一社会信用代码等信息。

冻结财产应当在《协助冻结财产通知书》中填写冻结账户名称、冻结账号、冻结数额、冻结期限起止时间等信息。冻结数额应当具体、明确，暂时无法确定具体数额的，应当在《协助冻结财产通知书》上明确写明“只收不付”。冻结证券和交易结算资金时，应当明确冻结的范围是否及于孳息。[2]

---

〔1〕　参见《监察法实施条例》第一百三十六条。

〔2〕　参见《监察法实施条例》第一百三十六条。

3. 对查询结果的处置

调查人员可以根据需要对查询结果进行打印、抄录、复制、拍照，要求相关单位在有关材料上加盖证明印章。对查询结果有疑问的，可以要求相关单位进行书面解释并加盖印章。[1]

监察机关对查询信息应当加强管理，规范信息交接、调阅、使用程序和手续，防止滥用和泄露。

调查人员不得查询与案件调查工作无关的信息。[2]

4. 对冻结财产的处置

冻结财产，应当为被调查人及其所扶养的亲属保留必需的生活费用。[3]

冻结财产的期限不得超过六个月。冻结期限到期未办理续冻手续的，冻结自动解除。

有特殊原因需要延长冻结期限的，应当在到期前按原程序报批，办理续冻手续。每次续冻期限不得超过六个月。[4]

已被冻结的财产可以轮候冻结，不得重复冻结。轮候冻结的，监察机关应当要求有关银行或者其他金融机构等单位在解除冻结或者作出处理前予以通知。

监察机关接受司法机关、其他监察机关等国家机关移送的涉案财物后，该国家机关采取的冻结期限届满，监察机关续行冻结的顺位与该国家机关冻结的顺位相同。[5]

5. 冻结财产的通知及告知义务

冻结财产应当通知权利人或者其法定代理人、委托代理人，要求其在《冻结财产告知书》上签名。冻结股票、债券、基金份额等财产，应当告知权利人或者其法定代理人、委托代理人有权申请出售。[6]

---

〔1〕 参见《监察法实施条例》第一百三十七条。
〔2〕 参见《监察法实施条例》第一百三十八条。
〔3〕 参见《监察法实施条例》第一百三十六条第四款。
〔4〕 参见《监察法实施条例》第一百三十九条。
〔5〕 参见《监察法实施条例》第一百四十条。
〔6〕 参见《监察法实施条例》第一百四十一条第一款。

6. 出售冻结财产

对于被冻结的股票、债券、基金份额等财产，权利人或者其法定代理人、委托代理人申请出售，不损害国家利益、被害人利益，不影响调查正常进行的，经审批可以在案件办结前由相关机构依法出售或者变现。对于被冻结的汇票、本票、支票即将到期的，经审批可以在案件办结前由相关机构依法出售或者变现。出售上述财产的，应当出具《许可出售冻结财产通知书》。

出售或者变现所得价款应当继续冻结在其对应的银行账户中；没有对应的银行账户的，应当存入监察机关指定的专用账户保管，并将存款凭证送监察机关登记。监察机关应当及时向权利人或者其法定代理人、委托代理人出具《出售冻结财产通知书》，并要求其签名。拒绝签名的，调查人员应当在文书上记明。[1]

7. 冻结财产的核查与解除

对于冻结财产，应当及时核查。经查明与案件无关的，经审批，应当在查明后三日以内将《解除冻结财产通知书》送交有关单位执行。解除情况应当告知被冻结财产的权利人或者其法定代理人、委托代理人。[2]

从证据收集、审查的角度来看，查询是获取同言词证据构成相互印证、完整稳定的证据链的重要途径，在实践中尤为重要，通过查询收集、审查证据应重视证据完整性、客观性。一方面，通过查询获得的是客观证据，稳定性强，不像言词证据容易掺杂主观性、片面性；另一方面，单纯具有客观证据，无法反映案件的全貌，从职务犯罪案件审理的四要件分析层面来看，无法达到主客观相统一。因此，在调查过程中，既要充分把握每一种调查措施的实施要求、适用范围和特点，又要从案件全局出发，将犯罪构成要件的审查贯穿到调查措施、证据收集与审查的各个环节，综合运用各种调查措施，形成相互印证、完整稳定的证据链，对职务犯罪事实进行准确认定。

七、搜查

《监察法》第二十七条规定："监察机关可以对涉嫌职务犯罪的被调查人以及

[1] 参见《监察法实施条例》第一百四十一条。
[2] 参见《监察法实施条例》第一百四十二条。

可能隐藏被调查人或者犯罪证据的人的身体、物品、住处和其他有关地方进行搜查。在搜查时，应当出示搜查证，并有被调查人或者其家属等见证人在场。搜查女性身体，应当由女性工作人员进行。监察机关进行搜查时，可以根据工作需要提请公安机关配合。公安机关应当依法予以协助。”

监察机关调查职务犯罪案件，为了收集犯罪证据、查获被调查人，按规定报批后，可以依法对被调查人以及可能隐藏被调查人或者犯罪证据的人的身体、物品、住处、工作地点和其他有关地方进行搜查。[1] 搜查措施适用的案件范围限于职务犯罪案件，搜查的范围包括：被调查人的身体、物品和住处；“可能隐藏被调查人或者犯罪证据的人的身体、物品、住处”，即可能窝藏被调查人或者窝藏罪证的人身、物品和住处；“其他有关地方”，是指其他可能与涉嫌职务犯罪的被调查人相关的地方。在实施搜查措施过程中，应注意以下具体要求：

（1）搜查应当在调查人员主持下进行，调查人员不得少于二人。[2]

（2）搜查女性的身体，由女性工作人员进行。[3]

（3）搜查时，应当有被搜查人或者其家属、其所在单位工作人员或者其他见证人在场。[4]

（4）调查人员应当向被搜查人或者其家属、见证人出示《搜查证》，要求其签名或者盖章。被搜查人或者其家属不在场，或者拒绝签名、盖章的，调查人员应当在文书上记明。[5]

（5）搜查时，应当要求在场人员予以配合，不得进行阻碍。对以暴力、威胁等方法阻碍搜查的，应当依法制止。对阻碍搜查构成违法犯罪的，依法追究法律责任。[6]

（6）提请协助。

县级以上监察机关需要提请公安机关依法协助采取搜查措施的，应当按规定报批，请同级公安机关予以协助。提请协助时，应当出具《提请协助采取搜查措

[1] 参见《监察法实施条例》第一百四十三条。
[2] 参见《监察法实施条例》第一百四十四条第一款。
[3] 参见《监察法实施条例》第一百四十四条第一款。
[4] 参见《监察法实施条例》第一百四十四条第二款。
[5] 参见《监察法实施条例》第一百四十四条第二款。
[6] 参见《监察法实施条例》第一百四十五条。

施函》,列明提请协助的具体事项和建议,搜查时间、地点、目的等内容,附《搜查证》复印件。

(7)对搜查取证工作,应当全程同步录音录像。[1]

(8)文书制作。

对搜查情况应当制作《搜查笔录》,将搜查的情况按照搜查的顺序如实记录,写明搜查的时间、地点、过程,发现的证据等与犯罪有关线索。《搜查笔录》由调查人员和被搜查人或者其家属、见证人签名或者盖章。被搜查人或者其家属不在场,或者拒绝签名、盖章的,调查人员应当在笔录中记明。

对于查获的重要物证、书证、视听资料、电子数据及其放置、存储位置应当拍照,并在《搜查笔录》中作出文字说明。[2]

(9)搜查时,应当避免未成年人或者其他不适宜在搜查现场的人在场。

搜查人员应当服从指挥、文明执法,不得擅自变更搜查对象和扩大搜查范围,严禁单独进入搜查区域。搜查的具体时间、方法,在实施前应当严格保密。[3]

(10)在搜查过程中查封、扣押财物和文件的,按照查封、扣押的有关规定办理。[4]

八、查封、扣押

《监察法》第二十八条规定:"监察机关在调查过程中,可以调取、查封、扣押用以证明被调查人涉嫌违法犯罪的财物、文件和电子数据等信息。采取调取、查封、扣押措施,应当收集原物原件,会同持有人或者保管人、见证人,当面逐一拍照、登记、编号,开列清单,由在场人员当场核对、签名,并将清单副本交财物、文件的持有人或者保管人。对调取、查封、扣押的财物、文件,监察机关应当设立专用账户、专门场所,确定专门人员妥善保管,严格履行交接、调取手续,定期对账核实,不得毁损或者用于其他目的。对价值不明物品应当及时鉴定,专门封存保管。查封、扣押的财物、文件经查明与案件无关的,应当在查明后三日内解除查封、扣

[1] 参见《监察法实施条例》第一百四十六条第一款。
[2] 参见《监察法实施条例》第一百四十六条第二款、第三款。
[3] 参见《监察法实施条例》第一百四十七条。
[4] 参见《监察法实施条例》第一百四十八条。

押，予以退还。”

查封，是指监察机关对涉案的财产、文件和电子数据进行封存，以待后续监察行为作出后再行处理的强制措施，禁止任何单位和个人动用的调查措施。

扣押，是指监察机关为了防止涉嫌职务违法犯罪的单位或者个人藏匿、销毁证据，对被调查人涉嫌违法犯罪的财物、文件和电子数据等采取扣留、保管的调查措施，限制其继续对其财产权能的占有和处分，以待后续处理的强制措施。

监察机关按规定报批后，可以依法查封、扣押用以证明被调查人涉嫌违法犯罪以及情节轻重的财物、文件、电子数据等证据材料。

对于被调查人到案时随身携带的物品，以及被调查人或者其他相关人员主动上交的财物和文件，依法需要扣押的，依照《监察法实施条例》第一百五十五条第一款规定办理。对于被调查人随身携带的与案件无关的个人用品，应当逐件登记，随案移交或者退还。〔1〕

具体要求：

（1）查封、扣押时，应当出具《查封/扣押通知书》，调查人员不得少于二人。

持有人拒绝交出应当查封、扣押的财物和文件的，可以依法强制查封、扣押。

调查人员对于查封、扣押的财物和文件，应当会同在场见证人和被查封、扣押财物持有人进行清点核对，开列《查封/扣押财物、文件清单》，由调查人员、见证人和持有人签名或者盖章。持有人不在场或者拒绝签名、盖章的，调查人员应当在清单上记明。

查封、扣押财物，应当为被调查人及其所扶养的亲属保留必需的生活费用和物品。〔2〕

（2）查封、扣押不同物品的要求如下。

其一，查封、扣押不动产和置于该不动产上不宜移动的设施、家具和其他相关财物，以及车辆、船舶、航空器和大型机械、设备等财物，必要时可以依法扣押其权利证书，经拍照或者录像后原地封存。调查人员应当在查封清单上记明相关财物的所在地址和特征，已经拍照或者录像及其权利证书被扣押的情况，由调查人员、见证人和持有人签名或者盖章。持有人不在场或者拒绝签名、盖章的，调查人员

〔1〕 参见《监察法实施条例》第一百五十五条。

〔2〕 参见《监察法实施条例》第一百五十六条第二款至第四款。

应当在清单上记明。

必要时可以将被查封财物交给持有人或者其近亲属保管。调查人员应当告知保管人妥善保管，不得对被查封财物进行转移、变卖、毁损、抵押、赠与等处理。

调查人员应当将《查封/扣押通知书》送达不动产、生产设备或者车辆、船舶、航空器等财物的登记、管理部门，告知其在查封期间禁止办理抵押、转让、出售等权属关系变更、转移登记手续。相关情况应当在查封清单上记明。被查封、扣押的财物已经办理抵押登记的，监察机关在执行没收、追缴、责令退赔等决定时应当及时通知抵押权人。[1]

其二，查封、扣押外币、金银珠宝、文物、名贵字画以及其他不易辨别真伪的贵重物品。

具备当场密封条件的，应当当场密封，由二名以上调查人员在密封材料上签名并记明密封时间。

不具备当场密封条件的，应当在笔录中记明，以拍照、录像等方法加以保全后进行封存。

查封、扣押的贵重物品需要鉴定的，应当及时鉴定。[2]

其三，查封、扣押存折、银行卡、有价证券等支付凭证和具有一定特征能够证明案情的现金。

应当记明特征、编号、种类、面值、张数、金额等，当场密封，由二名以上调查人员在密封材料上签名并记明密封时间。[3]

其四，查封、扣押易损毁、灭失、变质等不宜长期保存的物品以及有消费期限的卡、券。

应当在笔录中记明，以拍照、录像等方法加以保全后进行封存，或者经审批委托有关机构变卖、拍卖。

变卖、拍卖的价款存入专用账户保管，待调查终结后一并处理。[4]

其五，对于可以作为证据使用的录音录像、电子数据存储介质，应当记明案

---

〔1〕 参见《监察法实施条例》第一百五十七条。
〔2〕 参见《监察法实施条例》第一百五十八条第一项。
〔3〕 参见《监察法实施条例》第一百五十八条第二项。
〔4〕 参见《监察法实施条例》第一百五十八条第三项。

由、对象、内容，录制、复制的时间、地点、规格、类别、应用长度、文件格式及长度等，制作清单。具备查封、扣押条件的电子设备、存储介质应当密封保存。必要时，可以请有关机关协助。[1]

其六，对被调查人使用违法犯罪所得与合法收入共同购置的不可分割的财产，可以先行查封、扣押。对无法分割退还的财产，涉及违法的，可以经被调查人申请并经监察机关批准，由被调查人亲属或者被调查人委托的其他人员在监察机关监督下自行变现后上缴违法所得及孳息，也可以由监察机关在结案后委托有关单位拍卖、变卖，退还不属于违法所得的部分及孳息；涉及职务犯罪的，依法移送司法机关处置，并说明涉嫌犯罪所得及孳息数额。[2]

其七，查封、扣押危险品、违禁品，应当及时送交有关部门，或者根据工作需要严格封存保管。[3]

（3）对于需要启封的财物和文件，应当由二名以上调查人员共同办理。重新密封时，由二名以上调查人员在密封材料上签名、记明时间。[4]

（4）查封、扣押涉案财物，应当按规定将涉案财物详细信息、《查封/扣押财物、文件清单》录入并上传监察机关涉案财物信息管理系统。

对于涉案款项，应当在采取措施后十五日以内存入监察机关指定的专用账户。对于涉案物品，应当在采取措施后三十日以内移交涉案财物保管部门保管。因特殊原因不能按时存入专用账户或者移交保管的，应当按规定报批，将保管情况录入涉案财物信息管理系统，在原因消除后及时存入或者移交。[5]

对于已移交涉案财物保管部门保管的涉案财物，根据调查工作需要，经审批可以临时调用，并应当确保完好。调用结束后，应当及时归还。调用和归还时，调查人员、保管人员应当当面清点查验。保管部门应当对调用和归还情况进行登记，全程录像并上传涉案财物信息管理系统。[6]

（5）对于被扣押的股票、债券、基金份额等财产，以及即将到期的汇票、本票、

---

〔1〕 参见《监察法实施条例》第一百五十八条第四项。
〔2〕 参见《监察法实施条例》第一百五十八条第五项。
〔3〕 参见《监察法实施条例》第一百五十八条第六项。
〔4〕 参见《监察法实施条例》第一百五十九条。
〔5〕 参见《监察法实施条例》第一百六十条。
〔6〕 参见《监察法实施条例》第一百六十一条。

支票，依法需要出售或者变现的，按照《监察法实施条例》关于出售冻结财产的规定办理。[1]

(6)监察机关接受司法机关、其他监察机关等国家机关移送的涉案财物后，该国家机关采取的查封、扣押期限届满，监察机关续行查封、扣押的顺位与该国家机关查封、扣押的顺位相同。[2]

(7)对查封、扣押的财物和文件，应当及时进行核查。经查明与案件无关的，经审批，应当在查明后三日以内解除查封、扣押，予以退还。解除查封、扣押的，应当向有关单位、原持有人或者近亲属送达《解除查封/扣押通知书》，附《解除查封/扣押财物、文件清单》，要求其签名或者盖章。[3]

(8)对于主动上交财物的处置。

在立案调查之前，对监察对象及相关人员主动上交的涉案财物，经审批可以接收。

接收时，应当由二名以上调查人员，会同持有人和见证人进行清点核对，当场填写《主动上交财物登记表》。调查人员、持有人和见证人应当在登记表上签名或者盖章。

对于主动上交的财物，应当根据立案及调查情况及时决定是否依法查封、扣押。[4]

九、通缉

《监察法》第三十二条规定："依法应当留置的被调查人如果在逃，监察机关可以决定在本行政区域内通缉，由公安机关发布通缉令，追捕归案。通缉范围超出本行政区域的，应当报请有权决定的上级监察机关决定。"

通缉，是指监察机关对于依法应当留置的在逃被调查人作出决定，并由有管辖权的公安机关发布通缉令，从而缉拿在逃被调查人归案的一种紧急侦查措施。

在实施主体上，由监察机关发布通缉决定，由公安机关执行的动员本地区、毗

〔1〕参见《监察法实施条例》第一百六十二条。
〔2〕参见《监察法实施条例》第一百六十三条。
〔3〕参见《监察法实施条例》第一百六十四条。
〔4〕参见《监察法实施条例》第一百六十五条。

邻地区和其他地区监察机关、公安机关和广大公民协助追捕在逃被调查人，以免其造成更大的损失或逃往国外。

通缉的具体要求如下：

（1）县级以上监察机关对在逃的应当被留置人员，依法决定在本行政区域内通缉的，应当按规定报批，送交同级公安机关执行。送交执行时，应当出具《通缉决定书》，附《留置决定书》等法律文书和被通缉人员信息，以及承办单位、承办人员等有关情况。

通缉范围超出本行政区域的，应当报有决定权的上级监察机关出具《通缉决定书》，并附《留置决定书》及相关材料，送交同级公安机关执行。[1]

（2）国家监察委员会依法需要提请公安部对在逃人员发布公安部通缉令的，应当先提请公安部采取网上追逃措施。如情况紧急，可以向公安部同时出具《通缉决定书》和《提请采取网上追逃措施函》。

省级以下监察机关报请国家监察委员会提请公安部发布公安部通缉令的，应当先提请本地公安机关采取网上追逃措施。[2]

（3）监察机关接到公安机关抓获被通缉人员的通知后，应当立即核实被抓获人员身份，并在接到通知后二十四小时以内派员办理交接手续。边远或者交通不便地区，至迟不得超过三日。

公安机关在移交前，将被抓获人员送往当地监察机关留置场所临时看管的，当地监察机关应当接收，并保障临时看管期间的安全，对工作信息严格保密。

监察机关需要提请公安机关协助将被抓获人员带回的，应当按规定报批，请本地同级公安机关依法予以协助。提请协助时，应当出具《提请协助采取留置措施函》，附《留置决定书》复印件及相关材料。[3]

（4）监察机关对于被通缉人员已经归案、死亡，或者依法撤销留置决定以及发现有其他不需要继续采取通缉措施情形的，应当经审批出具《撤销通缉通知书》，送交协助采取原措施的公安机关执行。需要撤销网上追逃措施的，监察机

---

〔1〕 参见《监察法实施条例》第一百八十八条。

〔2〕 参见《监察法实施条例》第一百八十九条。

〔3〕 参见《监察法实施条例》第一百九十条。

关应当出具《撤销网上追逃通知书》,送交协助采取原措施的公安机关执行。[1]

十、限制出境

《监察法》第三十三条规定:“监察机关为防止被调查人及相关人员逃匿境外,经省级以上监察机关批准,可以对被调查人及相关人员采取限制出境措施,由公安机关依法执行。对于不需要继续采取限制出境措施的,应当及时解除。”

监察机关为防止被调查人及相关人员逃匿境外,按规定报批后,可以依法决定采取限制出境措施,交由移民管理机构依法执行。[2]

限制出境的具体要求如下:

(1)监察机关采取限制出境措施应当出具有关函件,与《采取限制出境措施决定书》等文书材料一并送交移民管理机构执行。其中,采取边控措施的,应当附《边控对象通知书》;采取法定不批准出境措施的,应当附《法定不准出境人员报备表》。[3]

(2)限制出境措施有效期不超过三个月,到期自动解除。

到期后仍有必要继续采取措施的,应当按原程序报批。承办部门应当出具有关函件,在到期前与《延长限制出境措施期限决定书》一并送交移民管理机构执行。延长期限每次不得超过三个月。

到期后仍有必要继续采取法定不批准出境措施的,应当在报备期满三日前按规定再次办理法定不批准出境人员报备手续。[4]

(3)监察机关接到口岸移民管理机构查获被决定采取留置措施的边控对象的通知后,应当于二十四小时以内到达口岸办理移交手续。无法及时到达的,应当委托当地监察机关及时前往口岸办理移交手续。当地监察机关应当予以协助。[5]

(4)对于不需要继续采取限制出境措施的,应当按规定报批,及时予以解除。承办部门应当出具有关函件,与《解除限制出境措施决定书》一并送交移民管理

---

〔1〕 参见《监察法实施条例》第一百九十一条。
〔2〕 参见《监察法实施条例》第一百九十二条。
〔3〕 参见《监察法实施条例》第一百九十三条。
〔4〕 参见《监察法实施条例》第一百九十四条。
〔5〕 参见《监察法实施条例》第一百九十五条。

机构执行。[1]

(5)县级以上监察机关在重要紧急情况下,经审批可以依法直接向口岸所在地口岸移民管理机构提请办理临时限制出境措施,期限不超过七日,不能延期。[2]

赋予监察机关限制出境的权限可以防止因被调查人及其相关人员逃匿境外而导致调查工作无法继续开展,保障调查工作顺利开展。为防止权力滥用,充分保障公民合法权益,其审批主体和程序非常严格,必须由省级以上监察机关批准,具体交由公安机关依法执行。同时,对于不再需要继续采取限制出境措施的,应当及时解除。

第二节 不限制人身自由或财产权的非强制性措施

一、谈话

《监察法》第十九条规定:"对可能发生职务违法的监察对象,监察机关按照管理权限,可以直接或者委托有关机关、人员进行谈话,或者进行函询,要求说明情况。"

最初,谈话是党的纪律检查部门行使党内监督的非常重要的方式,《监察法》颁布后,其上升到一项监察机关的法定权力,经实践验证是一项重要的调查审查措施,尤其对于获取可靠口供有重要作用和价值。

《中国共产党党内监督条例》第七条指出:"党内监督必须把纪律挺在前面,运用监督执纪'四种形态',经常开展批评和自我批评、约谈函询,让'红红脸、出出汗'成为常态;党纪轻处分、组织调整成为违纪处理的大多数;党纪重处分、重大职务调整的成为少数;严重违纪涉嫌违法立案审查的成为极少数。"其目的就是要求反腐败要从小处着眼,防微杜渐,防止领导干部错误越来越大滑向不可挽救的深渊;避免出现"要么是好同志,要么是阶下囚"的情况。

由此可见,谈话这项监察措施,是一个柔性的词,采取这项措施并不代表一定

[1] 参见《监察法实施条例》第一百九十六条。
[2] 参见《监察法实施条例》第一百九十七条。

有问题，其是与党内监督执纪“四种形态”中的第一种形态相匹配，是落实“四种形态”中第一种形态的重要抓手。因其程度较轻，目的就是防微杜渐，防止领导干部的问题越来越严重，避免“好同志”直接沦为“阶下囚”。同时谈话的对象也就比较广泛，是可能发生违纪或者职务违法的监察对象，通过对其进行思想教育，端正被调查人的态度，使其配合调查，以了解真实的情况，是查清事实真相的重要手段。

实践工作中，如监察机关接到检举举报平台的举报或线索、群众信访等情况时，并不代表该领导干部或工作人员已经违法，其真实性有待调查，需要通过谈话引导其主动交代、了解真实情况。落实监督执纪第一种形态，监察机关从日常、小处抓起，对有可能发生职务违法的监察对象，及时进行谈话或要求其说明情况，将监督与教育相结合，保证权力滥用在萌芽状态就被遏制，避免其步入违法犯罪的深渊。

同时，作为一项法定调查措施，通过谈话获得的口供及相关内容，也是收集、固定证据的重要途径。

虽然谈话适用程度较轻的情况，并不代表这项措施可以任意实施，谈话具有法律效力，就监察机关采取谈话措施的对象、适用条件和批准程序也应严格规制。首先，从适用对象上，应为监察机关管辖范围内的监察对象，不得擅自越权谈话；如需对管理权限范围外的干部进行谈话，需履行相应的审批流程。其次，从适用条件上，应限于监察对象可能发生职务违法的情况，把握执纪执法“第一种形态”的内涵和外延，对收到有关线索反映或监察对象可能存在职务违法的苗头性、倾向性问题，及时谈话、要求其说明情况、查清事实，避免其走向职务犯罪的深渊。最后，从批准程序上，谈话不得擅自进行，避免滥用监察措施，要按程序报监察机关有关负责人审批后实行。

1. 谈话的基本要求

具体而言，谈话的基本要求如下：

(1)谈话应当个别进行，负责谈话的人员不得少于二人。[1]

与被调查人进行谈话，应当合理安排时间、控制时长，保证其饮食和必要的休息时间。[2]

---

〔1〕 参见《监察法实施条例》第七十七条第二款。

〔2〕 参见《监察法实施条例》第八十四条。

(2)谈话应当在监察机关谈话场所、具备安全保障条件的工作地点等场所进行,明确告知谈话事项,注重谈清问题,取得教育成果。[1]

(3)采取谈话方式处置问题线索的,经审批可以由监察人员或者委托被谈话人所在单位主要负责人等进行谈话。[2]

对一般性问题线索的处置,可以采取谈话方式进行,对监察对象给予警示、批评、教育。[3]

监察机关开展初步核实工作,一般不与被核查人接触;确有需要与被核查人谈话的,应当按规定报批。[4]《监察法实施条例》第八十一条至第八十六条的规定,也适用于在初步核实中开展的谈话。

(4)监察机关对涉嫌职务违法的被调查人立案后,可以依法进行谈话。与被调查人的首次谈话时,应当出示《被调查人权利义务告知书》,由其签名、捺指印。被调查人拒绝签名、捺指印的,调查人员应当在文书上记明。对于被调查人未被限制人身自由的,应当在首次谈话时出具《谈话通知书》。

与涉嫌严重职务违法的被调查人进行谈话的,应当全程同步录音录像,并告知被调查人。告知情况应当在录音录像中予以反映,并在笔录中记明。[5]

(5)谈话场所。

①立案后,与被责令候查人员或者未被限制人身自由的被调查人谈话的,应当在具备安全保障条件的场所进行。

调查人员按规定通知被调查人所在单位派员或者被调查人家属陪同被调查人到指定场所的,应当与陪同人员办理交接手续,填写《陪送交接单》。[6]

②调查人员与被强制到案人员、被管护人员、被留置人员或者被禁闭人员谈话的,按照法定程序在执行相关监察强制措施的场所进行。

与在押的犯罪嫌疑人、被告人谈话的,应当持以监察机关名义出具的介绍信、工作证件,商请有关案件主管机关依法协助办理。

---

〔1〕 参见《监察法实施条例》第七十八条。
〔2〕 参见《监察法实施条例》第七十九条。
〔3〕 参见《监察法实施条例》第七十八条。
〔4〕 参见《监察法实施条例》第八十条。
〔5〕 参见《监察法实施条例》第八十一条。
〔6〕 参见《监察法实施条例》第八十二条。

与在看守所、监狱服刑的人员谈话的，应当持以监察机关名义出具的介绍信、工作证件办理。[1]

（6）被谈话人的权利与义务。

被谈话人的权利包括申请回避的权利，使用本民族语言文字的权利，核对笔录的权利，申辩的权利，对谈话人员的违规违法行为进行控告和申诉的权利。

被谈话人的义务包括但不限于如实回答的义务，依法作证的义务。

2. 谈话笔录的相关要求

谈话笔录的相关要求如下：

（1）谈话笔录应当在谈话现场制作。笔录应当详细具体，如实反映谈话情况。笔录制作完成后，应当交给被调查人核对。被调查人没有阅读能力的，应当向其宣读。

笔录记载有遗漏或者差错的，应当补充或者更正，由被调查人在补充或者更正处捺指印。被调查人核对无误后，应当在笔录中逐页签名、捺指印。被调查人拒绝签名、捺指印的，调查人员应当在笔录中记明。调查人员也应当在笔录中签名。[2]

（2）监察机关谈话应当形成谈话笔录或者记录。谈话结束后，可以根据需要要求被谈话人在十五个工作日以内作出书面说明。被谈话人应当在书面说明每页签名，修改的地方也应当签名。

委托谈话的，受委托人应当在收到委托函后的十五个工作日以内进行谈话。谈话结束后及时形成谈话情况材料报送监察机关，必要时附被谈话人的书面说明。[3]

（3）被调查人请求自行书写说明材料的，应当准许。必要时，调查人员可以要求被调查人自行书写说明材料。

被调查人应当在说明材料上逐页签名、捺指印，在末页写明日期。对说明材料有修改的，在修改之处应当捺指印。说明材料应当由二名调查人员接收，在首

---

〔1〕 参见《监察法实施条例》第八十三条。
〔2〕 参见《监察法实施条例》第八十五条。
〔3〕 参见《监察法实施条例》第七十九条第二款、第三款。

页记明接收的日期并签名。[1]

为保证谈话笔录内容真实可靠和被谈话人的权利，被谈话人必须签写“以上笔录我看过（向我宣读过），和我说的相符”不能使用其他语句代替。

3. 谈话后的处置

谈话后，应由承办部门出具情况报告和处置意见后报批，根据不同情况作出相应处置：

（1）对于举报、信访等情况如反映不实，或者没有证据证明可能发生职务违法行为的，予以了结澄清；

（2）有证据证明可能发生职务违法行为但情节较轻的，按照管理权限，由监察机关直接或者委托有关机关、人员进行批评教育、责令检查，或者予以诫勉；

（3）反映问题比较具体，但被反映人予以否认或者其说明存在明显问题的，应当再次谈话或者进行初步核实。

二、询问

《监察法》第二十二条规定：“在调查过程中，监察机关可以询问证人等人员。”

询问，是指监察机关按规定报批后，可以依法对证人、被害人等人员进行询问，了解核实有关问题或者案件情况。[2] 实践中，询问广泛应用于调查工作中，用于查明事实、收集证据。

不同于谈话和讯问，询问的适用对象是证人、被害人等人员，因此，其实施地点、程序要求、被询问人的权利保障、询问笔录的制作等方面均有区别。

1. 询问的基本要求

具体而言，询问的基本要求如下：

（1）询问应当个别进行。负责询问的调查人员不得少于二人。[3]

（2）首次询问时，应当向证人出示《证人权利义务告知书》，由其签名、捺指

---

〔1〕参见《监察法实施条例》第八十六条。

〔2〕参见《监察法实施条例》第九十二条。

〔3〕参见《监察法实施条例》第九十四条第一款。

印。证人拒绝签名、捺指印的，调查人员应当在文书上记明。证人未被限制人身自由的，应当在首次询问时向其出具《询问通知书》。[1]

(3)询问时，应当核实证人身份，问明证人的基本情况，告知证人应当如实提供证据、证言，以及作伪证或者隐匿证据应当承担的法律责任。不得向证人泄露案情，不得采用非法方法获取证言。[2]

(4)询问重大或者有社会影响案件的重要证人，应当对询问过程全程同步录音录像，并告知证人。告知情况应当在录音录像中予以反映，并在笔录中记明。[3]

(5)询问场所应符合要求。证人未被限制人身自由的，可以在其工作地点、住所或者其提出的地点进行询问，也可以通知其到指定地点接受询问。到证人提出的地点或者调查人员指定的地点进行询问的，应当在笔录中记明。

调查人员认为有必要或者证人提出需要由所在单位派员或者其家属陪同到询问地点的，应当办理交接手续并填写《陪送交接单》。[4]

询问被害人，适用询问证人的规定。[5]

(6)询问限制行为能力人。

询问未成年人，应当通知其法定代理人到场。无法通知或者法定代理人不能到场的，应当通知未成年人的其他成年亲属或者所在学校、居住地基层组织的代表等有关人员到场。询问结束后，由法定代理人或者有关人员在笔录中签名。调查人员应当将到场情况记录在案。

询问聋、哑人，应当有通晓聋、哑手势的人员参加。调查人员应当在笔录中记明证人的聋、哑情况，以及翻译人员的姓名、工作单位和职业。询问不通晓当地通用语言、文字的证人，应当有翻译人员。询问结束后，由翻译人员在笔录中签名。[6]

(7)如实作证义务。凡是知道案件情况的人，都有如实作证的义务。对故意提供虚假证言的证人，应当依法追究法律责任。

---

〔1〕 参见《监察法实施条例》第九十四条第二款。
〔2〕 参见《监察法实施条例》第九十四条第三款。
〔3〕 参见《监察法实施条例》第九十四条第四款。
〔4〕 参见《监察法实施条例》第九十三条。
〔5〕 参见《监察法实施条例》第九十八条第二款。
〔6〕 参见《监察法实施条例》第九十五条。

证人或者其他任何人不得帮助被调查人伪造、隐匿、毁灭证据或者串供,不得实施其他干扰调查活动的行为。[1]

(8)人身保护措施。证人、鉴定人、被害人因作证,本人或者近亲属人身安全面临危险,向监察机关请求保护的,监察机关应当受理并及时进行审查;对于确实存在人身安全危险的,监察机关应当采取必要的保护措施。监察机关发现存在上述情形的,应当主动采取保护措施。

监察机关可以采取下列一项或者多项保护措施:①不公开真实姓名、住址和工作单位等个人信息;②禁止特定的人员接触证人、鉴定人、被害人及其近亲属;③对人身和住宅采取专门性保护措施;④其他必要的保护措施。

依法决定不公开证人、鉴定人、被害人的真实姓名、住址和工作单位等个人信息的,可以在询问笔录等法律文书、证据材料中使用化名。但是应当另行书面说明使用化名的情况并标明密级,单独成卷。

监察机关采取保护措施需要协助的,可以提请公安机关等有关单位和要求有关个人依法予以协助。[2]

(9)《监察法实施条例》第八十三条至第八十六条的要求,也适用于询问。询问重要涉案人员,根据情况适用该条例第八十二条的规定。[3]

---

〔1〕 参见《监察法实施条例》第九十六条。

〔2〕 参见《监察法实施条例》第九十七条。

〔3〕 《监察法实施条例》第八十三条规定:"调查人员与被强制到案人员、被管护人员、被留置人员或者被禁闭人员谈话的,按照法定程序在执行相关监察强制措施的场所进行。与在押的犯罪嫌疑人、被告人谈话的,应当持以监察机关名义出具的介绍信、工作证件,商请有关案件主管机关依法协助办理。与在看守所、监狱服刑的人员谈话的,应当持以监察机关名义出具的介绍信、工作证件办理。"

第八十四条规定:"与被调查人进行谈话,应当合理安排时间、控制时长,保证其饮食和必要的休息时间。"

第八十五条规定:"谈话笔录应当在谈话现场制作。笔录应当详细具体,如实反映谈话情况。笔录制作完成后,应当交给被调查人核对。被调查人没有阅读能力的,应当向其宣读。笔录记载有遗漏或者差错的,应当补充或者更正,由被调查人在补充或者更正处捺指印。被调查人核对无误后,应当在笔录中逐页签名、捺指印。被调查人拒绝签名、捺指印的,调查人员应当在笔录中记明。调查人员也应当在笔录中签名。"

第八十六条规定:"被调查人请求自行书写说明材料的,应当准许。必要时,调查人员可以要求被调查人自行书写说明材料。被调查人应当在说明材料上逐页签名、捺指印,在末页写明日期。对说明材料有修改的,在修改之处应当捺指印。说明材料应当由二名调查人员接收,在首页记明接收的日期并签名。"

2. 询问程序违法或程序瑕疵的处置

在询问过程中，出现程序违法或程序瑕疵，会影响询问笔录的效力，可依据不同情况进行处置。

询问程序违法，影响笔录真实性，丧失证据证明能力的情况包括：(1)采用暴力、威胁等非法方法收集证人证言的；(2)询问证人没有个别进行的；(3)书面证言没有经证人核对确认的；(4)询问聋、哑人，应当提供通晓聋、哑手势的人员而未提供的；(5)询问不通晓当地通用语言、文字的证人，应当提供翻译人员而未提供的；(6)处于明显醉酒、中毒或者麻醉等状态，不能正常感知或者正确表达的证人所提供的证言。

询问程序瑕疵通常未达到影响笔录真实性的程度，如询问地点不符合规定、询问笔录没有记录告知证人有关作证的权利义务和法律责任等情况，这种情况需要依情况作出不同处理，经补正或者作出合理解释的，可以采用；否则不得作为定案的根据。

三、调取

《监察法》第二十八条规定："监察机关在调查过程中，可以调取、查封、扣押用以证明被调查人涉嫌违法犯罪的财物、文件和电子数据等信息。采取调取、查封、扣押措施，应当收集原物原件，会同持有人或者保管人、见证人，当面逐一拍照、登记、编号，开列清单，由在场人员当场核对、签名，并将清单副本交财物、文件的持有人或者保管人。对调取、查封、扣押的财物、文件，监察机关应当设立专用账户、专门场所，确定专门人员妥善保管，严格履行交接、调取手续，定期对账核实，不得毁损或者用于其他目的。对价值不明物品应当及时鉴定，专门封存保管。查封、扣押的财物、文件经查明与案件无关的，应当在查明后三日内解除查封、扣押，予以退还。"

调取，是指监察机关在调查职务违法或职务犯罪案件过程中，为获取相关证据，要求有关单位或个人提供相关材料，并根据需要拍照、录像、复印和复制的一种调查措施。调取是监察机关对涉案的财产或其他资料进行查实，以待后续作出后再行处理的强制措施。监察机关按规定报批后，可以依法向有关单位和个人调取用以证明案件事实的证据材料。[1]

在采取调取措施时，应当对调取的范围明确划定，不得随意扩大调取范围。需要调取的财物、文件、电子数据必须是监察机关在调查过程中发现的，同时，上述财物、文件、电子数据必须与监察机关调查的职务违法或职务犯罪行为有关联，能够或者有可能证明该违法犯罪行为的真实性。其他任何与案件无关的财物、文件、电子数据都不得调取。调取过程中，应注意以下几方面：

（1）调取证据材料时，调查人员不得少于二人。[2]

（2）调取须经监察机关相关负责人审批，调查人员应当依法出具《调取证据通知书》，必要时附《调取证据清单》。[3]

（3）有关单位和个人配合监察机关调取证据，应当严格保密。[4]

（4）《监察法》规定，监察机关收集的证据材料在刑事诉讼中可以作为证据使用，要求监察机关在收集、固定、审查、运用证据时，应当与刑事审判关于证据的要求和标准相一致。在采取调取措施时应当注意以下要求：

①调取物证应当调取原物。原物不便搬运、保存，或者依法应当返还，或者因保密工作需要不能调取原物的，可以将原物封存，并拍照、录像。对原物拍照或者录像时，应当足以反映原物的外形、内容。

②调取书证、视听资料应当调取原件。取得原件确有困难或者因保密工作需要不能调取原件的，可以调取副本或者复制件。

③调取物证的照片、录像和书证、视听资料的副本、复制件的，应当书面记明不能调取原物、原件的原因，原物、原件存放地点，制作过程，是否与原物、原件相符，并由调查人员和物证、书证、视听资料原持有人签名或者盖章。持有人无法签名、盖章或者拒绝签名、盖章的，应当在笔录中记明，由见证人签名。[5]

（5）调取外文材料作为证据使用的，应当交由具有资质的机构和人员出具中文译本。中文译本应当加盖翻译机构公章。[6]

---

〔1〕参见《监察法实施条例》第一百四十九条。
〔2〕参见《监察法实施条例》第一百五十条第一款。
〔3〕参见《监察法实施条例》第一百五十条第一款。
〔4〕参见《监察法实施条例》第一百五十条第二款。
〔5〕参见《监察法实施条例》第一百五十一条。
〔6〕参见《监察法实施条例》第一百五十二条。

(6)调取资料的存储。

收集、提取电子数据,能够扣押原始存储介质的,应当予以扣押、封存并在笔录中记录封存状态。无法扣押原始存储介质的,可以采取调取、勘验检查措施,通过现场或者网络远程收集、提取电子数据,但应当在笔录中记明不能扣押的原因、原始存储介质的存放地点或者电子数据的来源等情况。

由于客观原因无法或者不宜采取《监察法实施条例》第一百五十三条第一款规定方式收集、提取电子数据的,可以采取打印、拍照或者录像等方式固定相关证据,并在笔录中说明原因。

收集、提取的电子数据,足以保证完整性,无删除、修改、增加等情形的,可以作为证据使用。[1]

(7)收集、提取电子数据,应当制作笔录,记录案由、对象、内容,收集、提取电子数据的时间、地点、方法、过程,并附电子数据清单,注明类别、文件格式、完整性校验值等,由调查人员、电子数据持有人(提供人)签名或者盖章;电子数据持有人(提供人)无法签名或者拒绝签名的,应当在笔录中记明,由见证人签名或者盖章。有条件的,应当对相关活动进行录像。[2]

(8)调取的物证、书证、视听资料等原件,经查明与案件无关的,经审批,应当在查明后三日以内退还,并办理交接手续。[3]

四、勘验检查及调查实验

《监察法》第二十九条规定:"监察机关在调查过程中,可以直接或者指派、聘请具有专门知识的人在调查人员主持下进行勘验检查。勘验检查情况应当制作笔录,由参加勘验检查的人员和见证人签名或者盖章。必要时,监察机关可以进行调查实验。调查实验情况应当制作笔录,由参加实验的人员签名或者盖章。"

监察机关按规定报批后,可以依法对与违法犯罪有关的场所、物品、人身、尸体、电子数据等进行勘验检查。[4]

---

〔1〕 参见《监察法实施条例》第一百五十三条第一款至第三款。
〔2〕 参见《监察法实施条例》第一百五十三条第四款。
〔3〕 参见《监察法实施条例》第一百五十四条。
〔4〕 参见《监察法实施条例》第一百六十六条。

1. 勘验检查的一般要求

(1)依法需要勘验检查的,应当制作《勘验检查证》;需要委托勘验检查的,应当出具《委托勘验检查书》,送具有专门知识的人办理。[1]

(2)勘验检查应当由二名以上调查人员主持,邀请与案件无关的见证人在场。勘验检查情况应当制作笔录,并由参加勘验检查人员和见证人签名或者盖章。

勘验检查现场、拆封电子数据存储介质应当全程同步录音录像。对现场情况应当拍摄现场照片、制作现场图,并由勘验检查人员签名或者盖章。[2]

2. 人身检查的要求

为了确定被调查人或者相关人员的某些特征、伤害情况或者生理状态,可以依法对其人身进行检查。必要时可以聘请法医或者医师进行人身检查。检查女性身体,应当由女性工作人员或者医师进行。被调查人拒绝检查的,可以依法强制检查。

人身检查不得采用损害被检查人生命、健康或者贬低其名誉、人格的方法。对人身检查过程中知悉的个人隐私,应当严格保密。

对人身检查的情况应当制作笔录,由参加检查的调查人员、检查人员、被检查人员和见证人签名或者盖章。被检查人员拒绝签名、盖章的,调查人员应当在笔录中记明。[3]

3. 调查实验的要求

为查明案情,在必要的时候,经审批可以依法进行调查实验。调查实验,可以聘请有关专业人员参加,也可以要求被调查人、被害人、证人参加。

进行调查实验,应当全程同步录音录像,制作调查实验笔录,由参加实验的人签名或者盖章。进行调查实验,禁止一切足以造成危险、侮辱人格的行为。

调查实验的条件与事件发生时的条件有明显差异,或者存在影响实验结论科

---

〔1〕 参见《监察法实施条例》第一百六十七条。
〔2〕 参见《监察法实施条例》第一百六十八条。
〔3〕 参见《监察法实施条例》第一百六十九条。

学性的其他情形的，调查实验笔录不得作为认定案件的依据。[1]

4. 辨认的要求

调查人员在必要时，可以依法让被害人、证人和被调查人对与违法犯罪有关的物品、文件、尸体或者场所进行辨认；也可以让被害人、证人对被调查人进行辨认，或者让被调查人对涉案人员进行辨认。

辨认工作应当由二名以上调查人员主持进行。在辨认前，应当向辨认人详细询问辨认对象的具体特征，避免辨认人见到辨认对象，并告知辨认人作虚假辨认应当承担的法律责任。几名辨认人对同一辨认对象进行辨认时，应当由辨认人个别进行。辨认应当形成笔录，并由调查人员、辨认人签名或者盖章。[2]

(1)辨认人员的要求。

辨认人员时，被辨认的人数不得少于七人，照片不得少于十张。

辨认人不愿公开进行辨认时，应当在不暴露辨认人的情况下进行辨认，并为其保守秘密。[3]

(2)辨认物品的要求。

组织辨认物品时一般应当辨认实物。被辨认的物品系名贵字画等贵重物品或者存在不便搬运等情况的，可以对实物照片进行辨认。辨认人进行辨认时，应当在辨认出的实物照片与附纸骑缝上捺指印予以确认，在附纸上写明该实物涉案情况并签名、捺指印。

辨认物品时，同类物品不得少于五件，照片不得少于五张。

对于难以找到相似物品的特定物，可以将该物品照片交由辨认人进行确认后，在照片与附纸骑缝上捺指印，在附纸上写明该物品涉案情况并签名、捺指印。在辨认人确认前，应当向其详细询问物品的具体特征，并对确认过程和结果形成笔录。[4]

5. 辨认笔录效力

辨认笔录具有下列情形之一的，不得作为认定案件的依据：

---

〔1〕 参见《监察法实施条例》第一百七十条。
〔2〕 参见《监察法实施条例》第一百七十一条。
〔3〕 参见《监察法实施条例》第一百七十二条。
〔4〕 参见《监察法实施条例》第一百七十三条。

(1)辨认开始前使辨认人见到辨认对象的;

(2)辨认活动没有个别进行的;

(3)辨认对象没有混杂在具有类似特征的其他对象中,或者供辨认的对象数量不符合规定的,但特定辨认对象除外;

(4)辨认中给辨认人明显暗示或者明显有指认嫌疑的;

(5)辨认不是在调查人员主持下进行的;

(6)违反有关规定,不能确定辨认笔录真实性的其他情形。

辨认笔录存在其他瑕疵的,应当结合全案证据审查其真实性和关联性,作出综合判断。[1]

五、鉴定

《监察法》第三十条规定:“监察机关在调查过程中,对于案件中的专门性问题,可以指派、聘请有专门知识的人进行鉴定。鉴定人进行鉴定后,应当出具鉴定意见,并且签名。”

监察机关为解决案件中的专门性问题,按规定报批后,可以依法进行鉴定。[2]

鉴定,是指在调查过程中,为了查明案件中的某些专门性问题而指派、聘请有专门知识的人运用专业知识和专业技术,依照法定程序进行科学分析、鉴别的一种活动。通常包括法医类鉴定、精神病鉴定、刑事技术鉴定、会计鉴定、技术鉴定、价格鉴定、文物鉴定、珍稀动植物及其制品鉴定、违禁品和危险品鉴定和电子数据鉴定等。

实践中,需要专业人士鉴定的情况时常存在。比如,字画、玉器等物品,不同于存款、现金,其价格差异性非常大,需要具有专门知识的人对它的价值进行鉴定,这直接影响受贿金额的确定及刑事责任的轻重。又如,对于精神状态的鉴定,即是否为精神病人、是否为限制行为能力人,也涉及刑事责任的轻重。

鉴定的具体要求如下:

(1)鉴定时应当出具《委托鉴定书》,由二名以上调查人员送交具有鉴定资格

---

〔1〕 参见《监察法实施条例》第一百七十四条。

〔2〕 参见《监察法实施条例》第一百七十五条第一款。

的鉴定机构、鉴定人进行鉴定。[1]

(2)鉴定的范围。

监察机关可以依法开展下列鉴定:①对笔迹、印刷文件、污损文件、制成时间不明的文件和以其他形式表现的文件等进行鉴定;②对案件中涉及的财务会计资料及相关财物进行会计鉴定;③对被调查人、证人的行为能力进行精神病鉴定;④对人体造成的损害或者死因进行人身伤亡医学鉴定;⑤对录音录像资料进行鉴定;⑥对因电子信息技术应用而出现的材料及其派生物进行电子证据鉴定;⑦其他可以依法进行的专业鉴定。[2]

(3)监察机关应当为鉴定提供必要条件,向鉴定人送交有关检材和对比样本等原始材料,介绍与鉴定有关的情况。调查人员应当明确提出要求鉴定事项,但不得暗示或者强迫鉴定人作出某种鉴定意见。

监察机关应当做好检材的保管和送检工作,记明检材送检环节的责任人,确保检材在流转环节的同一性和不被污染。[3]

(4)鉴定人应当在出具的鉴定意见上签名,并附鉴定机构和鉴定人的资质证明或者其他证明文件。多个鉴定人的鉴定意见不一致的,应当在鉴定意见上记明分歧的内容和理由,并且分别签名。

监察机关对于法庭审理中依法决定鉴定人出庭作证的,应当予以协调。

鉴定人故意作虚假鉴定的,应当依法追究法律责任。[4]

(5)调查人员应当对鉴定意见进行审查。对经审查作为证据使用的鉴定意见,应当告知被调查人及相关单位、人员,送达《鉴定意见告知书》。

被调查人或者相关单位、人员提出补充鉴定或者重新鉴定申请,经审查符合法定要求的,应当按规定报批,进行补充鉴定或者重新鉴定。

对鉴定意见告知情况可以制作笔录,载明告知内容和被告知人的意见等。[5]

(6)应当补充鉴定的情况。

经审查具有下列情形之一的,应当补充鉴定:①鉴定内容有明显遗漏的;②发

---

〔1〕 参见《监察法实施条例》第一百七十五条第二款。
〔2〕 参见《监察法实施条例》第一百七十六条。
〔3〕 参见《监察法实施条例》第一百七十七条。
〔4〕 参见《监察法实施条例》第一百七十八条。
〔5〕 参见《监察法实施条例》第一百七十九条。

现新的有鉴定意义的证物的；③对鉴定证物有新的鉴定要求的；④鉴定意见不完整，委托事项无法确定的；⑤其他需要补充鉴定的情形。[1]

(7)应当重新鉴定的情况。

经审查具有下列情形之一的，应当重新鉴定：①鉴定程序违法或者违反相关专业技术要求的；②鉴定机构、鉴定人不具备鉴定资质和条件的；③鉴定人故意作出虚假鉴定或者违反回避规定的；④鉴定意见依据明显不足的；⑤检材虚假或者被损坏的；⑥其他应当重新鉴定的情形。

决定重新鉴定的，应当另行确定鉴定机构和鉴定人。[2]

(8)因无鉴定机构，或者根据法律法规等规定，监察机关可以指派、聘请具有专门知识的人就案件的专门性问题出具报告。[3]

六、技术调查

《监察法》第三十一条规定："监察机关调查涉嫌重大贪污贿赂等职务犯罪，根据需要，经过严格的批准手续，可以采取技术调查措施，按照规定交有关机关执行。批准决定应当明确采取技术调查措施的种类和适用对象，自签发之日起三个月以内有效；对于复杂、疑难案件，期限届满仍有必要继续采取技术调查措施的，经过批准，有效期可以延长，每次不得超过三个月。对于不需要继续采取技术调查措施的，应当及时解除。"

监察机关根据调查涉嫌重大贪污贿赂等职务犯罪需要，依照规定的权限和程序报经批准，可以依法采取技术调查措施，按照规定交公安机关或者国家有关执法机关依法执行。[4]

技术调查措施，是指在查获特定的职务犯罪中，依据国家赋予的特殊侦查权力，运用各种专门的技术侦查手段和秘密侦查力量收集证据，查明案情的专门、特殊的侦查手段。

技术调查措施包括但不限于电子、电话监听监控、电子侦听、秘密拍照录像、

---

〔1〕 参见《监察法实施条例》第一百八十条。
〔2〕 参见《监察法实施条例》第一百八十一条。
〔3〕 参见《监察法实施条例》第一百八十二条。
〔4〕 参见《监察法实施条例》第一百八十三条。

秘密跟踪调查、秘密搜查、秘密获取某些物品、邮件检查等专门性技术手段。

在实施主体上，由监察机关决定，交由公安机关执行。同时根据《刑事诉讼法》第一百五十条的规定，必须是重大贪污、贿赂犯罪案件，利用职权实施的严重侵犯公民人身权利的重大犯罪案件才可以采取技术侦查措施，因此在实施范围上，必须遵循“重罪大案原则”。

技术调查的具体要求如下：

（1）依法采取技术调查措施的，监察机关应当出具《采取技术调查措施委托函》、《采取技术调查措施决定书》和《采取技术调查措施适用对象情况表》，送交有关机关执行。其中，设区的市级以下监察机关委托有关执行机关采取技术调查措施，还应当提供《立案决定书》。[1]

（2）技术调查措施的期限按照《监察法》的规定执行，期限届满前未办理延期手续的，到期自动解除。

对于不需要继续采取技术调查措施的，监察机关应当按规定及时报批，将《解除技术调查措施决定书》送交有关机关执行。

需要依法变更技术调查措施种类或者增加适用对象的，监察机关应当重新办理报批和委托手续，依法送交有关机关执行。[2]

（3）对于采取技术调查措施收集的信息和材料，依法需要作为刑事诉讼证据使用的，监察机关应当按规定报批，出具《调取技术调查证据材料通知书》向有关执行机关调取。

对于采取技术调查措施收集的物证、书证及其他证据材料，监察机关应当制作书面说明，写明获取证据的时间、地点、数量、特征以及采取技术调查措施的批准机关、种类等。调查人员应当在书面说明上签名。

对于采取技术调查措施获取的证据材料，如果使用该证据材料可能危及有关人员的人身安全，或者可能产生其他严重后果，应当采取不暴露有关人员身份、技术方法等保护措施。必要时，可以建议由审判人员在庭外进行核实。[3]

---

〔1〕 参见《监察法实施条例》第一百八十四条。
〔2〕 参见《监察法实施条例》第一百八十五条。
〔3〕 参见《监察法实施条例》第一百八十六条。

(4)保密要求。

调查人员对采取技术调查措施过程中知悉的国家秘密、工作秘密、商业秘密、个人隐私和个人信息,应当严格保密。

采取技术调查措施获取的证据、线索及其他有关材料,只能用于对违法犯罪的调查、起诉和审判,不得用于其他用途。

对采取技术调查措施获取的与案件无关的材料,应当经审批及时销毁。对销毁情况应当制作记录,由调查人员签名。[1]

---

〔1〕 参见《监察法实施条例》第一百八十七条。

第四章　监察程序

监察程序是指监察机关对于涉嫌违法违纪或者犯罪的单位或个人依法采取的一系列程序措施及流程。监察程序主要包括以下七个步骤:线索处置、初步核实、立案、调查、审理、处置和移送审查起诉。

实践中我们认识到,纪检监察机关在办案调查中要增强法治意识、程序意识,不断提高纪检监察工作规范化、法治化、正规化水平。在纪检监察工作中坚持程序正义,就是遵循正当法律程序,监察机关在行使某一项权力的过程中,应该按照什么样的程序进行。譬如,《监察法》第四十条关于分类办理的要求、第四十一条关于成立核查组的要求、第四十二条关于对涉嫌职务违法犯罪的情况按照规定的权限和程序办理立案手续的要求、第四十三条关于非法证据排除的要求、第四十四条关于各项检查措施实施主体和是否同步录音录像等要求,均体现了此次改革程序性的要求。[1] 2024年《监察法》修正,将原第四十条改为第四十三条,

---

〔1〕《监察法》第四十条规定:"监察机关对监察对象的问题线索,应当按照有关规定提出处置意见,履行审批手续,进行分类办理。线索处置情况应当定期汇总、通报,定期检查、抽查。"

第四十一条规定:"需要采取初步核实方式处置问题线索的,监察机关应当依法履行审批程序,成立核查组。初步核实工作结束后,核查组应当撰写初步核实情况报告,提出处理建议。承办部门应当提出分类处理意见。初步核实情况报告和分类处理意见报监察机关主要负责人审批。"

第四十二条规定:"经过初步核实,对监察对象涉嫌职务违法犯罪,需要追究法律责任的,监察机关应当按照规定的权限和程序办理立案手续。监察机关主要负责人依法批准立案后,应当主持召开专题会议,研究确定调查方

第二款修改为:“调查人员应当依法文明规范开展调查工作。严禁以暴力、威胁、引诱、欺骗及其他非法方式收集证据,严禁侮辱、打骂、虐待、体罚或者变相体罚被调查人和涉案人员。”增加一款,作为第三款:“监察机关及其工作人员在履行职责过程中应当依法保护企业产权和自主经营权,严禁利用职权非法干扰企业生产经营。需要企业经营者协助调查的,应当保障其人身权利、财产权利和其他合法权益,避免或者尽量减少对企业正常生产经营活动的影响。”体现了监察程序在不断细化,更加明确地从正反两方面规范监察机关的调查取证工作,保证监察机关依法、全面收集证据、查清犯罪事实。

第一节　概述与价值

监察程序,即监察机关在依法进行监察监督、调查、处置的过程中,权力的内部运行机制和外部衔接机制,是监察权的运行规则。合理有序的内部体现和系统全面的外部支撑保障制度,共同构建起权威高效的监察程序框架。监察体制改革,确定了监察机关的法律地位和监察权的创设,确定明确、详细的程序规则是权力运行的保障和约束,一方面是正向上的指引,保证其能够真正发挥监察权能;另一方面是反向上的约束,避免监察权滥用侵害公民权利。权力的运行需要程序的指引和约束,通过程序法规定权力主体的行权过程、顺序、方式、方法、时限及违背程序法应承担的责任等,以实现规范权力行使、促进权力分工以及防范权力滥用

案,决定需要采取的调查措施。立案调查决定应当向被调查人宣布,并通报相关组织。涉嫌严重职务违法或者职务犯罪的,应当通知被调查人家属,并向社会公开发布。”

第四十三条规定:“监察机关对职务违法和职务犯罪案件,应当进行调查,收集被调查人有无违法犯罪以及情节轻重的证据,查明违法犯罪事实,形成相互印证、完整稳定的证据链。

调查人员应当依法文明规范开展调查工作。严禁以暴力、威胁、引诱、欺骗及其他非法方式收集证据,严禁侮辱、打骂、虐待、体罚或者变相体罚被调查人和涉案人员。

监察机关及其工作人员在履行职责过程中应当依法保护企业产权和自主经营权,严禁利用职权非法干扰企业生产经营。需要企业经营者协助调查的,应当保障其人身权利、财产权利和其他合法权益,避免或者尽量减少对企业正常生产经营活动的影响。”

第四十四条规定:“调查人员采取讯问、询问、强制到案、责令候查、管护、留置、搜查、调取、查封、扣押、勘验检查等调查措施,均应当依照规定出示证件,出具书面通知,由二人以上进行,形成笔录、报告等书面材料,并由相关人员签名、盖章。调查人员进行讯问以及搜查、查封、扣押等重要取证工作,应当对全过程进行录音录像,留存备查。”

的功能。[1]

法律程序，是人们按照法定的方式、顺序、时限、流程等，进行法律行为的要求，是针对特定的行为而作出要求的，[2]是对权力运行的重要约束和引导，具有形式性。正当法律程序，是法治社会所特有的基本要求，也是法治国家所必须遵循的基本原则，其核心在于对权力的制约和对权利的保障，规范监察程序，一方面为监察机关高效开展监察调查提供指引，打击职务犯罪行为；另一方面可以充分保障人权，避免公权力滥用侵犯公民人权，兼顾效率与公平。同时，可以加强监察机关同外部机关，包括公安机关、检察机关、审判机关等外部权力的沟通协作、权力制约，协力推动反腐败事业在法治范围内高效开展。

《监察法》第五章对监察程序作了明确的规定，在此基础上，《监察法实施条例》对监察程序作出了进一步细化的要求，于第一节至第六节分别对线索处置、立案、调查、审理、处置、移送审查起诉六个环节进行了规定，既包括监察权的内部运行机制，又包括检察机关同其他国家机关的协作、制约关系，构建集中统一、权威高效的监察体系。

第二节 监察程序的特点

监察体制改革实现了反腐败力量和资源的整合，将以往党的纪律检查机关的反腐败职能、人民检察院的反贪反渎职能、行政监察机关的职能合而为一，集中到国家监察机关，形成了独立、统一的国家监察权。[3] 监察机关成为独立于“一府两院”的国家机关，独立行使监察权，尤其是在其调查中实施留置、扣押、搜查等措施时直接影响了被调查人的基本权利，既包括人身权利又包括财产权利，因此，十分有必要对监察程序加以详细规制，避免监察权滥用侵犯公民权利。虽然从监察体制改革的过程中可以看出，监察机关同之前党的纪律检查机关、人民检察院、

〔1〕 参见汪进元、汪新胜：《程序控权论》，载《法学评论》2004 年第 4 期。

〔2〕 参见闻立军编：《法理学导读》，中国政法大学出版社 2021 年版，第 123 页。

〔3〕 参见马怀德：《国家监察体制改革的重要意义和主要任务》，载《国家行政学院学报》2016 年第 6 期。

行政监察机关等有着千丝万缕的联系，但从其机构性质、权力属性、地位来看，其从根本上区别于行政机关、监察机关，因此，在监察程序上相应的也同行政程序、司法程序有着根本区别。概言之，监察程序具有独立性、集体决策性、权力制约与监督等特点。

一、独立性

通过监察体制改革，监察机关成为独立于“一府两院”的国家机关，独立行使监察权，不受行政机关、社会团体和个人的干涉。《监察法》第五章明确单独规定了监察程序，在《监察法实施条例》第五章将程序性规定予以细化，来指引监察权的具体行使。

监察程序的独立性，首先由监察机关和监察权的独立性决定。监察程序的实施主体，是监察机关，即各级监察委员会。监察权的独立性具有宪法基础，《宪法》第一百二十七条第一款规定：“监察委员会依照法律规定独立行使监察权，不受行政机关、社会团体和个人的干涉。”监察委员会是独立于“一府两院”，与人民政府、人民检察院、人民法院并列的国家机关，不受行政系统、司法系统的领导，独立行使各项监察职能。监察机关和监察权的独立性，决定了监察程序是独立的。基于监察机关的独立性，我国的监察法律体系区别于行政法律体系，也不属于诉讼法律体系，由《监察法》《监察法实施条例》及相关法规等决定了监察程序的具体要求。

监察机关依法行使监察权，独立进行监察监督、调查和处置，对于各项监察程序的启动、中止、延长、变更和调查终结，其决策决定权均在监察机关内部，不受其他国家机关、社会团体或个人的干涉。《监察法》不仅确定了法定的监察措施，对于各项监察措施，其适用范围、适用对象、程序要求、决策模式、适用期限、相关后果等，也进行了明确规定，均由监察机关独立决定和实施；同时，在监察权的运行过程中，明确规定了同公安机关、检察机关、审判机关的协作和监督机制，一方面有效推进监察权高效运行，另一方面排除了其他国家机关对监察机关独立行使监察权的干涉，形成监察程序独立运行的保障。

二、决策机制：领导审批制与集体决策制

在《监察法》第五章“监察程序”中，通过多项具体规定，列举了不同情况、不

同事项下，监察程序的决策机制，大致而言分为领导审批制和集体决策制，二者并存，适用于不同事项，发挥不同的功能和决策效果。

领导审批制主要是指党委负责人审批，党委负责人负责在政治导向、思想路线等方面进行把关，对于案件的政治属性需要进行审查和考量，在政治方向、立场原则等方面判断监察事务的政治正确性。

集体决策制主要应用于具体各项监察程序、监察措施之中，在《监察法》第五章各条目中集中体现，集体主要是指监察机关领导班子或者办案组织，其决策的事项是就案件事实调查和法律适用问题进行研究、讨论，作出初步核实报告、制定调查方案、提出从宽处理建议等方面决策，主要判断法律适用正确性。

不同于人民法院的主审法官责任制和人民检察院的检察长负责制，监察机关在监察程序的决策上实行领导审批制和集体决策制并行，在政治问题、政治立场等方面实行领导审批制，在事实调查、法律适用等方面实行集体决策制。

三、权力制约与监督

《监察法》第三十九条规定："监察机关应当严格按照程序开展工作，建立问题线索处置、调查、审理各部门相互协调、相互制约的工作机制。监察机关应当加强对调查、处置工作全过程的监督管理，设立相应的工作部门履行线索管理、监督检查、督促办理、统计分析等管理协调职能。"据此，一方面，在监察机关内设机构及其职责上形成了案件监督管理部门负责线索处置、调查部门负责案件立案调查、审理部门负责案件审理的前后衔接的监督机制；另一方面，在监察机关内部设立专门机关，即案件监督管理部门，对内部各部门、机构的履职情况进行监督，共同构成权力监督体系。

监察体制改革后，监察机关被确定为独立于"一府两院"的国家机关，独立行使监察权，不受其他机关、团体和个人的干涉，因此，监察权的行使具有独立性。监察机关地位高、权力重、责任艰巨，对其进行权力的制约与监督十分必要。为保障权力的有序实施，防止权力滥用，保障公民合法权益，对监察机关行使监察权限的过程、顺序、方式、方法、时效、责任等方面进行规范，尤其是对公民权利进行干涉和限制的程序及措施，要设定严格的审批和实施流程，规范监察权运行，保障公民权利。

二十届中央纪委四次全会指出:“深化纪检监察体制改革,坚持授权和控权相结合,把权力关进制度的笼子。”在此次《监察法》修正过程中,突出体现了“授权”与“控权”相结合的目标,一方面根据实践需要授予必要的监察权限,另一方面通过完善监察程序、审批权限等加强对权力的监督,对监察权的行使形成有效制约,健全监察机关内部管理控制机制、加强对监察人员的追责机制建设,加强对监察权的制约与监督。

第三节　监察程序的内容

一、核实阶段

(一)线索处置

线索处置,是指监察机关通过群众报案或举报获得相应线索,并对线索进行管理、分析、处置和反馈的一系列监察行为。监察机关应当对问题线索归口受理、集中管理、分类处置、定期清理。[1] 线索处置依据整个过程时间进展、事态进展和处置过程,可以分为线索获取、线索管理、线索分析、线索处置及反馈等环节,《监察法》和《监察法实施条例》对各个环节进行了详细规范。

1. 线索获取

《监察法》第三十八条规定,“监察机关对于报案或者举报,应当接受并按照有关规定处理。对于不属于本机关管辖的,应当移送主管机关处理”。

监察机关对于执法机关、司法机关等其他机关移送的问题线索,应当及时审核,并按照下列方式办理:

(1)本单位有管辖权的,及时研究提出处置意见;

(2)本单位没有管辖权但其他监察机关有管辖权的,在五个工作日以内转送有管辖权的监察机关;

(3)本单位对部分问题线索有管辖权的,对有管辖权的部分提出处置意见,

[1] 参见《监察法实施条例》第一百九十八条。

并及时将其他问题线索转送有管辖权的机关；

(4)监察机关没有管辖权的，及时退回移送机关。[1]

信访举报部门归口受理本机关管辖监察对象涉嫌职务违法和职务犯罪问题的检举控告，统一接收有关监察机关以及其他单位移送的相关检举控告，移交本机关监督检查部门或者相关部门，并将移交情况通报案件监督管理部门。

案件监督管理部门统一接收巡视巡察机构和审计机关、执法机关、司法机关等其他机关移送的职务违法和职务犯罪问题线索，按程序移交本机关监督检查部门或者相关部门办理。

监督检查部门、调查部门在工作中发现的相关问题线索，属于本部门受理范围的，应当报送案件监督管理部门备案；属于本机关其他部门受理范围的，经审批后移交案件监督管理部门分办。[2]

由此可见，在受理部门上，由信访部门归口受理涉嫌职务犯罪的信访举报，统一接收下一级监察机关和派驻机构报送的信访举报。从获取途径上，一方面规定了信访举报部门、案件监督管理部门接收线索，另一方面规定了在工作中如发现相关问题线索，属于本部门受理范围的应当报送案件监督管理部门备案，不属于本部门受理范围的应当经审批后移交案件监督管理部门分办。

2. 线索管理

《监察法》第三十九条第二款规定，“监察机关应当加强对调查、处置工作全过程的监督管理，设立相应的工作部门履行线索管理、监督检查、督促办理、统计分析等管理协调职能”。

《监察法实施条例》第二百零三条规定，案件监督管理部门应当对问题线索实行集中管理、动态更新，定期汇总、核对问题线索及处置情况，向监察机关主要负责人报告，并向相关部门通报。问题线索承办部门应当指定专人负责管理线索，逐件编号登记、建立管理台账。线索管理处置各环节应当由经手人员签名，全程登记备查，及时与案件监督管理部门核对。

监察机关在获得线索后，对于线索的管理至关重要，应规范各级监察机关对

[1] 参见《监察法实施条例》第二百零一条。
[2] 参见《监察法实施条例》第二百零二条。

于线索进行管理的具体工作机制和流程，针对不同级别监察机关获取线索的规模、数量、类型、内容等，应有针对性地采取不同的管理措施，实现精准、高效管理。

3. 线索分析

监督检查部门应当综合分析问题线索所涉及地区、部门、单位总体情况，作为提出处置意见的前提基础和依据，因此，是线索处置中的重要一环。

在信访部门接收相关线索、进行分类后，将其移送案件监督管理部门，由案件监督管理部门对线索进行信息动态更新、核对、监控、移送承办部门等一系列管理措施，其中最重要的就是按程序移送承办部门。实践中，对线索的分析主要围绕真实性和可查性进行，真实性要求对诬告陷害、信息错误表达、错误传递和转述等，进行初步的筛查；可查性主要围绕线索内容、现有调查条件、办案难度等进行综合研判，对是否具备进一步展开调查的基础和条件进行研判。

4. 线索处置及反馈

监督检查部门应当结合问题线索所涉及地区、部门、单位总体情况进行综合分析，提出处置意见并制定处置方案，承办部门应当根据适当了解的情况，提出谈话、函询、初步核实、拟立案调查、予以了结、暂存待查，或者移送有关部门、机关处理等建议，按程序报批后办理。[1]

谈话，依据监察措施中“谈话”的要求进行。由于不同阶段都可能适用到谈话这一措施，因而在谈话的内容、重点、策略上应注重区分。针对初步核实阶段，谈话的主要目的是核实线索所反映的问题是否真实存在，即线索的真实性和对是否需要立案调查或者直接给予其处理结果等作出判断。

函询，应当以监察机关办公厅（室）名义发函给被反映人，并抄送其所在单位和派驻监察机构主要负责人。被函询人应当在收到函件后十五个工作日以内写出说明材料，由其所在单位主要负责人签署意见后发函回复。被函询人为所在单位主要负责人的，或者被函询人所作说明涉及所在单位主要负责人的，应当直接发函回复监察机关。被函询人已经退休的，按照此序办理。监察机关根据工作需要，经审批可以对谈话、函询情况进行抽查核实。[2]

---

〔1〕 参见《监察法实施条例》第二百零四条、第二百零五条。

〔2〕 参见《监察法实施条例》第二百零六条第二款至第四款。

承办部门应当根据谈话、函询的情况，提出初步核实、拟立案调查、予以了结、暂存待查，或者移送有关部门、机关处理等建议，按程序报批后办理。[1]

暂存待查，是指经综合研判，将相关线索暂时予以搁置，对真实性存疑，或者不具备调查条件或不适宜进行调查等情况下，等待实际成熟再对其作进一步调查的处理。

予以了结，是指线索真实性存在问题，即线索反映的问题不真实，或者经研判不具备进一步调查处置的必要的情况，终结相关程序的处理。

《监察法实施条例》第二百零九条规定，检举控告人使用本人真实姓名或者本单位名称，有电话等具体联系方式的，属于实名检举控告。监察机关对实名检举控告应当优先办理、优先处置，依法给予答复。虽有署名但不是检举控告人真实姓名（单位名称）或者无法验证的检举控告，按照匿名检举控告处理。信访举报部门对属于本机关受理的实名检举控告，应当在收到检举控告之日起十五个工作日以内按规定告知实名检举控告人受理情况，并做好记录。调查人员应当将实名检举控告的处理结果在办结之日起十五个工作日以内向检举控告人反馈，并记录反馈情况。对检举控告人提出异议的应当如实记录，并向其进行说明；对提供新证据材料的，应当依法核查处理。对信访举报人及时予以答复，既是对举报人尽职尽责，有利于推进反腐败事业的发展，同时也是对监察机关内部机构工作的有效监督。

（二）初步核实

监察机关对具有可查性的职务违法和职务犯罪问题线索，应当按规定报批后，依法开展初步核实工作。

采取初步核实方式处置问题线索，应当确定初步核实对象，制定工作方案，明确需要核实的问题和采取的措施，成立核查组。

在初步核实中应当注重收集客观性证据，确保真实性和准确性。在初步核实中发现或者受理被核查人新的具有可查性的问题线索的，应当经审批纳入原初核方案开展核查。

---

[1] 参见《监察法实施条例》第二百零六条第五款。

核查组在初步核实工作结束后应当撰写初步核实情况报告，列明被核查人基本情况、反映的主要问题、办理依据、初步核实结果、存在疑点、处理建议，由全体人员签名。

承办部门应当综合分析初步核实情况，提出拟立案调查、予以了结、暂存待查，或者移送有关部门、机关处理等建议，按照批准初步核实的程序报批。[1]

监察机关根据适当了解、谈话、函询或者初步核实情况，发现公职人员有职务违法行为但情节较轻的，可以按照《监察法实施条例》第二百三十一条[2]规定处理，予以了结。[3]

二、调查阶段

（一）立案

《监察法》第四十二条第一款规定："经过初步核实，对监察对象涉嫌职务违法犯罪，需要追究法律责任的，监察机关应当按照规定的权限和程序办理立案手续。"由此可见，立案是调查程序的开端，立案后监察机关正式对案件进行调查，收集审查证据，查明事实真相。此处所指的"规定的权限和程序"是指由承办部门起草立案审查呈批报告，经监察机关主要负责人审批后，报同级党委主要负责人批准，即监察立案的外部审批制度，也是监察程序政治性、特殊性的一大体现。

监察机关立案调查职务违法或者职务犯罪案件，需要对涉嫌行贿犯罪、介绍贿赂犯罪或者共同职务犯罪的涉案人员立案调查的，应当一并办理立案手续。需要交由下级监察机关立案的，经审批交由下级监察机关办理立案手续。

对单位涉嫌受贿、行贿等职务犯罪，需要追究法律责任的，依法对该单位办理

---

〔1〕 参见《监察法实施条例》第二百零七条。

〔2〕 《监察法实施条例》第二百三十一条规定："监察机关对于公职人员有职务违法行为但情节较轻的，可以依法进行谈话提醒、批评教育、责令检查，或者予以诫勉。上述方式可以单独使用，也可以依据规定合并使用。谈话提醒、批评教育应当由监察机关相关负责人或者承办部门负责人进行，可以由被谈话提醒、批评教育人所在单位有关负责人陪同；经批准也可以委托其所在单位主要负责人进行。对谈话提醒、批评教育情况应当制作记录。被责令检查的公职人员应当作出书面检查并进行整改。整改情况在一定范围内通报。诫勉由监察机关以谈话或者书面方式进行。采取谈话方式予以诫勉的，应当由监察机关相关负责人或者承办部门负责人进行；经批准也可以委托诫勉对象所在单位主要负责人进行。对谈话情况应当制作记录。"

〔3〕 参见《监察法实施条例》第二百零八条。

立案调查手续。对事故(事件)中存在职务违法或者职务犯罪问题,需要追究法律责任,但相关责任人员尚不明确的,可以以事立案。对单位立案或者以事立案后,经调查确定相关责任人员的,按照管理权限报批确定被调查人。

监察机关根据人民法院生效刑事判决、裁定和人民检察院不起诉决定认定的事实,需要对监察对象给予政务处分的,可以由相关监督检查部门依据司法机关的生效判决、裁定、决定及其认定的事实、性质和情节,提出给予政务处分的意见,按程序移送审理。对依法被追究行政法律责任的监察对象,需要给予政务处分的,应当依法办理立案手续。[1]

对案情简单、经过初步核实已查清主要职务违法事实的,应当追究监察对象法律责任,不再需要开展调查的,立案和移送审理可以一并报批,履行立案程序后再移送审理。[2]

《监察法实施条例》第二百一十三条对指定管辖立案进行了规定,上级监察机关需要指定下级监察机关立案调查的,应当按规定报批,向被指定管辖的监察机关出具《指定管辖决定书》,由其办理立案手续。

程序上,立案的决定需要宣布。在批准立案后,应当由两名以上调查人员出示证件,向被调查人宣布立案决定。立案决定宣布后,应当及时向被调查人所在单位等相关组织送达《立案通知书》,并向被调查人所在单位主要负责人通报。对涉嫌严重职务违法或者职务犯罪的公职人员立案调查并采取留置措施的,应当按规定通知被调查人所在单位和家属,并向社会公开发布。[3]

(二)调查方案的设计与实施

案件立案后,监察机关主要负责人应当依照法定程序批准确定调查方案。[4]《监察法》第四十二条第二款规定,监察机关主要负责人依法批准立案后,应当主持召开专题会议,研究确定调查方案,决定需要采取的调查措施。根据案件性质、主要问题等,不同案件的调查方案应具有针对性、科学性、可实施性,在内容上,一

[1] 参见《监察法实施条例》第二百一十一条。
[2] 参见《监察法实施条例》第二百一十二条。
[3] 参见《监察法实施条例》第二百一十四条。
[4] 参见《监察法实施条例》第二百一十六条第一款。

般包括应当查明的问题和线索、主要调查方法、具体调查步骤、监察措施的应用、调查时限和其他注意事项，应科学制定，审慎批准，其决定了调查行为内容与方向，是决定调查实效的关键。

确定调查方案后，监察机关组成调查组，依照调查方案，依法展开调查。调查工作应当严格按照批准的方案执行，不得随意扩大调查范围、变更调查对象和事项，对重要事项应当及时请示报告。调查人员在调查工作期间，未经批准不得单独接触任何涉案人员及其特定关系人，不得擅自采取调查措施。[1] 调查过程中，需要依据《监察法》第四章“监察权限”、第五章“监察程序”的各项要求进行，过程中要注意证据收集与审查的目标与要求，严格落实监察调查中各项程序性要求，同时严肃禁止非法取证等违法行为。调查结束后，调查组应当将调查认定的涉嫌违法犯罪事实形成书面材料，交给被调查人核对，听取其意见。被调查人应当在书面材料上签署意见。对被调查人签署不同意见或者拒不签署意见的，调查组应当作出说明或者注明情况。对被调查人提出申辩的事实、理由和证据应当进行核实，成立的予以采纳。[2] 同时，调查组对于立案调查的涉嫌行贿犯罪、介绍贿赂犯罪或者共同职务犯罪的涉案人员，在查明其涉嫌犯罪问题后，依照《监察法实施条例》第二百一十七条第一款规定办理。对立案和移送审理一并报批的案件，应当在报批前履行以上规定的程序。

（三）形成调查结果

调查组在调查工作结束后应当集体讨论，形成调查报告。调查报告应当列明被调查人基本情况、问题线索来源及调查依据、调查过程，涉嫌的主要职务违法或者职务犯罪事实，被调查人的态度和认识，处置建议及法律依据，并由调查组组长以及有关人员签名。对调查过程中发现的重要问题和形成的意见建议，应当形成专题报告。[3] 同时，对于被调查人涉嫌职务犯罪拟依法移送人民检察院审查起诉的，应当起草《起诉建议书》。《起诉建议书》应当载明被调查人基本情况，调查简况，认罪认罚情况，采取留置措施的时间，涉嫌职务犯罪事实以及证据，对被调

〔1〕 参见《监察法实施条例》第二百一十六条第二款。

〔2〕 参见《监察法实施条例》第二百一十七条第一款。

〔3〕 参见《监察法实施条例》第二百一十八条。

查人从重、从轻、减轻或者免除处罚等情节，提出对被调查人移送起诉的理由和法律依据，采取强制措施的建议，并注明移送案卷数及涉案财物等内容。调查组应当形成被调查人到案经过及量刑情节方面的材料，包括案件来源、到案经过、自动投案、如实供述、立功等量刑情节，认罪悔罪态度、退赃、避免和减少损害结果发生等方面的情况说明及相关材料。被检举揭发的问题已被立案、查破，被检举揭发人已被采取调查措施或者刑事强制措施、起诉或者审判的，还应当附有关法律文书。[1]

调查完毕，承办部门应及时将调查所形成的《调查报告》、《起诉建议书》、证据和其他案件材料一并移送案件审理部门。经调查认为被调查人构成职务违法或者职务犯罪的，应当区分不同情况提出相应处理意见，经审批将调查报告、职务违法或者职务犯罪事实材料、涉案财物报告、涉案人员处理意见等材料，连同全部证据和文书手续移送审理。对涉嫌职务犯罪的案件材料应当按照刑事诉讼要求单独立卷，与《起诉建议书》、涉案财物报告、同步录音录像资料及其自查报告等材料一并移送审理。调查全过程形成的材料应当案结卷成、事毕归档。[2]

三、审理阶段

2024 年修正《监察法》，规定了审理工作的整体要求，新增“依法全面审理”的工作要求，监察机关在调查结束后，应当依法对案件事实和证据、性质认定、程序手续、涉案财物等进行全面审理。

案件审理部门收到移送审理的案件后，应当审核材料是否齐全、手续是否完备。对被调查人涉嫌职务犯罪的，还应当审核相关案卷材料是否符合职务犯罪案件立卷要求，是否在调查报告中单独表述已查明的涉嫌犯罪问题，是否形成《起诉建议书》。经审核符合移送条件的，应当予以受理；不符合移送条件的，经审批可以暂缓受理或者不予受理，并要求调查部门补充完善材料。[3]

进入审理过程，《监察法实施条例》进行了详细的程序性规定。案件审理部门受理案件后，应当成立由二人以上组成的审理组，全面审理案卷材料。审理过

---

〔1〕 参见《监察法实施条例》第二百一十九条。

〔2〕 参见《监察法实施条例》第二百二十条。

〔3〕 参见《监察法实施条例》第二百二十一条。

程中，应当坚持以下要求：

审理依据：以《监察法》《公职人员政务处分法》《刑法》《刑事诉讼法》等法律法规为准绳，对案件事实和证据、性质认定、程序手续、涉案财物等进行全面审理。

审理原则：案件审理部门应当强化监督制约职能，对案件严格审核把关，坚持实事求是、独立审理，依法提出审理意见。坚持调查与审理相分离的原则，案件调查人员不得参与审理。[1] 审理工作应当坚持民主集中制原则，经集体审议形成审理意见。[2]

审理方式：案件审理部门根据案件审理情况，经审批可以与被调查人谈话，告知其在审理阶段的权利义务，核对涉嫌违法犯罪事实，听取其辩解意见，了解有关情况。与被调查人谈话应当在具备安全保障条件的场所进行，被调查人为在押的犯罪嫌疑人、被告人或者在看守所、监狱服刑人员的，按照《监察法实施条例》第八十三条规定办理。谈话时，案件审理人员不得少于二人。

具有下列情形之一的，一般应当与被调查人谈话：(1)对被调查人采取留置措施，拟移送起诉的；(2)可能存在以非法方法收集证据情形的；(3)被调查人对涉嫌违法犯罪事实材料签署不同意见或者拒不签署意见的；(4)被调查人要求向案件审理人员当面陈述的；(5)其他有必要与被调查人进行谈话的情形。[3]

审理工作应当在受理之日起一个月以内完成，重大、复杂案件经批准可以适当延长。[4] 经审理后，案件审理部门形成审理结果。

经审理认为主要违法犯罪事实不清、证据不足的，应当经审批将案件退回承办部门重新调查。具有下列情形之一，需要补充完善证据的，经审批可以退回补充调查：(1)部分事实不清、证据不足的；(2)遗漏违法犯罪事实的；(3)其他需要进一步查清案件事实的情形。案件审理部门将案件退回重新调查或者补充调查的，应当出具审核意见，写明调查事项、理由、调查方向、需要补充收集的证据及其证明作用等，连同案卷材料一并送交承办部门。承办部门补充调查结束后，应当经审批将补证情况报告及相关证据材料，连同案卷材料一并移送案件审理部门；

[1] 参见《监察法实施条例》第二百二十二条。
[2] 参见《监察法实施条例》第二百二十三条。
[3] 参见《监察法实施条例》第二百二十五条。
[4] 参见《监察法实施条例》第二百二十四条。

对确实无法查明的事项或者无法补充的证据，应当作出书面说明。重新调查终结后，应当重新形成调查报告，依法移送审理。重新调查完毕移送审理的，审理期限重新计算。补充调查期间不计入审理期限。[1]

审理工作结束后形成审理报告，载明被调查人基本情况、调查简况、涉嫌违法或者犯罪事实、被调查人态度和认识、涉案财物处置、承办部门意见、审理意见等内容，提请监察机关集体审议。

对被调查人涉嫌职务犯罪需要追究刑事责任的，应当形成《起诉意见书》，作为审理报告附件。《起诉意见书》应当忠实于事实真相，载明被调查人基本情况，调查简况，采取留置措施的时间，依法查明的犯罪事实和证据，从重、从轻、减轻或者免除处罚等情节，涉案财物情况，涉嫌罪名和法律依据，采取强制措施的建议，以及其他需要说明的情况。[2]

其中，调查简况应当包括案件来源、线索初核、立案及采取留置措施时间等情况，调查意见应当明确涉嫌罪名、法律依据以及采取强制措施建议等。实践中应处理好遵循文书制作规范与反映个案案情特点之间的关系，确保文书质量。

案件审理部门经审理认为现有证据不足以证明被调查人存在违法犯罪行为，且通过退回补充调查仍无法达到证明标准的，应当提出撤销案件的建议。[3]

四、处置阶段

根据《监察法》第五十二条、第五十三条的规定，监察机关根据监督、调查结果，依据《监察法》《公职人员政务处分法》等规定进行处置。

1. 职务违法行为情节较轻的处置

监察机关对于公职人员有职务违法行为但情节较轻的，可以依法进行谈话提醒、批评教育、责令检查，或者予以诫勉。

《监察法实施条例》第二百三十一条作了进一步规定，对于以上谈话提醒、批评教育、责令检查、予以诫勉，可以单独使用，也可以依据规定合并使用。

谈话提醒、批评教育应当由监察机关相关负责人或者承办部门负责人进行，

〔1〕 参见《监察法实施条例》第二百二十六条。
〔2〕 参见《监察法实施条例》第二百二十七条第一款、第二款。
〔3〕 参见《监察法实施条例》第二百二十七条第三款。

可以由被谈话提醒、批评教育人所在单位有关负责人陪同；经批准也可以委托其所在单位主要负责人进行。对谈话提醒、批评教育情况应当制作记录。

被责令检查的公职人员应当作出书面检查并进行整改。整改情况在一定范围内通报。

诫勉由监察机关以谈话或者书面方式进行。采取谈话方式予以诫勉的，应当由监察机关相关负责人或者承办部门负责人进行；经批准也可以委托诫勉对象所在单位主要负责人进行。对谈话情况应当制作记录。[1]

2. 其他职务违法行为的处置

对违法的公职人员依法需要给予政务处分的，应当根据情节轻重作出警告、记过、记大过、降级、撤职、开除等政务处分决定，制作政务处分决定书。

因该类违法行为已经超出了情节较轻的范畴，且政务处分决定对于公职人员影响较大，《监察法实施条例》对于政务处分决定书的决定、送达、反馈机制作出了细化要求。

监察机关应当将政务处分决定书在作出后一个月以内送达被处分人和被处分人所在机关、单位，并依法履行宣布、书面告知程序。政务处分决定自作出之日起生效。有关机关、单位、组织应当依法及时执行处分决定，并将执行情况向监察机关报告。处分决定应当在作出之日起一个月以内执行完毕，特殊情况下经监察机关批准可以适当延长办理期限，最迟不得超过六个月。[2]

3. 职务犯罪行为的处置

对涉嫌职务犯罪的，监察机关经调查认为犯罪事实清楚，证据确实、充分的，制作起诉意见书，连同案卷材料、证据一并移送人民检察院依法审查、提起公诉。

4. 经调查不存在职务违法犯罪行为的处置

监察机关经调查，对没有证据证明或者现有证据不足以证明被调查人存在违法犯罪行为的，应当依法撤销案件。省级以下监察机关撤销案件后，应当在七个工作日以内向上一级监察机关报送备案报告。上一级监察机关监督检查部门负

---

〔1〕 参见《监察法实施条例》第二百三十一条。

〔2〕 参见《监察法实施条例》第二百三十三条。

责备案工作。[1]

省级以下监察机关拟撤销上级监察机关指定管辖或者交办案件的，应当将《撤销案件意见书》连同案卷材料，在法定调查期限到期七个工作日前报指定管辖或者交办案件的监察机关审查。对于重大、复杂案件，在法定调查期限到期十个工作日前报指定管辖或者交办案件的监察机关审查。指定管辖或者交办案件的监察机关由监督检查部门负责审查工作。指定管辖或者交办案件的监察机关同意撤销案件的，下级监察机关应当作出撤销案件决定，制作《撤销案件决定书》；指定管辖或者交办案件的监察机关不同意撤销案件的，下级监察机关应当执行该决定。[2]

监察机关对于撤销案件的决定应当向被调查人宣布，由其在《撤销案件决定书》上签名、捺指印，立即解除监察强制措施，并通知其所在单位。[3]

撤销案件后又发现重要事实或者有充分证据，认为被调查人有违法犯罪事实需要追究法律责任的，应当重新立案调查。[4]

5. 对相关责任领导和监察对象所在单位的处置

监察机关对不履行或者不正确履行职责造成严重后果或者恶劣影响的领导人员，可以按照管理权限采取通报、诫勉、政务处分等方式进行问责；提出组织处理的建议。[5]

监察机关依法向监察对象所在单位提出监察建议的，应当经审批制作监察建议书。

监察建议书一般应当包括下列内容：

(1)监督调查情况；

(2)发现的主要问题及其产生的原因；

(3)整改建议内容和要求；

(4)整改期限和反馈整改情况的要求；

---

[1] 参见《监察法实施条例》第二百三十七条第一款。
[2] 参见《监察法实施条例》第二百三十七条第二款、第三款。
[3] 参见《监察法实施条例》第二百三十七条第四款。
[4] 参见《监察法实施条例》第二百三十七条第五款。
[5] 参见《监察法实施条例》第二百三十四条。

(5)提出异议的期限和方式。[1]

监察机关在研究提出监察建议过程中，应当坚持问题导向、系统观念，加强分析研判，保证监察建议质量。

监察机关可以采取专题调研、部门会商、征求特约监察员等有关人员意见，以及与被建议单位或者其他有关方面沟通等方式，提高监察建议的针对性、可行性。[2]

6. 对涉案财物的处置

监察机关经调查，对违法取得的财物，依法予以没收、追缴或者责令退赔；对涉嫌犯罪取得的财物，应当随案移送人民检察院。

对查封、扣押、冻结的涉嫌职务犯罪所得财物及孳息应当妥善保管，并制作《移送司法机关涉案财物清单》随案移送人民检察院。对作为证据使用的实物应当随案移送；对不宜移送的，应当将清单、照片和其他证明文件随案移送。对于移送人民检察院的涉案财物价值不明的，应当在移送起诉前委托进行价格认定。在价格认定过程中，需要对涉案财物先行作出真伪鉴定或者出具技术、质量检测报告的，应当委托有关鉴定机构或者检测机构进行真伪鉴定或者技术、质量检测。对不属于犯罪所得但属于违法取得的财物及孳息，应当依法予以没收、追缴或者责令退赔，并出具有关法律文书。对经认定不属于违法所得的财物及孳息，应当及时予以返还，并办理签收手续。[3] 监察机关经调查，对违法取得的财物及孳息决定追缴或者责令退赔的，可以依法要求公安、自然资源、住房和城乡建设、市场监管、金融监管等部门以及银行等机构、单位予以协助。追缴涉案财物以追缴原物为原则，原物已经转化为其他财物的，应当追缴转化后的财物。涉案财物已被用于清偿合法债务、转让或者设置其他权利负担，善意第三人通过正常市场交易、支付合理对价，并实际取得相应权利的，不得对善意取得的财物进行追缴。有证据证明依法应当追缴、没收的涉案财物无法找到、被他人善意取得、价值灭失减损或者与其他合法财产混合且不可分割的，可以依法追缴、没收被调查人的其他等值财产。追缴或者责令退赔应当自处置决定作出之日起一个月以内执行完毕，因

[1] 参见《监察法实施条例》第二百三十五条。
[2] 参见《监察法实施条例》第二百三十六条。
[3] 参见《监察法实施条例》第二百三十九条。

被调查人的原因逾期执行的除外。人民检察院、人民法院依法将不认定为犯罪所得的相关涉案财物退回监察机关的，监察机关应当依法处理。[1]

7. 申请复审

监察对象对监察机关作出的涉及本人的处理决定不服的，可以在收到处理决定之日起一个月以内，向作出决定的监察机关申请复审。复审机关应当依法受理，并在受理后一个月以内作出复审决定。监察对象对复审决定仍不服的，可以在收到复审决定之日起一个月以内，向上一级监察机关申请复核。复核机关应当依法受理，并在受理后二个月以内作出复核决定。上一级监察机关的复核决定和国家监察委员会的复审、复核决定为最终决定。[2]

复审、复核机关承办部门应当成立工作组，调阅原案卷宗，必要时可以进行调查取证。承办部门应当集体研究，提出办理意见，经审批作出复审、复核决定。决定应当送达申请人，抄送相关单位，并在一定范围内宣布。

复审、复核期间，不停止原处理决定的执行。复审、复核机关经审查认定处理决定有错误或者不当的，应当依法撤销、变更原处理决定，或者责令原处理机关及时予以纠正。复审、复核机关经审查认定处理决定事实清楚、适用法律正确的，应当予以维持。

坚持复审、复核与调查审理分离，原案调查、审理人员不得参与复审复核。[3]

---

〔1〕 参见《监察法实施条例》第二百四十条。
〔2〕 参见《监察法实施条例》第二百四十一条。
〔3〕 参见《监察法实施条例》第二百四十二条。

第五章　职务犯罪行为的认定

第一节　职务犯罪概述

探究职务犯罪的内涵与外延，对于监察机关调查职务犯罪案件至关重要。《监察法》中对“职务犯罪”概念采狭义解释，同职务违法行为并列，因此本书在探究公职人员职务犯罪案件证据标准时，同样采狭义的职务犯罪概念。

《监察法》第十一条规定，监察委员会对涉嫌贪污贿赂、滥用职权、玩忽职守、权力寻租、利益输送、徇私舞弊以及浪费国家资财等职务违法和职务犯罪进行调查。在《监察法实施条例》中对贪污贿赂犯罪、滥用职权犯罪、玩忽职守犯罪、徇私舞弊犯罪、公职人员在行使公权力过程中涉及的重大责任事故犯罪和其他犯罪进行了进一步阐述。

监察机关依法调查涉嫌贪污贿赂犯罪，包括贪污罪，挪用公款罪，受贿罪，单位受贿罪，利用影响力受贿罪，行贿罪，对有影响力的人行贿罪，对单位行贿罪，介绍贿赂罪，单位行贿罪，巨额财产来源不明罪，隐瞒境外存款罪，私分国有资产罪，私分罚没财物罪，以及公职人员在行使公权力过程中实施的职务侵占罪，挪用资金罪，对外国公职人员、国际公共组织官员行贿罪，非国家工作人员受贿罪和相关联的对非国家工作人员行贿罪。[1]

监察机关依法调查公职人员涉嫌滥用职权犯罪，包括滥用职

---

〔1〕 参见《监察法实施条例》第二十九条。

权罪，国有公司、企业、事业单位人员滥用职权罪，滥用管理公司、证券职权罪，食品、药品监管渎职罪，故意泄露国家秘密罪，报复陷害罪，阻碍解救被拐卖、绑架妇女、儿童罪，帮助犯罪分子逃避处罚罪，违法发放林木采伐许可证罪，办理偷越国（边）境人员出入境证件罪，放行偷越国（边）境人员罪，挪用特定款物罪，非法剥夺公民宗教信仰自由罪，侵犯少数民族风俗习惯罪，打击报复会计、统计人员罪，以及司法工作人员以外的公职人员利用职权实施的非法拘禁罪、虐待被监管人罪、非法搜查罪。〔1〕

监察机关依法调查公职人员涉嫌玩忽职守犯罪，包括玩忽职守罪，国有公司、企业、事业单位人员失职罪，签订、履行合同失职被骗罪，国家机关工作人员签订、履行合同失职被骗罪，环境监管失职罪，传染病防治失职罪，商检失职罪，动植物检疫失职罪，不解救被拐卖、绑架妇女、儿童罪，失职造成珍贵文物损毁、流失罪，过失泄露国家秘密罪。〔2〕

监察机关依法调查公职人员涉嫌徇私舞弊犯罪，包括徇私舞弊低价折股、出售公司、企业资产罪，非法批准征收、征用、占用土地罪，非法低价出让国有土地使用权罪，非法经营同类营业罪，为亲友非法牟利罪，枉法仲裁罪，徇私舞弊发售发票、抵扣税款、出口退税罪，商检徇私舞弊罪，动植物检疫徇私舞弊罪，放纵走私罪，放纵制售伪劣商品犯罪行为罪，招收公务员、学生徇私舞弊罪，徇私舞弊不移交刑事案件罪，违法提供出口退税凭证罪，徇私舞弊不征、少征税款罪。〔3〕

监察机关依法调查公职人员在行使公权力过程中涉及的重大责任事故犯罪，包括重大责任事故罪，教育设施重大安全事故罪，消防责任事故罪，重大劳动安全事故罪，强令、组织他人违章冒险作业罪，危险作业罪，不报、谎报安全事故罪，铁路运营安全事故罪，重大飞行事故罪，大型群众性活动重大安全事故罪，危险物品肇事罪，工程重大安全事故罪。〔4〕

监察机关依法调查公职人员在行使公权力过程中涉及的其他犯罪，包括破坏选举罪，背信损害上市公司利益罪，金融工作人员购买假币、以假币换取货币罪，

---

〔1〕 参见《监察法实施条例》第三十条。
〔2〕 参见《监察法实施条例》第三十一条。
〔3〕 参见《监察法实施条例》第三十二条。
〔4〕 参见《监察法实施条例》第三十三条。

利用未公开信息交易罪，诱骗投资者买卖证券、期货合约罪，背信运用受托财产罪，违法运用资金罪，违法发放贷款罪，吸收客户资金不入账罪，违规出具金融票证罪，对违法票据承兑、付款、保证罪，非法转让、倒卖土地使用权罪，私自开拆、隐匿、毁弃邮件、电报罪，故意延误投递邮件罪，泄露不应公开的案件信息罪，披露、报道不应公开的案件信息罪，接送不合格兵员罪。[1]

职务犯罪和职务违法具有相似之处，从主体来看，其行为主体均为公职人员和有关单位；从行为方式来看，均为行使国家公权力的过程中，存在违反法律、法规等行为，造成了对公权力的滥用和对公信力危害；从结果来看，监察机关经调查，事实清楚，证据充分，对被调查人进行处置，以及对其单位和领导责任人员进行处置。

但是二者又有明显不同，从危害程度来看，职务犯罪的危害性明显高于职务违法，职务犯罪的社会危害性更大；从违反的规范来看，职务犯罪存在违反宪法、刑法等法律的强制性规范，职务违法可能仅违反工作制度、规章；从处置结果来看，职务犯罪的法律责任比职务违法的法律责任更为严重，监察机关调查完毕后需要移交检察机关、审判机关进行后续司法流程。

第二节　职务犯罪案件构成要件概述

职务犯罪案件的构成要件，是指公职人员的行为构成职务犯罪所必须具备的全部成立要件。不同种类的职务犯罪行为，其主观方面、客观方面的表现形式有所不同，从各种不同职务犯罪行为的主客观方面中归纳、总结出其共同的规律，研究职务犯罪在主观方面、客观方面所具有的法定条件，即职务犯罪案件的构成要件，反过来可以知道实践中调查职务犯罪案件的思路。

从刑法学犯罪构成要件理论来看，有“二阶层”“三阶层”“四要件”等不同学说，综合考量我国监察体制改革理论探索与实践需求，监察调查与司法程序的衔接，以及监察机关、检察机关的职权定位，笔者认为，职务犯罪案件的构成要件应

[1] 参见《监察法实施条例》第三十四条。

采“四要件”说，即犯罪主体、犯罪客体、主观方面、客观方面，这对于提高办案质量与效率、加强证据收集与审查工作、查明案件事实、形成稳定可靠的证据链，至关重要。对于犯罪构成要件与案件证据收集的具体关系与要求，将在本书第九章中详细论述。

第三节　职务犯罪案件认定的逻辑结构

职务犯罪案件认定的逻辑结构是对被调查人员的行为是否构成职务犯罪以及构成何种职务犯罪的判断过程，其逻辑结构可以参考逻辑学中的三段论概念进行理解。逻辑学中的三段论如下：

第一步：如果具备法律规范 A 的条件，则适用 B 的法律效果，即 A→B

第二步：被调查的案件事实 C，符合 A 的要件，即 C = A

第三步：得出案件事实 C 适用 B 的法律效果的结论，即 C→B

在以上推导过程中，运用了从大前提、小前提推导案件结论的思维过程，也是在司法过程中普遍适用的司法三段论的推导过程。因此，进行职务犯罪认定的逻辑结构，应从“A”寻找法律规范、“C”查明案件事实、“B”涵摄结论，形成清晰的逻辑思考与认定过程。下面以一个案件为例，说明职务犯罪的认定过程。

【基本案情】被告人金某某，女，安徽省某医院原党委书记、院长。2007 年至 2018 年，被告人金某某在担任安徽省某医院党委书记、院长期间，利用职务上的便利，为请托人在承建工程项目、销售医疗设备、销售药品、支付货款、结算工程款、职务晋升等事项上提供帮助，非法收受他人财物共计人民币 1161.1 万元、4000 欧元。

安徽省检察机关在提前介入金某某案件过程中，通过对安徽省监察委员会调查的证据材料进行初步审查，认为金某某涉嫌受贿犯罪的基本事实清楚，基本证据确实充分。同时注意到，金某某到案后，不但如实交代了监察机关已经掌握的受贿 170 余万元的犯罪事实，还主动交代了监察机关尚未掌握的受贿 980 余万元的犯罪事实，真诚认罪悔罪，表示愿意接受处罚，并已积极退缴全部赃款。初步判定本案具备适用认罪认罚从宽制度条件。

本案不仅涉及职务犯罪,而且涉及认罪认罚从宽制度的适用,本书仅就其中一个焦点,金某某是否构成职务犯罪,以及构成何种职务犯罪行为进行逻辑推导。

首先,寻找法律规范。在这个案例中,涉及的法律规范有:

《刑法》第三百八十五条第一款规定:“国家工作人员利用职务上的便利,索取他人财物的,或者非法收受他人财物,为他人谋取利益的,是受贿罪。”

《刑法》第三百八十六条规定:“对犯受贿罪的,根据受贿所得数额及情节,依照本法第三百八十三条的规定处罚。索贿的从重处罚。”

其次,查明案件事实。在本案中,被告人金某某在担任安徽省某医院党委书记、院长期间,利用职务上的便利,为请托人在承建工程项目、销售医疗设备、销售药品、支付货款、结算工程款、职务晋升等事项上提供帮助,非法收受他人财物共计人民币 1161.1 万元、4000 欧元。

最后,进行涵摄。金某某的犯罪行为及事实,符合法律规范《刑法》第三百八十五条、第三百八十六条关于受贿罪的规定,可以认定金某某存在职务犯罪行为。

以上仅是一个简单案例的推导,旨在展示逻辑推导的顺序及其推理过程,具体到每个职务犯罪案件的认定过程中,对犯罪主体、犯罪客体、主观方面、客观方面的认定是细致和复杂的,同时与案件调查、证据收集与审查密不可分,具体在第九章中将就证据的收集与审查详细展开论述。

第四节　监察调查与刑事司法

通过前述对监察机关性质、监察权能、监察程序与监察措施的阐述,可以清晰认识到,监察调查权区别于刑事侦查权,在权利来源、行使主体、法律依据、调查对象、内容及手段和程序上都有显著不同。监察体制改革后,将原本由检察院行使的反贪反渎职能转到监察机关通过监察调查权行使,它融合了原本纪委调查案件、公安机关侦查案件、检察院反贪反渎的职能,依法独立行使监察权。

就职务犯罪而言,监察机关调查终结,对涉嫌职务犯罪的,监察机关经调查认为犯罪事实清楚,证据确实、充分的,制作起诉意见书,连同案卷材料、证据一并移送人民检察院依法审查、提起公诉,这就形成了监察机关同检察机关,监察权同司法权力的衔接问题。为处理好这一衔接问题,《监察法》对监察调查与证据收集审查作了明确规定:监察机关依照《监察法》规定收集的物证、书证、证人证言、被调查人供述和辩解、视听资料、电子数据等证据材料,在刑事诉讼中可以作为证据使用。监察机关在收集、固定、审查、运用证据时,应当与刑事审判关于证据的要求和标准相一致。以非法方法收集的证据应当依法予以排除,不得作为案件处置的依据。以上规定同《刑事诉讼法》和刑事诉讼规则保持了一致,为案件从监察机关到检察机关的衔接提供了基础,也为监察机关调查案件、收集审查证据提供了根本指引。

同时,对于检察机关提前介入调查的案件,监察机关和检察机关就事实认定、法律适用等重大问题,要加强会商沟通,夯实案件事实、证据基础,确保办案质量。同时坚持宽严相济,促使犯罪嫌疑人、被告人认罪悔罪。检察机关要认真听取犯罪嫌疑人及辩护人意见,充分释法说理,做好说服教育工作。同时,检察机关积极向监察机关反馈案件办理过程中的情况,认真落实认罪认罚从宽制度,把宽严相济刑事政策落实到每一个刑事案件办理中。

第六章　职务犯罪案件的衔接程序

推进反腐败事业，加强执纪执法贯通，从根本上要加强监察机关同公安机关、检察机关的协作与衔接。从监察调查程序和处置上看，要坚持系统思维，将《监察法》《监察法实施条例》同《刑事诉讼法》《中国共产党纪律处分条例》《公职人员政务处分法》《公务员法》等一系列制度进行系统化学习和贯彻，增强对整个党纪法律体系的整体性、系统性理解与把握，加强执行中的协同性，坚持系统观念；深刻理解不同国家机关、部门之间的性质、定位、职权和程序法要求，理解部门之间的制约与协调联动，加强对各制度之间的衔接和程序的衔接的理解和把握，真正做到监察调查、刑事侦查和刑事司法的有效衔接。

第一节　监察机关调查程序与检察机关审查起诉的衔接概述

一、职务犯罪案件移送人民检察院

《监察法》第五十一条规定："监察机关在调查工作结束后，应当依法对案件事实和证据、性质认定、程序手续、涉案财物等进行全面审理，形成审理报告，提请集体审议。"第五十二条第一款第四项、第五项规定："监察机关根据监督、调查结果，依法作出如下处置：(四)对涉嫌职务犯罪的，监察机关经调查认为犯罪事实清楚，证据确实、充分的，制作起诉意见书，连同案卷材料、证据一并移送人民检察院依法审查、提起公诉；（五）对监察对象所在单位廉政建设和履行职责存在的问题等提出监察建议。”

对涉嫌职务犯罪的，监察机关经调查认为犯罪事实清楚，证据确实、充分的，制作起诉意见书，连同案卷材料、证据及到案经过材料等一并移送人民检察院依法审查、提起公诉。

监察机关案件审理部门负责与人民检察院审查起诉的衔接工作，调查、案件监督管理等部门应当予以协助。

国家监察委员会派驻或者派出的监察机构、监察专员调查的职务犯罪案件，应当依法移送省级人民检察院审查起诉。〔1〕

监察机关一般应当在正式移送起诉十日前，向拟移送的人民检察院采取书面通知等方式预告移送事宜。监察机关发现被调查人因身体等原因存在不适宜羁押等可能影响刑事强制措施执行情形的，应当通报人民检察院；被调查人已被采取留置措施的，可以在移送起诉前依法变更为责令候查措施。对于未采取监察强制措施的案件，可以根据案件具体情况，向人民检察院提出对被调查人采取刑事强制措施的建议。〔2〕

监察机关办理的职务犯罪案件移送起诉，需要指定起诉、审判管辖的，应当与同级人民检察院协商有关程序事宜。需要由同级人民检察院的上级人民检察院指定管辖的，应当商请同级人民检察院办理指定管辖事宜。

监察机关一般应当在移送起诉二十日前，将商请指定管辖函送交同级人民检察院。商请指定管辖函应当附案件基本情况，对于被调查人已被其他机关立案侦查的犯罪认为需要并案审查起诉的，一并进行说明。

派驻或者派出的监察机构、监察专员调查的职务犯罪案件需要指定起诉、审判管辖的，应当报派出机关办理指定管辖手续。〔3〕

上级监察机关指定下级监察机关进行调查，移送起诉时需要人民检察院依法指定管辖的，应当按规定办理有关程序事宜。〔4〕

---

〔1〕 参见《监察法实施条例》第二百四十三条。

〔2〕 参见《监察法实施条例》第二百五十一条。

〔3〕 参见《监察法实施条例》第二百五十二条。

〔4〕 参见《监察法实施条例》第二百五十三条。

补充移送起诉,即监察机关对已经移送起诉的职务犯罪案件,发现遗漏被调查人罪行需要补充移送起诉的,应当经审批出具《补充起诉意见书》,连同相关案卷材料、证据等一并移送同级人民检察院。

对于经人民检察院指定管辖的案件需要补充移送起诉的,可以直接移送原受理移送起诉的人民检察院;需要追加犯罪嫌疑人、被告人的,应当再次商请人民检察院办理指定管辖手续。[1]

相关链接

职务犯罪案件移送清单

一、监察委员会向人民检察院移送案件时,应当移送以下材料:

(1)《起诉意见书》一式三份。

(2)案卷、证据材料以及相应的电子卷宗。

(3)《涉案财物清单》一式三份,涉案款物随案移送且单证相符。对于实物不宜移送的,应当将其清单、照片或者其他证明文件随案移送。

(4)案发情况说明及量刑情节方面的材料。包括:发案经过、被调查人是否自动投案、如实供述自己罪行、检举揭发他人犯罪或有其他突出贡献情况、认罪悔罪态度、退赃、避免、减少损害结果发生等方面的情况说明和相关材料。

(5)立案调查决定、留置决定等程序性文书。被调查人未被留置的,应提供被调查人的联系方式、住址、工作单位等信息,并在移送时确认可以到案。

(6)适用强制措施的建议、情况说明等。监察委员会对人民检察院适用强制措施有具体建议,应当单独出具书面建议并说明理由,被调查人具有毁灭、伪造证据,干扰证人作证或串供,可能对举报人、控告人实施打击报复,企图自杀或逃跑等情况的,应当一并说明。

(7)其他需要移送的案件材料。

二、经退回补充调查的案件,重新移送检察机关审查时,应移送的材料包括:

(1)补充调查报告书二份;

(2)补充调查中形成的其他案件材料。

---

〔1〕 参见《监察法实施条例》第二百五十四条。

二、案件移送中的认罪认罚情节

监察机关在制作《起诉意见书》的同时，如有从宽处罚建议，应当在移送起诉时作为《起诉意见书》内容一并提出，特殊情况下也可以在案件移送后、人民检察院提起公诉前，单独形成从宽处罚建议书移送人民检察院。对于从宽处罚建议所依据的证据材料，应当一并移送人民检察院。监察机关对于被调查人在调查阶段认罪认罚，但不符合监察法规定的提出从宽处罚建议条件，在移送起诉时没有提出从宽处罚建议的，应当在《起诉意见书》中写明其自愿认罪认罚的情况。[1]

（一）提出的条件

涉嫌职务犯罪的被调查人和涉案人员符合《监察法》第三十四条、第三十五条规定情形的，结合其案发前的一贯表现、违法犯罪行为的情节、后果和影响等因素，监察机关经综合研判和集体审议，报请上一级监察机关批准，可以在移送人民检察院时依法提出从轻、减轻或者免除处罚等从宽处罚建议。报请批准时，应当一并提供主要证据材料、忏悔反思材料。

上级监察机关有关监督检查部门负责审查工作，重点审核拟认定的从宽处罚情形、提出的从宽处罚建议，经审批在十五个工作日以内作出批复。[2]

（二）认定标准

1. 自动投案，真诚悔罪悔过

（1）职务犯罪问题未被监察机关掌握或者监察机关正在就有关问题线索进行适当了解时，向监察机关投案的；

（2）在监察机关谈话、函询过程中，如实交代监察机关未掌握的涉嫌职务犯罪问题的；

（3）在初步核实阶段，尚未受到监察机关谈话时投案的；

（4）职务犯罪问题虽被监察机关立案，但尚未受到讯问或者采取监察强制措

---

〔1〕 参见《监察法实施条例》第二百五十条。

〔2〕 参见《监察法实施条例》第二百四十四条。

施，向监察机关投案的；

(5)因伤病等客观原因无法前往投案，先委托他人代为表达投案意愿，或者以书信、网络、电话、传真等方式表达投案意愿，后到监察机关接受处理的；

(6)涉嫌职务犯罪潜逃后又投案，包括在被通缉、抓捕过程中投案的；

(7)经查实确已准备去投案，或者正在投案途中被有关机关抓获的；

(8)经他人规劝或者在他人陪同下投案的；

(9)虽未向监察机关投案，但向其所在党组织、单位或者有关负责人员投案，向有关巡视巡察机构投案，以及向公安机关、人民检察院、人民法院投案的；

(10)具有其他应当视为自动投案的情形的。

被调查人自动投案后不能如实交代自己的主要犯罪事实，或者自动投案并如实供述自己的罪行后又翻供的，不能适用以上规定。[1]

2. 积极配合调查工作，如实供述监察机关还未掌握的违法犯罪行为

(1)监察机关所掌握线索针对的犯罪事实不成立，在此范围外被调查人主动交代其他罪行的；

(2)主动交代监察机关尚未掌握的犯罪事实，与监察机关已掌握的犯罪事实属不同种罪行的；

(3)主动交代监察机关尚未掌握的犯罪事实，与监察机关已掌握的犯罪事实属同种罪行的；

(4)监察机关掌握的证据不充分，被调查人如实交代有助于收集定案证据的。[2]

3. 积极退赃，减少损失

(1)全额退赃的；

(2)退赃能力不足，但被调查人及其亲友在监察机关追缴赃款赃物过程中积极配合，且大部分已追缴到位的；

(3)犯罪后主动采取措施避免损失发生，或者积极采取有效措施减少、挽回

---

〔1〕 参见《监察法实施条例》第二百四十五条。

〔2〕 参见《监察法实施条例》第二百四十六条。

大部分损失的。[1]

4. 有重大立功表现

(1)检举揭发他人重大犯罪行为且经查证属实的；

(2)提供其他重大案件的重要线索且经查证属实的；

(3)阻止他人重大犯罪活动的；

(4)协助抓捕其他重大职务犯罪案件被调查人、重大犯罪嫌疑人(包括同案犯)的；

(5)为国家挽回重大损失等对国家和社会有其他重大贡献的。

前述所称重大犯罪一般是指依法可能被判处无期徒刑以上刑罚的犯罪行为；重大案件一般是指在本省、自治区、直辖市或者全国范围内有较大影响的案件；查证属实一般是指有关案件已被监察机关或者司法机关立案调查、侦查，被调查人、犯罪嫌疑人被监察机关采取监察强制措施或者被司法机关采取刑事强制措施，或者被告人被人民法院作出有罪判决，并结合案件事实、证据进行判断。

《监察法》第三十四条第四项规定的案件涉及国家重大利益，是指案件涉及国家主权和领土完整、国家安全、外交、社会稳定、经济发展等情形。[2]

5. 揭发有关被调查人职务违法犯罪行为，查证属实或者提供重要线索，有助于调查其他案件

(1)揭发所涉案件以外的被调查人职务犯罪行为，经查证属实的；

(2)提供的重要线索指向具体的职务犯罪事实，对调查其他案件起到实质性推动作用的；

(3)提供的重要线索有助于加快其他案件办理进度，或者对其他案件固定关键证据、挽回损失、追逃追赃等起到积极作用的。[3]

三、涉案财物移送问题

《监察法》第五十三条规定："监察机关经调查，对违法取得的财物，依法予

---

〔1〕 参见《监察法实施条例》第二百四十七条。
〔2〕 参见《监察法实施条例》第二百四十八条。
〔3〕 参见《监察法实施条例》第二百四十九条。

以没收、追缴或者责令退赔；对涉嫌犯罪取得的财物，应当随案移送人民检察院。”

实践中应注意，经调查认为被调查人构成职务违法或者职务犯罪的，应当区分不同情况提出相应处理意见，经审批将调查报告、职务违法或者职务犯罪事实材料、涉案财物报告、涉案人员处理意见等材料，连同全部证据和文书手续移送审理。

四、涉案人员强制措施实施问题

《监察法》第五十四条第一款规定：“对监察机关移送的案件，人民检察院依照《中华人民共和国刑事诉讼法》对被调查人采取强制措施。”

《监察法实施条例》第一百三十四条第四款规定了留置措施自动解除的情况，即案件依法移送人民检察院审查起诉的，留置措施自犯罪嫌疑人被执行拘留时自动解除，不再办理解除法律手续。

根据《刑事诉讼法》第一百七十条第二款的规定，对于监察机关移送起诉的已采取留置措施的案件，人民检察院应当对犯罪嫌疑人先行拘留，留置措施自动解除。人民检察院应当在拘留后的十日以内作出是否逮捕、取保候审或者监视居住的决定。在特殊情况下，决定的时间可以延长一日至四日。人民检察院决定采取强制措施的时间不计入审查起诉期限。

监察机关一般应当在正式移送起诉十日前，向拟移送的人民检察院采取书面通知等方式预告移送事宜。监察机关发现被调查人因身体等原因存在不适宜羁押等可能影响刑事强制措施执行情形的，应当通报人民检察院；被调查人已被采取留置措施的，可以在移送起诉前依法变更为责令候查措施。对于未采取监察强制措施的案件，可以根据案件具体情况，向人民检察院提出对被调查人采取刑事强制措施的建议。[1]

五、人民检察院审查起诉

人民检察院经审查，认为犯罪事实已经查清，证据确实、充分，依法应当追究

---

〔1〕参见《监察法实施条例》第二百五十一条。

刑事责任的，应当作出起诉决定。审查时限上，人民检察院对于监察机关、公安机关移送起诉的案件，应当在一个月内作出决定，重大、复杂的案件，可以延长十五日；犯罪嫌疑人认罪认罚，符合速裁程序适用条件的，应当在十日以内作出决定，对可能判处的有期徒刑超过一年的，可以延长至十五日。

人民检察院经审查，认为需要补充核实的，应当退回监察机关补充调查，必要时可以自行补充侦查。对于补充调查的案件，应当在一个月内补充调查完毕。补充调查以二次为限。

人民检察院对于有《刑事诉讼法》规定的不起诉的情形的，经上一级人民检察院批准，依法作出不起诉的决定。监察机关认为不起诉的决定有错误的，可以向上一级人民检察院提请复议。

审查起诉阶段，监察机关有一定的配合义务。监察机关对于人民检察院在审查起诉中书面提出的下列要求应当予以配合：

（1）认为可能存在以非法方法收集证据情形，要求监察机关对证据收集的合法性作出说明或者提供相关证明材料的；

（2）排除非法证据后，要求监察机关另行指派调查人员重新取证的；

（3）对物证、书证、视听资料、电子数据及勘验检查、辨认、调查实验等笔录存在疑问，要求调查人员提供获取、制作的有关情况的；

（4）要求监察机关对案件中某些专门性问题进行鉴定，或者对勘验检查进行复验、复查的；

（5）认为主要犯罪事实已经查清，仍有部分证据需要补充完善，要求监察机关补充提供证据的；

（6）人民检察院依法提出的其他工作要求。[1]

人民检察院在审查起诉过程中发现新的职务违法或者职务犯罪问题线索并移送监察机关的，监察机关应当依法处置。[2]

六、人民检察院的提前介入工作

在实践中，监察机关在调查完结后，对涉嫌职务犯罪的案件，一般在留置期限

〔1〕 参见《监察法实施条例》第二百五十六条。
〔2〕 参见《监察法实施条例》第二百五十九条。

届满之前,可以书面商请检察机关提前介入,对案情、事实证据进行审核,沟通案件定性以及对是否采取强制措施进行审查,做好衔接工作。

处理好监察程序与检察程序的衔接,对于高质效办好案件至关重要。以山东省原莱芜市莱城区牛泉镇东王庄村村委会原主任刘某培贪污、挪用资金案为例,强化监检衔接,准确适用法律,对于办理职务犯罪案件十分关键。

案例　山东省原莱芜市莱城区牛泉镇东王庄村村委会原主任刘某培贪污、挪用资金案

【基本案情】

被告人刘某培,男,山东省原莱芜市莱城区牛泉镇东王庄村村委会原主任。2015年8月至2016年3月,被告人刘某培在担任原莱芜市莱城区牛泉镇东王庄村村委会主任期间,利用协助政府从事行政管理工作的职务便利,非法截留占有农村危房改造补助款1.6488万元;采取虚列支出的方式,非法套取占有财政扶贫专项资金5.5235万元。接受监察委员会调查期间,刘某培主动将1.6488万元退还给申请危房补助的本村村民,将套取的专项扶贫资金5.5235万元退还至原莱芜市莱城区牛泉镇经管站。2016年6月,被告人刘某培注册成立原莱芜市莱城区福营林果种植专业合作社,系实际控制人。牛泉镇政府将福营林果种植专业合作社作为扶贫帮扶主体,与其约定,由政府投入扶贫专项资金,合作社每年拿出扶贫资金的10%发放给本村贫困人口,三年后将扶贫资金本金归还政府。2016年9月至2017年1月,牛泉镇政府3次拨付扶贫专项资金共计44.54万元,用于合作社发展猕猴桃种植和基地建设。2017年8月,刘某培挪用上述款项中的25万元专款专用扶贫资金,用于支付个人购房款。2018年7月4日,刘某培将挪用的25万元专项扶贫资金退还至合作社账户。

【典型意义】

强化监检衔接,准确适用法律。被告人刘某培贪污、挪用资金案是原莱芜市莱城区监察委员会成立后办理的首起案件,在提前介入时,原莱城区人民检察院多次与监察委员会沟通,共同研究案件定性、证据固定、强制措施适用、赃款赃物处理等问题,形成统一意见。关于本案难点问题,即刘某培挪用农业合作社专项扶贫资金行为该如何定性,两家研究后认为,刘某培作为农业合作社实际控制人,

管理、经营扶贫专项资金，不属于协助政府从事行政管理职能的性质，刘某培不具有挪用公款罪所要求的国家工作人员的主体身份。根据《最高人民法院关于对受委托管理、经营国有财产人员挪用国有资金行为如何定罪问题的批复》关于对于受国家机关委托，管理、经营国有财产的非国家工作人员，利用职务上的便利，挪用国有资金归个人使用的，构成挪用资金罪的规定，刘某培挪用农业合作社专项扶贫资金的行为构成挪用资金罪。在提前介入达成共识的基础上，案件进入审查起诉阶段后，检察机关落实专人专办，加速办理进度，从受理到提起公诉仅用 17 天。

第二节 人民检察院提前介入工作

一、提前介入的必要性

不同于普通犯罪，公职人员实施的贪污贿赂、渎职等职务犯罪，在犯罪主体、行为方式、社会影响、调查难度等方面有其特殊性。从犯罪主体角度来看，被调查人通常具有较高的社会地位、特殊的身份、掌握较多的社会资源且处于较为复杂的权力关系网络之中。从行为方式角度来看，职务犯罪案件的行为方式通常具有复杂性、隐蔽性、方式多样化、关联性强等特点，给调查带了极大的困难。从社会影响角度来看，职务犯罪通常具有犯罪数额巨大、发案领域广泛、直接损害国家的政治秩序和经济利益。因此，有必要通过机构和权力的整合，解决反腐败力量资源分散、力量薄弱的问题，实现职能整合下的协作配合。

监察机关的职权范围广泛，包括监察监督、监察调查、监察处置，但对于职务犯罪案件，需要交由司法机关进行起诉和审判。从这个角度来看，实现纪法贯通、法法衔接十分必要。检察机关作为公诉机关，熟悉职务犯罪案件证据收集要求和证据审查基本原则，检察机关的提前介入机制，使检察机关在调查阶段就证据收集的种类、流程的合法性及证据是否充足等进行全面审查，降低因取证不力或因收集的证据证明力不足而导致的指控不能成立的风险，同时也可以通过提出检察建议等形式，及时纠正监察机关工作人员的违法调查行为，并对合法权利受到损害的被调查人提供必要的救济。[1]

2018 年《宪法》修正对国家机构进行了调整,对监察机关和司法机关的关系作出了针对性的设计,明确规定监察机关办理职务违法和职务犯罪案件,其应当与审判机关、检察机关、执法部门互相配合、互相制约。这要求在进行职务违法犯罪案件的调查过程中,要统一好“监督思维”和“刑事诉讼思维”。[2]

二、提前介入的正当性

为了加强党对反腐败工作的集中统一领导,促进国家监察委员会和最高人民检察院在办理职务犯罪案件过程中互相配合、互相制约,建立权威高效、衔接顺畅的工作机制,2018 年 4 月,中共中央纪律检查委员会、国家监察委员会、最高人民检察院联合印发了《国家监察委员会与最高人民检察院办理职务犯罪案件工作衔接办法》,对职务犯罪案件办理过程中的案件审理与移送、证据收集与移送、强制措施适用和审查起诉等内容进行了具体规定,同时对重大、疑难、复杂案件的检察院提前介入监察调查工作机制进行了明确。为了进一步明确提前介入工作的任务、程序、范围、工作内容及反馈方式,2019 年 2 月,最高人民检察院印发《人民检察院提前介入监察委员会办理职务犯罪案件工作规定》,为检察机关参与监察调查活动提供了直接的规范性依据。[3] 后续其他相关文件中继续对此加以明确和强调,比如,2020 年 12 月,国家监察委员会、最高人民法院、最高人民检察院、公安部联合印发《关于加强和完善监察执法与刑事司法衔接机制的意见(试行)》,第二十四条规定监察机关商请人民检察院提前介入,遵循“拟移送哪个同级人民检察院审查起诉,就商请该人民检察院提前介入”的原则。2021 年 6 月,中共中央印发《中共中央关于加强新时代检察机关法律监督工作的意见》,其中指出,加强检察机关与监察机关办案衔接和配合制约,落实检察机关与监察机关办理职务犯罪案件互相配合、互相制约原则,完善监察机关商请检察机关派员提前介入办理职务犯罪案件工作机制。这有利于加强检察机关立案侦查司法工作

---

〔1〕 参见詹建红:《检察机关提前介入监察调查的制度性思考》,载《法商研究》2023 年第 2 期。

〔2〕 参见吴建雄:《新起点上深化国家监察体制改革的法理思考》,载《武汉科技大学学报(社会科学版)》2019 年第 5 期。

〔3〕 参见苗生明、张翠松:《职务犯罪案件监检衔接问题研究》,载《国家检察官学院学报》2019 年第 3 期。

人员相关职务犯罪与监察机关管辖案件的衔接协调、线索移送和办案协作，不断增强依法反腐合力。

关于提前介入工作，可分两类情况进行处理：一类是省级及以下监察机关办理的案件，另一类是国家监察委员会办理的案件。

1. 人民检察院提前介入省级及以下监察机关办理的案件

对于省级及以下监察机关办理的重大、疑难、复杂案件，可以书面商请人民检察院派员介入，人民检察院在收到提前介入书面邀请后，可以及时指派检察官带队介入，并成立工作小组。人民检察院也可以根据案件需要主动介入。介入后要审核案件材料，对证据标准、事实认定、案件定性及法律适用提出书面意见，对是否需要采取强制措施进行审查。书面意见应当包括提前介入工作的基本情况、审查认定的事实、定性意见、补证意见及需要研究和说明的问题等内容。

2. 最高人民检察院介入国家监察委员会办理的案件

对于国家监察委员会办理的案件，适用相关规定。

三、提前介入的工作流程

2018 年 4 月，中共中央纪律检查委员会、国家监察委员会、最高人民检察院联合印发了《国家监察委员会与最高人民检察院办理职务犯罪案件工作衔接办法》，于第二章集中规定了最高人民检察院提前介入的工作流程。

国家监察委员会办理的重大、疑难、复杂案件在进入案件审理阶段后，可以书面商请最高人民检察院派员介入。

最高人民检察院在收到提前介入书面通知后，应当及时指派检察官带队介入并成立工作组。工作小组应当在 15 日内审核案件材料，对证据标准、事实认定、案件定性及法律适用提出书面意见，对是否需要采取强制措施进行审查。书面意见应当包括提前介入工作的基本情况、审查认定的事实、定性意见、补证意见及需要研究和说明的问题等内容。

国家监察委员会案件审理室对最高人民检察院工作小组书面意见审核后，需要补证的，按程序报批后，及时交由调查部门进行补证。补证工作结束后，调查部门应当形成补证情况报告，并将调取的证据材料装订成卷，一并移送案件审理室。

综上,可以发现检察机关提前介入监察调查在程序上体现出检察机关服从式配合的基本结构,集中体现在介入地位的被动性,提前介入的程序控制权由检察机关掌握。通过第十四条关于调查的内容、书面意见的内容可以看出,对于提前介入程序的结束并不取决于检察机关提前介入工作的具体情况,而是更多考虑"配合"监察调查的实际需要。

2019年2月,最高人民检察院印发《人民检察院提前介入监察委员会办理职务犯罪案件工作规定》,将检察机关提前介入工作的主要任务、启动程序、案件范围、介入节点、工作内容、反馈方式等作了详细的规定,其主要内容包括:

1. 提前介入的主要任务

检察机关提前介入监察委员会调查工作的主要任务是对证据收集、事实认定、案件定性等提出意见和建议,规范调查取证工作,完善案件证据体系,并对是否需要采取强制措施进行审查,确保准确适用法律。

2. 提前介入的主体

一是提前介入的人员。检察院提前介入监察委员会办理职务犯罪案件工作,经检察长批准由检察官办案组或检察官介入。二是提前介入的单位。由于监察委员会的调查管辖与检察机关的审查起诉管辖的法律依据和原则不同,最高人民检察院和省级人民检察院对等介入监察委员会办理的案件,在案件审查起诉阶段,负责审查起诉工作的检察院一般是设区的市级人民检察院或者基层人民检察院。因此,在司法实践中,可以有两种介入方式:一种是上级检察院指导承办案件的检察院派员介入,即主要由下级承办案件的检察院介入;另一种是上级检察院与承办案件的检察院共同派员介入。

3. 提前介入的案件范围

对于监察委员会办理的职务犯罪案件,以下三类情形的案件检察机关可以提前介入:(1)在当地有重大影响的案件;(2)在事实认定、证据采信、案件定性以及法律适用等方面存在分歧的疑难、复杂案件;(3)其他需要提前介入的案件。需要特别指出的是,检察机关提前介入职务犯罪案件,需要以监察委员会"书面商请"为前提,而非检察机关主动提前介入。

4. 提前介入的工作时间

检察院提前介入监察委员会办理职务犯罪案件，应当在案件进入审理阶段、调查终结移送起诉十五日前，经监察委员会书面商请后进行。提前介入的检察官办案组或检察官一般应在十五日内审核案件材料，对证据标准、事实认定、案件定性及法律适用提出书面意见等。需要强调的是，提前介入的检察官办案组或检察官，不得以监察委员会名义或者以借调等方式参与监察委员会案件调查活动。

5. 提前介入的方式方法

检察机关提前介入监察委员会办理职务犯罪案件，可以采取以下工作方式：(1)听取监察委员会关于案件事实和证据情况的介绍；(2)查阅案件监察文书和证据材料；(3)需要对证据合法性进行审查的，可以提请调看讯问被调查人、询问证人同步录音录像；(4)其他必要的工作方式。检察机关提前介入监察委员会办理职务犯罪案件，可以就以下问题提出意见和建议：(1)对调查部门已经获取的证据材料进行分析，提出进一步补充、固定、完善证据的工作建议，全面客观地收集证明被调查人有罪、罪重以及无罪、罪轻的证据；(2)对案件事实和性质认定、法律适用以及涉案财物处理等问题提出意见和建议；(3)对审查发现的非法证据提出依法排除或者重新收集的意见，对瑕疵证据提出完善补正的意见；(4)对案件管辖问题提出意见和建议；(5)对是否需要采取强制措施以及采取何种强制措施进行审查；(6)对监察文书是否齐全、卷宗材料是否齐备等提出意见和建议；(7)对其他需要解决的法律问题提出意见和建议。

部分地区检察机关在实践操作中，在此基础上还进行了一些积极的探索，如增加了对“是否存在自首和立功”“是否存在漏罪和漏犯”等问题提出意见和建议；监察委员会对检察机关提前介入形成的意见，在移送起诉前进行“书面”反馈。这些探索值得进一步研究和完善。

6. 提前介入意见的反馈

关于提前介入意见如何向监察委员会反馈，主要涉及四个方面的问题：一是向哪级检察机关反馈。检察院应同监察委员会书面协商，提前介入监察委员会办理职务犯罪案件的，应当以本级检察院案件承办部门名义，向商请提前介入的监察委员会案件审理部门反馈。二是是否需要书面反馈。从工作的严肃性和规范性考虑,应当书面反馈。三是是否需要检察长批准。提前介入的检察官办案组或检察官应当详细记录案件情况和工作情况,形成提前介入的书面意见后按程序反馈。根据司法责任制改革实践,一般案件可以由检察官办案组或检察官反馈工作意见,但特别重大、疑难、复杂案件的意见反馈,应当经检察长批准同意。四是反馈的内容。书面反馈意见应当包括提前介入工作的基本情况、案件事实、定性意见、完善证据意见、法律适用意见以及需要研究和说明的问题等内容。

7. 提前介入与审查起诉工作的衔接

案件移送起诉后,检察机关一般宜将案件交由提前介入调查的检察官办理,确因工作需要的,也可另行安排办案人员。审查起诉检察官要根据监察委员会正式移送的案件材料,严格依法审查案件,不得以提前介入意见代替审查起诉意见。审查起诉意见和提前介入意见不一致的,应当及时与监察委员会沟通。人民检察院认为移送起诉的案件需要补充核实的,应当退回监察机关补充调查,必要时可以自行补充侦查。需要注意的是,提前介入工作一方面是做好审查起诉工作、确保案件质量效率的基础,另一方面是和审查起诉不能相互替代的两个不同阶段,必须防止以提前介入意见代替审查起诉意见的情况出现,确保审查起诉阶段依法审查。

同时,检察机关通过提前介入监察机关办理职务犯罪案件工作,即可根据案件事实、证据、性质、情节、被调查人态度等基本情况,初步判定能否适用认罪认罚从宽制度。案件移送起诉后,人民检察院应当及时告知犯罪嫌疑人享有的诉讼权利和认罪认罚从宽制度相关法律规定,保障犯罪嫌疑人的程序选择权。犯罪嫌疑人自愿认罪认罚的,人民检察院应当就涉嫌的犯罪事实、罪名及适用的法律规定,从轻、减轻或者免除处罚等从宽处罚的建议,认罪认罚后案件审理适用的程序及其他需要听取意见的情形,听取犯罪嫌疑人、辩护人或者值班律师的意见并记录在案,同时加强与监察机关、审判机关的沟通,听取意见。

四、事实认定与证据审查

实践中,检察机关提前介入提出完善证据体系意见,为案件准确定性奠定基础。以杨某受贿、利用影响力受贿案为例，对检察机关提前介入及时提出有关证据收集、事实认定的意见作一概述。

案例 杨某受贿、利用影响力受贿案

【基本案情】

杨某，男，中国人民银行某总部金融服务一部原副主任。

（一）受贿罪。2012 年 7 月至 2015 年 10 月，杨某在担任中国人民银行某总部金融服务一部支付结算处处长和金融服务一部副主任期间，利用负责审核第三方支付业务许可证、对第三方支付机构和各银行业支付机构监管以及本部门日常管理的职务便利，为他人提供帮助，先后多次收受或索取他人 240 万元、美元 4.1 万元。其中，2012 年 5 月，杨某以其女儿出国需要资金为由，向某银行董事长张某某索取 30 万元，向与该银行有印刷业务关系的某印刷有限公司总经理王某某索取 30 万元。

（二）利用影响力受贿罪。2016 年 11 月，杨某离职后，应某信息科技有限公司总经理黄某某请托，利用其曾担任中国人民银行某总部金融服务一部副主任的便利条件，通过施某某（时任中国人民银行某总部金融服务一部支付结算处清算组织管理科科长）在某信息科技有限公司分类评级中帮助提高分值的方式，帮助该公司顺利通过银行对第三方支付牌照续展的审核，后以借款为由向黄某某索取 350 万元。2020 年 1 月 21 日，上海市奉贤区监察委员会以杨某涉嫌受贿罪、利用影响力受贿罪移送审查起诉。同年 3 月 4 日，奉贤区人民检察院以杨某构成受贿罪、利用影响力受贿罪提起公诉，且均具有索贿情节，建议法院对杨某从重处罚。2021 年 2 月 9 日，奉贤区人民法院作出一审判决，认定杨某具有索贿情节，以受贿罪判处杨某有期徒刑八年，剥夺政治权利二年，并处罚金 100 万元；以利用影响力受贿罪判处杨某有期徒刑七年六个月，并处罚金 100 万元；决定对其执行有期徒刑十二年，剥夺政治权利二年，并处罚金 200 万元。一审宣判后，杨某提出上诉，2021 年 6 月 22 日，上海市第一中级人民法院裁定驳回上诉，维持原判。

【检察机关提前介入履职情况】

本案中，检察机关提前介入，及时提出有关证据收集、事实认定的意见。经监察机关商请，检察机关对该案进行提前介入，围绕索贿情节和利用影响力受贿罪的认定提出意见：

一是建议调查机关围绕行贿人张某某、王某某的证言进一步夯实索贿情节的认定基础。因张某某、王某某与杨某之间本身具有业务管理关系，需要进一步核实张某某、王某某之前是否具有行贿表示，以查明是否由杨某单方主动提出让张某某、王某某提供资金供其女儿出国的事实。

二是建议进一步夯实利用影响力受贿罪的定罪基础。经初步审查，杨某明知黄某某有具体请托事项，不仅打电话给施某某让其帮助调高分类评级分数，还帮黄某某宴请施某某，符合利用影响力受贿罪的构成要件，但仍需就施某某是否收受财物等问题进行补充核实。

五、执行中的问题与困境

1. 提前介入的案件范围受限

监察体制改革前，根据《人民检察院侦查监督、公诉部门介入职务犯罪案件侦查工作的规定》第三条的规定，检察机关对于本院或者下级检察院正在侦查的五类职务犯罪案件可以主动提前介入，包括：(1)可能判处十年有期徒刑以上刑罚的贪污贿赂案件或者可能判处三年有期徒刑以上刑罚的渎职侵权案件；(2)上级人民检察院等单位督办、批办和交办的案件；(3)在当地有重大社会影响的案件；(4)案情重大、疑难、复杂，在事实认定、证据采信以及法律适用等方面存在重大分歧的案件；(5)其他需要介入侦查的案件。第四条第一款规定，侦查监督部门介入侦查，一般应当在职务犯罪案件立案后，报请审查逮捕前进行。

监察体制改革后，检察院可以提前介入的职务案件范围限缩为“重大、疑难、复杂”。尽管通过《人民检察院提前介入监察委员会办理职务犯罪案件工作规定》将提前介入职务犯罪案件范围扩展至：(1)在当地有重大影响的案件；(2)在事实认定、证据采信、案件定性以及法律适用等方面可能存在分歧的疑难、复杂案件；(3)其他需要提前介入的案件，但《人民检察院侦查监督、公诉部门介入职务犯罪案件侦查工作的规定》第三条第一项“可能判处十年有期徒刑以上刑罚的贪污贿赂案件或者可能判处三年有期徒刑以上刑罚的渎职侵权案件”仍未被囊括在内，检察机关可否介入仍取决于“重大、疑难、复杂”这一标准，可操作性较弱。

2. 检察机关参与权限受限

由于提前介入调查的被动性参与，检察人员在参与调查的时间和权限范围上受限。监察体制改革前，检察人员对侦查机关的立案活动、取证活动、各类强制措施的适用进行监督；监察体制改革后，检察机关不享有对监察机关活动和适用强制措施进行监督的权限，同时，提前介入调查受“集中时间进行”“不得以监察委员会名义或者借调办案等方式参与监察委员会的调查活动”等诸多限制，检察机关的活动受到极大限制。

第三节 职务犯罪案件移送的监察程序

监察机关与人民检察院在办理职务违法犯罪案件过程中，如何做好衔接工作，《监察法》和《刑事诉讼法》等法律，已作了原则性规定，为了进一步详细的解读上述相关法律规定，以及为了体现以下精神：“监察机关同检察机关、审判机关系互相配合、互相制约关系。互相配合，主要是指监察机关与人民检察院在办理职务违法犯罪案件方面，要按照法律规定，在正确履行各自职责的基础上，互相支持，不能违反法律规定，各行其是。互相制约，主要是指监察机关与检察机关在追究职务违法犯罪过程中，通过程序上的制约防止和及时纠正错误，以保证案件质量，正确应用法律惩罚违法犯罪。”监察机关调查终结移送检察机关后，对监察机关相关人员跟踪案件的方式、法律文书制作以及异地起诉、审判都有具体的要求。

一、调查结束与案件审理室审理

《监察法》第五十一条规定：“监察机关在调查工作结束后，应当依法对案件事实和证据、性质认定、程序手续、涉案财物等进行全面审理，形成审理报告，提请集体审议。”

国家监察委员会决定移送的案件，案件审理室应当将《起诉意见书》及时移交案件监督管理室，由案件监督管理室出具移送函，连同《起诉意见书》一并移送最高人民检察院。由调查部门负责移送被调查人、全部案卷材料、涉案款物等。

案件移送前,应当按程序报批后作出党纪处分、政务处分决定,需要终止人大代表资格的,应当提请有关机关终止人大代表资格。

同时,2024 年修正《监察法》,在监察程序上增加了“依法全面审理”审理工作要求,规定监察机关在调查结束后,应当依法对案件事实和证据、性质认定、程序手续、涉案财物等进行全面审理,从而加强监督制约效果。

(一)调查组调查终结与材料移送

调查组在调查工作结束后应当集体讨论,形成调查报告。调查报告应当列明被调查人基本情况、问题线索来源及调查依据、调查过程,涉嫌的主要职务违法或者职务犯罪事实,被调查人的态度和认识,处置建议及法律依据,并由调查组组长以及有关人员签名。对调查过程中发现的重要问题和形成的意见建议,应当形成专题报告。[1]

调查组对被调查人涉嫌职务犯罪拟依法移送人民检察院审查起诉的,应当起草《起诉建议书》。《起诉建议书》应当载明被调查人基本情况,调查简况,认罪认罚情况,采取监察强制措施的时间,涉嫌职务犯罪事实以及证据,对被调查人从重、从轻、减轻或者免除处罚等情节,提出对被调查人移送起诉的理由和法律依据,采取刑事强制措施的建议,并注明移送案卷数及涉案财物等内容。调查组应当形成被调查人到案经过及量刑情节方面的材料,包括案件来源、到案经过,自动投案、如实供述、立功等量刑情节,认罪悔罪态度、退赃、避免和减少损害结果发生等方面的情况说明及相关材料。被检举揭发的问题已被立案、查破,被检举揭发人已被采取调查措施或者刑事强制措施、起诉或者审判的,还应当附有关法律文书。[2]

经调查认为被调查人构成职务违法或者职务犯罪的,应当区分不同情况提出相应处理意见,经审批将调查报告、职务违法或者职务犯罪事实材料、涉案财物报告、涉案人员处理意见等材料,连同全部证据和文书手续移送审理。

对涉嫌职务犯罪的案件材料应当按照刑事诉讼要求单独立卷,与《起诉建议书》、涉案财物报告、同步录音录像资料及其自查报告等材料一并移送审理。

---

〔1〕 参见《监察法实施条例》第二百一十八条。
〔2〕 参见《监察法实施条例》第二百一十九条。

调查全过程形成的材料应当案结卷成、事毕归档。[1]

(二)案件审理部门初步审查

案件审理部门收到移送审理的案件后,应当审核材料是否齐全、手续是否完备。对被调查人涉嫌职务犯罪的,还应当审核相关案卷材料是否符合职务犯罪案件立卷要求,是否在调查报告中单独表述已查明的涉嫌犯罪问题,是否形成《起诉建议书》。

经审核符合移送条件的,应当予以受理;不符合移送条件的,经审批可以暂缓受理或者不予受理,并要求调查部门补充完善材料。[2]

案件审理部门受理案件后,应当成立由二人以上组成的审理组,全面审理案卷材料。

案件审理部门对于受理的案件,应当以《监察法》《公职人员政务处分法》《刑法》《刑事诉讼法》等法律法规为准绳,对案件事实和证据、性质认定、程序手续、涉案财物等进行全面审理。

案件审理部门应当强化监督制约职能,对案件严格审核把关,坚持实事求是、独立审理,依法提出审理意见。坚持调查与审理相分离的原则,案件调查人员不得参与审理。[3]

审理工作应当坚持民主集中制原则,经集体审议形成审理意见。[4]

审理工作应当在受理之日起一个月以内完成,重大、复杂案件经批准可以适当延长。[5]

案件审理部门根据案件审理情况,经审批可以与被调查人谈话,告知其在审理阶段的权利义务,核对涉嫌违法犯罪事实,听取其辩解意见,了解有关情况。与被调查人谈话应当在具备安全保障条件的场所进行,被调查人为在押的犯罪嫌疑人、被告人或者在看守所、监狱服刑人员的,按照《监察法实施条例》第八十三条规定办理。谈话时,案件审理人员不得少于二人。

---

〔1〕 参见《监察法实施条例》第二百二十条。

〔2〕 参见《监察法实施条例》第二百二十一条。

〔3〕 参见《监察法实施条例》第二百二十二条。

〔4〕 参见《监察法实施条例》第二百二十三条。

〔5〕 参见《监察法实施条例》第二百二十四条。

具有下列情形之一的，一般应当与被调查人谈话：

(1)对被调查人采取留置措施，拟移送起诉的；

(2)可能存在以非法方法收集证据情形的；

(3)被调查人对涉嫌违法犯罪事实材料签署不同意见或者拒不签署意见的；

(4)被调查人要求向案件审理人员当面陈述的；

(5)其他有必要与被调查人进行谈话的情形。[1]

(三)案件审理室形成初步决定

1. 退回补充调查

经审理认为主要违法犯罪事实不清、证据不足的，应当经审批将案件退回承办部门重新调查。

具有下列情形之一，需要补充完善证据的，经审批可以退回补充调查：

(1)部分事实不清、证据不足的；

(2)遗漏违法犯罪事实的；

(3)其他需要进一步查清案件事实的情形。

案件审理部门将案件退回重新调查或者补充调查的，应当出具审核意见，写明调查事项、理由、调查方向、需要补充收集的证据及其证明作用等，连同案卷材料一并送交承办部门。

承办部门补充调查结束后，应当经审批将补证情况报告及相关证据材料，连同案卷材料一并移送案件审理部门；对确实无法查明的事项或者无法补充的证据，应当作出书面说明。重新调查终结后，应当重新形成调查报告，依法移送审理。

重新调查完毕移送审理的，审理期限重新计算。补充调查期间不计入审理期限。[2]

2. 审理完毕形成结论

审理工作结束后应当形成审理报告，载明被调查人基本情况、调查简况、涉嫌

---

〔1〕 参见《监察法实施条例》第二百二十五条。

〔2〕 参见《监察法实施条例》第二百二十六条。

违法或者犯罪事实、被调查人态度和认识、涉案财物处置、承办部门意见、审理意见等内容，提请监察机关集体审议。[1]

对被调查人涉嫌职务犯罪需要追究刑事责任的，应当形成《起诉意见书》，作为审理报告附件。《起诉意见书》应当忠实于事实真相，载明被调查人基本情况，调查简况，采取监察强制措施的时间，依法查明的犯罪事实和证据，从重、从轻、减轻或者免除处罚等情节，涉案财物情况，涉嫌罪名和法律依据，采取强制措施的建议，以及其他需要说明的情况。[2]

3. 证据不足，撤销案件

案件审理部门经审理认为现有证据不足以证明被调查人存在违法犯罪行为，且通过退回补充调查仍无法达到证明标准的，应当提出撤销案件的建议。[3]

监察机关经调查，对没有证据证明或者现有证据不足以证明被调查人存在违法犯罪行为的，应当依法撤销案件。省级以下监察机关撤销案件后，应当在七个工作日以内向上一级监察机关报送备案报告。上一级监察机关监督检查部门负责备案工作。

省级以下监察机关拟撤销上级监察机关指定管辖或者交办案件的，应当将《撤销案件意见书》连同案卷材料，在法定调查期限到期七个工作日前报指定管辖或者交办案件的监察机关审查。对于重大、复杂案件，在法定调查期限到期十个工作日前报指定管辖或者交办案件的监察机关审查。

指定管辖或者交办案件的监察机关由监督检查部门负责审查工作。指定管辖或者交办案件的监察机关同意撤销案件的，下级监察机关应当作出撤销案件决定，制作《撤销案件决定书》；指定管辖或者交办案件的监察机关不同意撤销案件的，下级监察机关应当执行该决定。

监察机关对于撤销案件的决定应当向被调查人宣布，由其在《撤销案件决定书》上签名、捺指印，立即解除留置措施，并通知其所在单位。

撤销案件后又发现重要事实或者有充分证据，认为被调查人有违法犯罪事实

[1] 参见《监察法实施条例》第二百二十七条第一款。
[2] 参见《监察法实施条例》第二百二十七条第二款。
[3] 参见《监察法实施条例》第二百二十七条第三款。

需要追究法律责任的,应当重新立案调查。[1]

4. 在逃或死亡被调查人情况

对于贪污贿赂、失职渎职等职务犯罪案件,被调查人逃匿,在通缉一年后不能到案,或者被调查人死亡,依法应当追缴其违法所得及其他涉案财产的,承办部门在调查终结后应当依法移送审理。

监察机关应当经集体审议,出具《没收违法所得意见书》,连同案卷材料、证据等,一并移送人民检察院依法提出没收违法所得的申请。

监察机关将《没收违法所得意见书》移送人民检察院后,在逃的被调查人自动投案或者被抓获的,监察机关应当及时通知人民检察院。[2]

监察机关立案调查拟适用缺席审判程序的贪污贿赂犯罪案件,应当逐级报送国家监察委员会同意。

监察机关承办部门认为在境外的被调查人犯罪事实已经查清,证据确实、充分,依法应当追究刑事责任的,应当依法移送审理。

监察机关应当经集体审议,出具《起诉意见书》,连同案卷材料、证据等,一并移送人民检察院审查起诉。

在审查起诉或者缺席审判过程中,犯罪嫌疑人、被告人向监察机关自动投案或者被抓获的,监察机关应当立即通知人民检察院、人民法院。[3]

二、案件移送的管辖权确定

监察机关决定对涉嫌职务犯罪的被调查人移送起诉的,应当出具《起诉意见书》,连同案卷材料、证据及到案经过材料等,一并移送同级人民检察院。监察机关案件审理部门负责与人民检察院审查起诉的衔接工作,调查、案件监督管理等部门应当予以协助。国家监察委员会派驻或者派出的监察机构、监察专员调查的职务犯罪案件,应当依法移送省级人民检察院审查起诉。[4]

监察机关办理的职务犯罪案件移送起诉,需要指定起诉、审判管辖的,应当

〔1〕 参见《监察法实施条例》第二百三十七条。
〔2〕 参见《监察法实施条例》第二百六十三条。
〔3〕 参见《监察法实施条例》第二百六十四条。
〔4〕 参见《监察法实施条例》第二百四十三条。

与同级人民检察院协商有关程序事宜。需要由同级人民检察院的上级人民检察院指定管辖的，应当商请同级人民检察院办理指定管辖事宜。监察机关一般应当在移送起诉二十日前，将商请指定管辖函送交同级人民检察院。商请指定管辖函应当附案件基本情况，对于被调查人已被其他机关立案侦查的犯罪认为需要并案审查起诉的，一并进行说明。派驻或者派出的监察机构、监察专员调查的职务犯罪案件需要指定起诉、审判管辖的，应当报派出机关办理指定管辖手续。[1]

上级监察机关指定下级监察机关进行调查，移送起诉时需要人民检察院依法指定管辖的，应当按规定办理有关程序事宜。[2]

对于涉嫌行贿犯罪、介绍贿赂犯罪或者共同职务犯罪等关联案件的涉案人员，移送起诉时一般应当随主案确定管辖。主案与关联案件由不同监察机关立案调查的，调查关联案件的监察机关在移送起诉前，应当报告或者逕报调查主案的监察机关，由其统一协调案件管辖事宜。因特殊原因，关联案件不宜随主案确定管辖的，调查主案的监察机关应当及时通报和协调有关事项。[3]

国家监察委员会调查的职务犯罪案件需要在异地起诉、审判的，一般应在移送起诉二十日前，由最高人民检察院商最高人民法院办理指定管辖事宜，并由最高人民检察院向国家监察委员会通报。

三、案件移送及法律文书制作要求

（一）法律文书制作要求

根据《监察法实施条例》第二百二十七条及相关文件的规定，监察机关调查终结后，对被调查人涉嫌职务犯罪需要追究刑事责任的，需要制作《起诉意见书》，作为审理报告附件，连同案卷材料、证据等，一并移送同级人民检察院，主要内容包括：被调查人基本情况；案件来源及立案；留置的时间；依法查明的犯罪事实和证据清单；被调查人从重、从轻、减轻等情节；涉案款物情况；涉嫌罪名和法律依据；对被调查人采取强制措施的建议；其他需要说明的情况。

---

〔1〕 参见《监察法实施条例》第二百五十二条。

〔2〕 参见《监察法实施条例》第二百五十三条。

〔3〕 参见《监察法实施条例》第二百五十五条。

其中,《起诉意见书》应当忠实于事实真相,载明被调查人基本情况,调查简况,采取监察强制措施的时间,依法查明的犯罪事实和证据,从重、从轻、减轻或者免除处罚等情节,涉案财物情况,涉嫌罪名和法律依据,采取强制措施的建议,以及其他需要说明的情况。[1]

(二)案件移送程序

(1)对于涉嫌行贿等犯罪的非监察对象,案件调查终结后依法移送起诉。综合考虑行为性质、手段、后果、时间节点、认罪悔罪态度等具体情况,对于情节较轻,经审批不予移送起诉的,应当采取批评教育、责令具结悔过等方式处置;应当给予行政处罚的,依法移送有关行政执法部门。对于有行贿行为的涉案单位和人员,按规定记入相关信息记录,可以作为信用评价的依据。

对于涉案单位和人员通过行贿等非法手段取得的财物及孳息,应当依法予以没收、追缴或者责令退赔,不得没收、追缴与案件无关的财物。对于涉案单位和人员主动上交的涉案财物,应当严格核查,确系违法所得及孳息的,依法予以没收、追缴。对于违法取得的经营资格、资质、荣誉、奖励、学历学位、职称或者职务职级等其他不正当利益,应当建议有关机关、单位、组织依照法律法规及有关规定予以纠正处理。[2]

(2)对查封、扣押、冻结的涉嫌职务犯罪所得财物及孳息应当妥善保管,并制作《移送司法机关涉案财物清单》随案移送人民检察院。对作为证据使用的实物应当随案移送;对不宜移送的,应当将清单、照片和其他证明文件随案移送。

对于移送人民检察院的涉案财物,价值不明的,应当在移送起诉前委托进行价格认定。在价格认定过程中,需要对涉案财物先行作出真伪鉴定或者出具技术、质量检测报告的,应当委托有关鉴定机构或者检测机构进行真伪鉴定或者技术、质量检测。

对不属于犯罪所得但属于违法取得的财物及孳息,应当依法予以没收、追缴或者责令退赔,并出具有关法律文书。

---

〔1〕 参见《监察法实施条例》第二百二十七条第二款。

〔2〕 参见《监察法实施条例》第二百三十八条。

对经认定不属于违法所得的财物及孳息，应当及时予以返还，并办理签收手续。[1]

(3)监察机关经调查，对违法取得的财物及孳息决定追缴或者责令退赔的，可以依法要求公安、自然资源、住房和城乡建设、市场监管、金融监管等部门以及银行等机构、单位予以协助。

追缴涉案财物以追缴原物为原则，原物已经转化为其他财物的，应当追缴转化后的财物。涉案财物已被用于清偿合法债务、转让或者设置其他权利负担，善意第三人通过正常市场交易、支付合理对价，并实际取得相应权利的，不得对善意取得的财物进行追缴。

有证据证明依法应当追缴、没收的涉案财物无法找到、被他人善意取得、价值灭失减损或者与其他合法财产混合且不可分割的，可以依法追缴、没收被调查人的其他等值财产。

追缴或者责令退赔应当自处置决定作出之日起一个月以内执行完毕。因被调查人的原因逾期执行的除外。

人民检察院、人民法院依法将不认定为犯罪所得的相关涉案财物退回监察机关的，监察机关应当依法处理。[2]

(4)从宽处罚建议。

涉嫌职务犯罪的被调查人和涉案人员符合《监察法》第三十四条、第三十五条规定情形的，结合其案发前的一贯表现、违法犯罪行为的情节、后果和影响等因素，监察机关经综合研判和集体审议，报上一级监察机关批准，可以在移送人民检察院时依法提出从轻、减轻或者免除处罚等从宽处罚建议。报请批准时，应当一并提供主要证据材料、忏悔反思材料。

上级监察机关相关监督检查部门负责审查工作，重点审核拟认定的从宽处罚情形、提出的从宽处罚建议，经审批在十五个工作日以内作出批复。[3]

从宽处罚建议一般应当在移送起诉时作为《起诉意见书》内容一并提出，特殊情况下也可以在案件移送后、人民检察院提起公诉前，单独形成从宽处罚建议

〔1〕 参见《监察法实施条例》第二百三十九条。
〔2〕 参见《监察法实施条例》第二百四十条。
〔3〕 参见《监察法实施条例》第二百四十四条。

书移送人民检察院。对于从宽处罚建议所依据的证据材料,应当一并移送人民检察院。

监察机关对于被调查人在调查阶段认罪认罚,但不符合监察法规定的提出从宽处罚建议条件,在移送起诉时没有提出从宽处罚建议的,应当在《起诉意见书》中写明其自愿认罪认罚的情况。[1]

(5)监察机关一般应当在正式移送起诉十日前,向拟移送的人民检察院采取书面通知等方式预告移送事宜。监察机关发现被调查人因身体等原因存在不适宜羁押等可能影响刑事强制措施执行情形的,应当通报人民检察院;被调查人已被采取留置措施的,可以在移送起诉前依法变更为责令候查措施。对于未采取监察强制措施的案件,可以根据案件具体情况,向人民检察院提出对被调查人采取刑事强制措施的建议。[2]

(6)指定管辖。

监察机关办理的职务犯罪案件移送起诉,需要指定起诉、审判管辖的,应当与同级人民检察院协商有关程序事宜。需要由同级人民检察院的上级人民检察院指定管辖的,应当商请同级人民检察院办理指定管辖事宜。

监察机关一般应当在移送起诉二十日前,将商请指定管辖函送交同级人民检察院。商请指定管辖函应当附案件基本情况,对于被调查人已被其他机关立案侦查的犯罪认为需要并案审查起诉的,一并进行说明。

派驻或者派出的监察机构、监察专员调查的职务犯罪案件需要指定起诉、审判管辖的,应当报派出机关办理指定管辖手续。[3]

上级监察机关指定下级监察机关进行调查,移送起诉时需要人民检察院依法指定管辖的,应当按规定办理有关程序事宜。[4]

(7)补充移送起诉。

监察机关对已经移送起诉的职务犯罪案件,发现遗漏被调查人罪行需要补充移送起诉的,应当经审批出具《补充起诉意见书》,连同相关案卷材料、证据等一

---

〔1〕 参见《监察法实施条例》第二百五十条。
〔2〕 参见《监察法实施条例》第二百五十一条。
〔3〕 参见《监察法实施条例》第二百五十二条。
〔4〕 参见《监察法实施条例》第二百五十三条。

并移送同级人民检察院。

对于经人民检察院指定管辖的案件需要补充移送起诉的，可以直接移送原受理移送起诉的人民检察院；需要追加犯罪嫌疑人、被告人的，应当再次商请人民检察院办理指定管辖手续。[1]

（8）从犯与关联案件管辖问题。

对于涉嫌行贿犯罪、介绍贿赂犯罪或者共同职务犯罪等关联案件的涉案人员，移送起诉时一般应当随主案确定管辖。

主案与关联案件由不同监察机关立案调查的，调查关联案件的监察机关在移送起诉前，应当报告或者通报调查主案的监察机关，由其统一协调案件管辖事宜。因特殊原因，关联案件不宜随主案确定管辖的，调查主案的监察机关应当及时通报和协调有关事项。[2]

第四节　人民检察院审查起诉

一、人民检察院接收案件

对于监察机关移送的案件，人民检察院案件管理部门接收案卷材料后，应当立即审查下列内容：案卷材料齐备、规范，符合有关规定的要求；移送的款项或者物品与移送清单相符；被调查人在案情况。

人民检察院管理部门认为具备受理条件的，应当及时进行登记，并立即将案卷材料移送公诉部门办理；认为不具备受理条件的，应当商监察机关相关部门补送材料。

二、人民检察院采取强制措施及逮捕审查

人民检察院公诉部门经审查认为有犯罪事实需要追究刑事责任的，应当立即决定采取强制措施，并与监察机关办理交接手续。监察机关对被调查人的留置措

---

〔1〕　参见《监察法实施条例》第二百五十四条。
〔2〕　参见《监察法实施条例》第二百五十五条。

施自其被人民检察院采取强制措施之时自动解除。

《监察法》第五十四条规定，对监察机关移送的案件，人民检察院依照《刑事诉讼法》对被调查人采取强制措施。人民检察院经审查，认为犯罪事实已经查清，证据确实、充分，依法应当追究刑事责任的，应当作出起诉决定。人民检察院经审查，认为需要补充核实的，应当退回监察机关补充调查，必要时可以自行补充侦查。对于补充调查的案件，应当在一个月内补充调查完毕。补充调查以二次为限。人民检察院对于有《刑事诉讼法》规定的不起诉的情形的，经上一级人民检察院批准，依法作出不起诉的决定。监察机关认为不起诉的决定有错误的，可以向上一级人民检察院提请复议。

人民检察院公诉部门在审查期间，检察官应当持《起诉意见书》和检察提讯证提讯犯罪嫌疑人。对于正在被留置的被调查人，一般应当予以逮捕。如果犯罪嫌疑人涉嫌的罪行较轻，或者患有严重疾病、生活不能自理，是怀孕或者正在哺乳自己婴儿的妇女，不逮捕不致发生社会危险性的，可以采取取保候审或者监视居住措施。

三、指定管辖及案件材料移送

对于一人犯数罪、共同犯罪、多个犯罪嫌疑人实施的犯罪相互关联，并案处理有利于查明案件事实和诉讼进行的，上级人民检察院可以并案指定由同一人民检察院审查起诉。对于确定指定管辖的，应当综合考虑当地人民检察院、人民法院、看守所等的办案力量、办案场所以及交通等因素决定，一般应当指定人民检察院分院、州、市人民检察院审查起诉。

指定管辖的具体工作要求：

（1）案卷材料移送。最高人民检察院作出指定管辖决定后，应当在十日内将案卷材料交由被指定的人民检察院办理。

（2）强制措施决定。被指定的人民检察院应当重新作出强制措施决定。犯罪嫌疑人被采取监视居住、逮捕措施的，最高人民检察院应当与被指定的人民检察院办理移交犯罪嫌疑人的手续。

（3）辩护权利。被指定的人民检察院应当自收到案卷材料之日起三日内，告知犯罪嫌疑人有权委托辩护人，并告知其如果经济困难或者有其他原因没有聘请辩护人,可以依法申请法律援助。

四、人民检察院实质审查

人民检察院的实质审查,是指人民检察院应当查明以下信息,并对取证合法性进行审查:

(1)犯罪嫌疑人身份状况是否清楚,包括姓名、性别、国籍、出生年月日、职业和单位等;单位犯罪的,单位的相关情况是否清楚。

(2)犯罪事实、情节是否清楚;实施犯罪的时间、地点、手段、犯罪事实、危害后果是否明确。

(3)认定犯罪性质和罪名的意见是否正确;有无法定的从重、从轻、减轻或者免除处罚的情节及酌定从重、从轻情节;共同犯罪案件的犯罪嫌疑人在犯罪活动中的责任的认定是否恰当。

(4)证明犯罪事实的证据材料包括采取技术调查措施的决定书及证据材料是否随案移送;证明相关财产系违法所得的证据材料是否随案移送;不宜移送的证据的清单、复制件、照片或者其他证明文件是否随案移送。

(5)证据是否确实、充分,是否依法收集,有无应当排除非法证据的情形。

(6)调查的各种手续和文书是否完备。

(7)有无遗漏罪行和其他应当追究刑事责任的人。

(8)是否属于不应当追究刑事责任的情形。

(9)有无附带民事诉讼;对于国家财产、集体财产遭受损失的,是否需要由人民检察院提起附带民事诉讼。

(10)涉案财物是否查封、扣押、冻结并妥善保管,清单是否齐备;对被害人合法财产的返还和对违禁品或者不宜长期保存的物品的处理是否妥当,移送的证明文件是否完备。

(11)其他需要审查的事项。

同时,审查起诉的人民检察院应当对取证合法性进行审查。

关于录音、录像等证据的移送,分为两种情形予以处理:“省级及以下监察机关办理的案件,录音、录像等证据应移送人民检察院。国家监察委员会办理案件,按照规定办理。”国家监察委员会对调查过程的录音、录像不随案移送最高人民检察院。最高人民检察院认为需要调取与指控犯罪有关且需要对证据合法性进行审查的讯问录音录像,可以同国家监察委员会沟通协商后予以调取。所有因案件需要接触录音、录像的人员,应当对录音、录像的内容严格保密。

五、取证合法性审查

对监察证据进行审查判断,要严格依照“客观性、关联性、合法性”等方面进行审查,及时把不合格证据排除在证据体系之外或者进行必要的补充与完善。实践中,一般采用辨认法、鉴定法、实验法和质证法来辅助证据审查过程。

1. 审查的内容

进行证据审查,首先应明确审查的内容是什么。实践中,主要围绕以下两个方面进行证据审查:一方面,应审查证据合法性,即每一种证据材料的来源、证据形成以及收集的时间、地点,收集、固定和保全的方法是否合法;另一方面,应审查证据真实性、客观性,即每一种证据的内容是否真实,自身有无矛盾,证据材料的内容所反映的事实与需要证实的案件事实之间是否存在客观的联系,有着怎样的联系,能证明案件中的什么问题,等等。

2. 证据收集、固定、审查的原则

根据国家监察委员会向最高人民检察院移送职务犯罪案件的要求与材料清单,要达到确保犯罪事实清楚、证据确实充分的证明标准,确保认定案件事实的证据依法取得,收集、固定的证据与提起公诉和刑事审判对证据的要求相一致,在证据收集、固定、审查中应符合以下原则:

(1)证据法定。国家监察委员会调查收集的证据应当在监察法、刑事诉讼法等法律规定的证据种类范围以内。

(2)程序合法。国家监察委员会调查收集的证据应当依照法律规定的程序和要求进行,非法收集的证据应当予以排除。

(3)证据确实、充分。国家监察委员会调查收集的证据,应当符合以下证明标准:①定罪量刑的事实都有证据证明;②据以定案的证据均经法定程序查证属实;③综合全案证据,对所认定事实已排除合理怀疑。

(4)被调查人身份事实查清。

(5)犯罪事实查清。被调查人实施犯罪的时间、地点、手段、过程、后果等事实已经查清。

(6)犯罪情节查清。从重、从轻、减轻处罚等犯罪情节,被调查人掌握的其他情况,以及是否有漏罪、免除追究刑事责任等情况已经查清。

3. 审查起诉阶段监察机关的义务

监察机关对于人民检察院在审查起诉中书面提出的下列要求应当予以配合:

(1)认为可能存在以非法方法收集证据情形,要求监察机关对证据收集的合法性作出说明或者提供相关证明材料的;

(2)排除非法证据后,要求监察机关另行指派调查人员重新取证的;

(3)对物证、书证、视听资料、电子数据及勘验检查、辨认、调查实验等笔录存在疑问,要求调查人员提供获取、制作的有关情况的;

(4)要求监察机关对案件中某些专门性问题进行鉴定,或者对勘验检查进行复验、复查的;

(5)认为主要犯罪事实已经查清,仍有部分证据需要补充完善,要求监察机关补充提供证据的;

(6)人民检察院依法提出的其他工作要求。[1]

六、职务犯罪案件证据收集要求

具体而言,职务犯罪案件中每一项证据收集的基本要求如下:

1. 被调查人供述和辩解

(1)讯问被调查人应当由二名以上调查人员进行,按照规定出示证件,出具书面通知,并且应当个别进行。

讯问时间和时长,保障被调查人的饮食、休息情况应记录在案。

(2)讯问时,对被调查人的辩解要认真查核,不得以非法方法获取供述。

调查、讯问笔录的制作、修改应当符合法律及相关规定,应当注明调查、讯问的具体起止时间和地点,内容应当忠实于原话。被调查人应当当场核对确认并逐

---

〔1〕 参见《监察法实施条例》第二百五十六条。

页签名、捺指印，记载有遗漏或差错的，应当在笔录补充或修改处捺指印。讯问笔录应当当场制作，由不少于二名调查人员签名。

被调查人请求自行书写供述材料的应当准许。必要时，调查人员也可以要求被调查人亲笔书写供述。被调查人应当逐页在供述上签名、捺指印，并注明书写日期。调查人员在收到自书材料后，注明收到时间并签名。

(3)第一次讯问时，应当详细问明被调查人的姓名、别名、出生年月日、户籍所在地、住所、籍贯、身份证号码、民族、文化程度、政治面貌、家庭状况、社会经历、工作单位及职务，以及是否属于人大代表、政协委员、党代表，是否受过刑事处罚、党纪政务处分或行政处理等基本情况，并应当告知被调查人相关权利义务和有关规定。

(4)涉及职务犯罪多次讯问产生的多份调查笔录，一般应当全部收集入卷。案件移送审查起诉时，一般应当全部移送，未入卷的，应当出具书面说明。

(5)被调查人的讯问笔录具有下列情形之一的，不得作为移送审查起诉的依据：①讯问没有个别进行的；②没有经被调查人核对确认的。

(6)被调查人的讯问笔录有下列瑕疵，经补正或者作出合理解释的，可以作为移送审查起诉的依据：①讯问笔录填写的讯问时间、地点、讯问人、记录人等有误或者存在矛盾的；②讯问人没有签名的；③首次讯问笔录没有记录告知被讯问人相关权利义务和法律规定的；④其他不符合有关调查规定情形的。

对上述情况不能补正或者作出合理解释的，不得作为定案的根据。对瑕疵证据的补正、解释应当以书面形式作出，内容应当客观、具体、合理。

2. 证人证言

(1)询问证人应当由二名以上调查人员进行，按照规定出示证件，出具书面通知，并且应当个别进行。

询问时，应告知证人履行作证的权利义务和法律责任。调查机关应为证人客观、充分提供证言创造条件。

(2)询问证人，可以在调查现场进行，也可以到证人所在单位、住处或者证人提出的地点进行。必要时，也可以通知证人到办案场所提供证言。在现场询问证人，应当出示工作证件。到证人所在单位、住处或者证人提出的地点询问证人，应当出示调查机关的证明文件。到证人提出的地点进行询问的，应当在笔录中载明。

询问证人，应当问明证人的基本情况以及与被调查人的关系，并且告知证人应当如实提供证据、证言和故意作伪证或者隐匿罪证应当承担的相关责任，但是不得向证人泄露案情，不得采用羁押、暴力、威胁、引诱、欺骗以及其他非法方法获取证言。

(3)询问未成年人时，应当通知其法定代理人或者有关人员到场，询问结束后，法定代理人或者有关人员应当在笔录上签名，调查人员应将到场情况记录在案。

(4)询问聋、哑人，应当有通晓聋、哑手势的人员参加，并在笔录中注明证人的聋、哑情况，以及翻译人员的姓名、工作单位和职业；询问不通晓当地通用语言、文字的证人，应当有翻译人员。询问结束后，翻译人员应当在笔录上签名。

(5)询问笔录的制作、修改应当符合法律及有关规定。询问笔录应当注明询问的起止时间和地点，内容应当忠于原话；询问结束后，证人对询问笔录应当核对确认并签名；没有阅读能力的，应当向他宣读；如果记载有遗漏或差错，应在笔录补充或修改处捺指印。

(6)证人请求自行书写证明材料的，调查人员应当准许。证人应在亲笔证词的末页签名。调查人员收到证人材料后，应当注明收到时间并签名。

(7)证人证言具有下列情形之一的，不得作为移送审查起诉和提起公诉的依据：①询问证人没有个别进行的；②询问笔录没有经证人核对确认的；③询问聋、哑人，应当提供通晓聋、哑手势的人员而未提供的；④询问不通晓当地通用语言、文字的证人，应当提供翻译人员而未提供的；⑤不能正常感知或者正确表达的证人所提供的证言。

(8)证人猜测性、评论性、推断性的语言，不得作为证据使用，但根据一般生活经验判断符合事实的除外。

(9)证人证言具有下列瑕疵，经补正或者作出合理解释的，可以作为移送审查起诉和提起公诉的依据：①询问笔录没有填写询问人、记录人、法定代理人或者有关人员姓名以及询问的起止时间、地点的；②询问地点不符合有关规定的；③询问笔录没有记录告知证人履行作证的权利义务和相关责任的；④询问笔录反映出在同一时段，同一询问人员询问不同证人的。

对瑕疵证据的补正、解释应当以书面形式作出，内容应当客观、具体、合理，否则不能作为定案根据。

(10)对被害人陈述的要求，参照适用上述证人证言的规定。

3. 辨认笔录

(1)辨认应当由二名以上调查人员主持进行。辨认应当形成笔录，由调查人员、辨认人、见证人等签名。

未由调查人员主持下进行的，相关笔录不得作为移送审查起诉和提起公诉的依据。

(2)辨认笔录具有下列情形之一的，不得作为移送审查起诉和提起公诉的依据：①辨认开始前使辨认人见到辨认对象的；②辨认活动没有个别进行的；③辨认对象没有混杂在具有类似特征的其他对象中，或者供辨认的对象数量不符合规定的，但特定辨认对象除外；④辨认中给辨认人明显暗示或者明显有指认嫌疑的。辨认笔录存在上述规定以外的瑕疵情形的，应当结合案件其他证据，审查其真实性和关联性，作出综合判断。

4. 鉴定意见

(1)在调查过程中，可以指派、聘请具有专门知识、资格的人员进行鉴定，形成鉴定意见，由参加鉴定的人员签名或者盖章。

(2)鉴定机构和鉴定人应当具有法定资质。鉴定事项不得超过鉴定机构项目范围、技术条件。

检材来源、取得、保管、送检应当符合法律及相关规定，与相关提取笔录、扣押物品清单等记载的内容应当相符。检材应当充足、可靠。

鉴定的程序、方法、分析过程应当符合专业的检验鉴定规程和技术方法要求。

(3)鉴定意见的形式要件应当完备，应当注明提出鉴定的事由、鉴定委托人、鉴定机构、鉴定要求、鉴定过程、鉴定方法、鉴定日期等相关内容，应当由鉴定机构加盖鉴定专用章并由鉴定人员签名、盖章。

鉴定意见应当明确。多个鉴定人意见不一致的，应当在鉴定意见中写明分歧内容和理由，并且分别签名或盖章。

(4)鉴定意见应当及时告知被调查人,对鉴定意见提出异议的,可以申请重新鉴定。是否重新鉴定,由调查人员审查并按程序报批后决定。

鉴定意见具有下列情形之一的,不得作为移送审查起诉和提起公诉的依据:①鉴定机构不具备法定的资格和条件,或者鉴定事项超出本鉴定机构业务范围或者技术条件的;②鉴定人不具备法定的资质、不具有相关专业技术或者职称或者违反回避规定的;③鉴定过程、方法不符合相关专业的规范要求的;④鉴定意见与案件待证事实没有关联的;⑤鉴定对象与送检材料、样本不一致的;⑥送检材料、样本来源不明,或者确实被污染且不具备鉴定条件的;⑦鉴定程序违反规定的;⑧鉴定文书缺少签名、盖章的;⑨其他违反有关规定的情形。

对鉴定意见有疑问的,可以由鉴定人出具相关说明,或依法补充鉴定、重新鉴定。

(5)对案件中的专门性问题需要鉴定,但没有法定司法鉴定机构,或者法律、司法解释规定可以进行检验的,可以指派、聘请具有专门知识的人进行检验,检验报告可以作为定罪量刑的参考。

5. 物证、书证,调取、查封、扣押清单,搜查、勘验、检查、调查实验等笔录,视听资料、电子数据

上述相关证据的收集、固定,依照《监察法》《刑事诉讼法》《最高人民法院、最高人民检察院、公安部、国家安全部、司法部、全国人大常委会法制工作委员会关于实施刑事诉讼法若干问题的规定》《人民检察院刑事诉讼规则》《最高人民法院关于适用〈中华人民共和国刑事诉讼法〉的解释》《最高人民法院、最高人民检察院、公安部、国家安全部、司法部关于办理刑事案件严格排除非法证据若干问题的规定》等相关规定进行。

6. 非法证据认定与排除

(1)依法应当排除的非法证据包括:①采取殴打、违法使用戒具等暴力方法或者变相肉刑的恶劣手段,使被调查人遭受难以忍受的痛苦而违背意愿作出的供述;②采用以暴力或者严重损害本人及其近亲属合法权益等进行威胁的方法,使被调查人遭受难以忍受的痛苦而违背意愿作出的供述;③采用非法拘禁等非法限制人身自由的方法收集的被调查人供述;④采用暴力、威胁以及非法限制人身自由等非法方法收集的证人证言、被害人陈述；⑤收集物证、书证不符合法定程序，可能严重影响司法公正，且不能补正或者作出合理解释的。

（2）被调查人提出供述及其他证据系非法取得的，应当提供线索或证据材料。

（3）国家监察委员会、最高人民检察院应当全面审查证明证据收集合法性的证据材料，经调查确认或不能排除存在以非法方法收集证据情形的，应当予以排除。

国家监察委员会排除非法证据后，对于认定被调查人构成犯罪证据不足的，不得移送审查起诉。

最高人民检察院排除非法证据后，对于认定犯罪嫌疑人构成犯罪证据不足的，应当退回补充调查，对二次退回补充调查的案件，仍然认为证据不足，不符合起诉条件的，应当依法定程序作出不起诉决定，或者建议国家监察委员会撤回案件；不影响对犯罪嫌疑人犯罪认定的，应依法提起公诉。

国家监察委员会、最高人民检察院发现调查人员非法取证的，应当依法作出处理，并可以另行指派人员重新调查取证。

七、常用证据审查判断方法

在判断过程中，通常会用到比对法、印证法、分析法、证据体系组合等具体方法，来进行证据合法性、真实性、客观性的判断，综合运用辅助证据审查过程。

1. 比对法

比对审查判断，就是将案件中两个或者两个以上具有可比性的证据材料进行比较对照，从中发现和寻找它们的共同之处或差异点，并据此判断证据材料是否确实的活动。任何证据都不能自证属实。通过对单一证据的审查判断，我们可以初步排除那些不合法的、明显虚假的证据材料。但要真正确定已有的材料是否具有客观性、关联性，仅靠审查单一证据材料的来源及其所反映的内容是否合理是不够的，不能对全案证据作出结论，还必须将单一证据材料与案内的其他证据材料加以对照、印证，从各个证据的关联程度上进行考察，看它们所反映的内容是否协调一致，有无矛盾存在。

对多项证据材料进行比对分析研究，证据材料之间必须有一定的可比性，即用来比对的证据材料，都是用来证明案件中的同一事实或同一事实环节的，即证明目的相同。

比对审查判断主要有以下两种形式：

(1)纵向的比对审查判断，是指对不同的取证主体、在不同的时间跨度内多次取得的同一种类证据的审查判断。例如，多次取得的被告人供述与辩解、被害人陈述、证人证言、鉴定意见、勘验检查笔录等。纵向比对的主要作用是排除证据本身存在的瑕疵，对于自相矛盾之处能够作出合理的解释，及时梳理完善证据，对证据的客观性、关联性、合法性作出判断，并初步确定此种证据的证明力。例如，就同一个案件事实，在不同的时间所提供的言词证据所作的前后比对。

(2)横向的比对审查判断，是指对案件中需要证明案件事实的同一侧面、同一情节的不同种类证据的审查判断。它既可以是不同的诉讼参与人就同一事实所作的陈述的比对，也可以是物证、书证与言词证据进行的比对。例如，对于是否具有“非法占有目的”，可以将涉及这一情节的被告人供述与辩解、被害人陈述、证人证言和现场勘验、检查笔录等进行综合比对，从而决定采信或排除相应的证据，确定某些证据的证明力。运用横向比对法审查判断证据，对于证明犯罪构成要件的四个要素具有重要作用。

2. 印证法

全案综合审查判断，是指不仅将全案所有的证据材料联系起来，而且还将全案证据材料与需要证实的案件事实联系起来，作综合性分析研究，看它们能否相互印证，是否协调一致，有无矛盾存在。就全案而言，是否影响定罪量刑的一切情况都有相应的证据予以证明，从而最终确定证据是否达到了确实、充分的要求，能否作为定案的根据。全案综合审查判断，实际上解决三个方面的问题：一是对证据确实性的审查判断，二是对证据充分性的审查判断，三是对证据体系的组合。

对证据确实性的审查判断，主要应采用印证的方法。即将全案所有证据材料所分别证明的若干案件事实结合起来进行检验，以查实他们之间是否相互印证、协调一致。印证法并不像比对法要求证明对象的同一性，它可以在全案的范围内不分层次、不分方面地运用。

3. 分析法

对证据充分性的审查判断，主要采取分析的方法。

(1)要把已有的证据材料数量与需要证实的事实联系起来进行分析,看是否均已得到充分的证明,有无应该证明而未予证明的情况。

(2)要把已有的证据材料从质量、数量两方面进行评估,看证据证明的事实与罪状之间的吻合程度。一般来讲,证明力强的直接证据结合部分相应的间接证据,可以视为“证据充分”;直接证据证明力较弱或者证据以间接证据为主的,对证据数量要求则较多,应形成证据链,方可视为“证据充分”。

(3)要把已有证据与定案结论联系起来分析,只有根据现有证据得出唯一结论时,证据才能算是“证据充分”。如果依照现有证据能得出几种结论,就不能认为该案“证据充分”。

4. 证据体系组合

对证据体系的组合,主要是根据证据的证明力、证明目的,根据犯罪构成要件对全案证据进行的有机重组。在构建证据体系过程中,必须按照犯罪构成要件进行,缺一不可。在每一方面中,应坚持直接证据的证明力大于间接证据的原则。证明力越强的证据,距离证明对象越近,反之越远。同时,证据体系的各个方面应当遥相呼应,吻合部分应当能够互相补充和说明,矛盾部分不影响犯罪构成事实部分的认定,不影响证据结论的唯一性。

实践中,要根据案情、不同种类的证据特点,灵活运用各种方法。

第五节 退回补充调查

一、退回补充调查的情形

《监察法》第五十四条第三款规定,人民检察院经审查,认为需要补充核实的,应当退回监察机关补充调查,必要时可以自行补充侦查。对于补充调查的案件,应当在一个月内补充调查完毕。补充调查以二次为限。由此可见,退回补充调查为常态、自行补充侦查为例外。

移送审查起诉的案件,犯罪事实不清、证据不足的,应当退回国家监察委员会补充调查。被指定的人民检察院经审查,拟退回补充调查的,应当报最高人民检察院批准。最高人民检察院在作出决定前,应当与国家监察委员会沟通协商,具体由最高人民检察院公诉部门和国家监察委员会案件审理室进行对接。需要退回补充调查的案件,应当以最高人民检察院的名义出具退回补充调查决定书、补充调查提纲,连同案卷材料由最高人民检察院一并送交国家监察委员会案件监督管理室。

二、退回补充调查的流程

人民检察院决定退回补充调查的案件,补充调查期间,犯罪嫌疑人沿用人民检察院作出的强制措施。监察机关需要讯问被调查人的,人民检察院应当予以配合。补充调查以二次为限。补充调查结束后需要提起公诉的,应当由监察机关重新移送人民检察院。审查起诉期限重新计算。

1. 退回补充调查的监察机关的职责

监察机关对于人民检察院依法退回补充调查的案件,应当向主要负责人报告,并积极开展补充调查工作。[1]

对人民检察院退回补充调查的案件,经审批分别作出下列处理:

(1)认定犯罪事实的证据不够充分的,应当在补充证据后,制作补充调查报告书,连同相关材料一并移送人民检察院审查,对无法补充完善的证据,应当作出书面情况说明,并加盖监察机关或者承办部门公章;

(2)在补充调查中发现新的同案犯或者增加、变更犯罪事实,需要追究刑事责任的,应当重新提出处理意见,移送人民检察院审查;

(3)犯罪事实的认定出现重大变化,认为不应当追究被调查人刑事责任的,应当在补充调查期限内重新提出处理意见,将处理结果书面通知人民检察院并说明理由;

(4)认为移送起诉的犯罪事实清楚,证据确实、充分的,应当说明理由,移送人民检察院依法审查。[2]

2. 审判阶段补充提供证据等的监察机关的职责

在案件审判过程中,人民检察院书面要求监察机关补充提供证据,对证据进

---

〔1〕 参见《监察法实施条例》第二百五十七条。

〔2〕 参见《监察法实施条例》第二百五十八条。

行补正、解释,或者协助人民检察院补充侦查的,监察机关应当予以配合。监察机关不能提供有关证据材料的,应当书面说明情况。

人民法院在审判过程中就证据收集合法性问题要求有关调查人员出庭说明情况时,监察机关应当依法予以配合。[1]

三、退回补充调查阶段的特殊问题

最高人民检察院决定退回补充调查的案件,补充调查期间,犯罪嫌疑人沿用人民检察院作出的强制措施。被指定的人民检察院应当将退回补充调查情况书面通知看守所。国家监察委员会需要讯问被调查人的,被指定的人民检察院应当予以配合。

坚持"案退,人不退"原则。退回补充调查仍属于审查起诉阶段。实践中,检察机关将退查情况书面通知看守所,监察机关需要讯问嫌疑人时,检察机关和看守所予以配合,监察人员一般采取从检察机关借用提讯提解证或者使用监察机关工作证的方式进行提审。

四、退回补充调查的后续程序

对于退回国家监察委员会补充调查的案件,调查部门应当在一个月内补充调查完毕并形成补充调查报告,经案件审理室审核后按程序报批。补充调查以二次为限。补充调查结束后需要提起公诉的,应当由国家监察委员会重新移送最高人民检察院。审查起诉期限重新计算。

第六节　自行补充侦查

一、自行补充侦查的情形

人民检察院经审查,认为本案定罪量刑的基本犯罪事实已经查清,但具有下列情形之一的,可以自行补充侦查:证人证言、犯罪嫌疑人供述和辩解、被害人陈

〔1〕 参见《监察法实施条例》第二百六十条。

述的内容中主要情节一致，个别情节不一致且不影响定罪量刑的；书证、物证等证据材料需要补充鉴定的；其他由被指定的人民检察院查证更为便利、更有效率、更有利于查清案件事实的情形。自行补充侦查的案件，应当在审查起诉期间补充侦查完毕。

国家监察委员会移送审查起诉案件需要自行补充侦查的，按照有关规定进行。

自行补充侦查的案件，应当在审查起诉期间补充侦查完毕。被指定的人民检察院自行补充侦查的，可以由最高人民检察院商国家监察委员会提供协助。自行补充侦查完毕后，被指定的人民检察院应当制作补充侦查终结报告并附相关证据材料，报最高人民检察院批准后入卷，同时抄送国家监察委员会。

以蒋某良行贿案为例，在监察机关调查完毕将案件移送检察机关后，检察机关在审查起诉期间发现的特定事实，经与案件承办监察机关沟通后，决定由检察机关自行补充侦查。

案例 蒋某良行贿案

【基本案情】

被告人蒋某良，男，1959 年 7 月 24 日出生，汉族，户籍所在地为江苏省丹阳市，湖北清江水电发展有限公司原项目经理。2003 年 11 月至 2006 年 2 月，蒋某良为感谢时任国家电网公司下属子公司河北张河湾蓄能发电有限公司副总经理张某峰（另案处理）在招投标工程中帮助自己中标，与现居加拿大多伦多的孙某某（中国籍）、吕某某（加拿大籍）夫妇签署居间代理合同，通过孙、吕二人的实控公司为张某峰购房支付首付款及部分房贷共计人民币 44.268 万元。

【案件办理过程】

2015 年 3 月，蒋某良行贿案由最高人民检察院指定北京市人民检察院管辖，北京市人民检察院交门头沟区人民检察院办理。2015 年 6 月，门头沟区人民检察院对蒋某良立案侦查。监察体制改革后，该案移送北京市门头沟区监察委员会。2019 年 8 月，门头沟区监察委员会以涉嫌行贿罪对蒋某良立案调查并对其采取留置措施。2020 年 2 月，门头沟区监察委员会就该案商请门头沟区人民检察院提前介入。3 月 1 日，门头沟区人民检察院以涉嫌行贿罪对蒋某良决定逮捕。审查起诉期间,门头沟区人民检察院发现,蒋某良始终未供认行贿事实,需要依法调取该案关键证人孙某某、吕某某的证言,而当时两人均在加拿大。经与门头沟区监察委员会沟通后,门头沟区人民检察院决定自行补充侦查。2020年3月12日,经北京市人民检察院向最高人民检察院请示,请求通过远程视频方式调取位于加拿大的两名证人的证言。最高人民检察院经审查认为,通过视频方式由检察人员直接对位于加拿大的证人进行调查取证没有法律依据,建议依据相关法律规定对两名证人区别对待:对中国籍证人孙某某的调查取证,可由办案检察机关列明问题清单,由我驻多伦多总领事馆领事官员代为转交的方式进行;对加拿大籍证人吕某某的调查取证则应向加拿大司法部提出请求。2020年3月20日,最高人民检察院将办案检察机关提供的问题清单通过外交部转交我驻多伦多总领事馆,多伦多总领事馆与证人孙某某约定于多伦多当地时间2020年4月9日上午,由孙某某自行前往我驻多伦多总领事馆,根据问题清单进行作证。但在当地时间4月8日晚,孙某某突称缺少交通工具而不愿赴总领事馆作证。最高人民检察院立即就此情况通过外交部与总领事馆沟通协调,但总领事馆考虑到疫情和其他安全因素,表示无法安排解决。最高人民检察院即与办案检察机关联系,并指导办案检察机关再做证人工作,促其如期自行前往总领事馆作证。经做工作,证人孙某某于当地时间2020年4月9日上午抵达我驻多伦多总领事馆,在我领事官员的见证下,按照问题清单完成作证。2020年4月9日,门头沟区人民检察院以行贿罪等对蒋某良提起公诉。2020年11月18日,门头沟区人民法院公开审理此案并作出一审判决,以检察机关指控罪名判处蒋某良有期徒刑四年。蒋某良提出上诉。2021年3月31日,北京市第一中级人民法院作出二审裁定,驳回上诉,维持原判。

本案是检察机关在监察体制改革后办理的第一起在审查起诉阶段自行补充侦查过程中开展境外取证的案件。调取境外证据是检察机关办理涉外案件时开展较多的国际刑事司法协助工作。在审查起诉阶段,由于司法协助案件程序复杂、周期较长等原因,确有境外取证需求时,通常采取退回侦查或调查机关进行补充侦查或调查的处理方式。本案中,检察机关根据案件本身特点和客观条件,在与监察机关充分沟通协商的情况下,在审查起诉阶段依法开展境外取证工作,体现了检察机关积极开展国际刑事司法协助,充分发挥检察职能,做强刑事检察工作的要求。

二、自行补充侦查的流程

在审查起诉期限内补充侦查完成，不另计算期限。被指定的人民检察院自行补充侦查的，可以由最高人民检察院商国家监察委员会提供协助。自行补充侦查完毕后，被指定的人民检察院应当制作补充侦查终结报告并附相关证据材料，报最高人民检察院批准后入卷，同时抄送国家监察委员会。

被指定的人民检察院发现新的职务犯罪线索的，应当在三日内报最高人民检察院。经批准后，通过最高人民检察院转交国家监察委员会。

自行补充侦查在实践中有助于提高办案效率，但应严格遵照自行补充侦查的流程，同监察机关充分沟通。

以江苏省新沂市新店镇原民政助理兼新店镇中心敬老院院长李某军贪污案为例，落实监检衔接机制，开展自行补充侦查工作要遵照相关流程规定，同监察机关充分沟通、共同研究，协同提高办案质效。

案例　江苏省新沂市新店镇原民政助理兼新店镇中心敬老院院长李某军贪污案

【基本案情】

被告人李某军，男，江苏省新沂市新店镇原民政助理兼新店镇中心敬老院原院长。2015年11月至2018年7月，被告人李某军利用担任新店镇民政助理兼新店镇中心敬老院院长的职务便利，在农村五保供养服务机构建设管理提升、贫困残疾人家庭无障碍改造等专项工程建设中，通过虚报工程造价、虚开工程款发票的方式，6次套取供养机构建设配套、残疾人事业发展补助等救助专项资金共计18.7457万元，用于其购房、信用卡还款等家庭生活开支。2016年1月至2018年7月，李某军利用担任新店镇民政助理兼新店镇中心敬老院院长的职务便利，安排敬老院会计通过虚列敬老院集中供养五保户生活物质开支的方式，30余次套取特困人员救助供养资金共计53.5507万元，李某军将其中39.1527万元用于偿还银行贷款等家庭生活开支。

【诉讼过程】

2018年8月29日，李某军主动到新沂市监察委员会投案自首。2018年10

月18日,新沂市监察委员会将李某军涉嫌贪污案移送新沂市人民检察院审查起诉。2019年1月2日,新沂市人民检察院向新沂市人民法院提起公诉。2019年3月26日,新沂市人民法院作出判决,认定被告人李某军犯贪污罪,判处有期徒刑四年六个月,并处罚金25万元,违法所得继续追缴。

【典型意义】

落实监检衔接机制,开展自行补充侦查工作。为进一步了解救助供养制度政策、敬老院资金来源等方面情况,新沂市人民检察院与新沂市监察委员会进行了共同研究,后一致认为检察机关调取上述证据材料对案件整体事实认定、定罪处罚没有重大影响,且案件已进入审查起诉阶段,由检察机关取证更为便利,因此可以由检察机关自行补充侦查。经检察长批准后,承办检察官先后到新沂市民政局、新店镇政府走访调查,补充调取了《关于进一步完善特困人员救助供养制度的实施意见》、新店镇中心敬老院资金来源的银行流水等多份书证,进一步查清了新沂市新店镇中心敬老院的资金来源,补强了被告人在救助供养政策扶持工程项目中实施贪污行为的证据,较好地实现了证明与指控犯罪的目的。

三、自行补充侦查的结果

经检察机关自行补充侦查,事实清楚,证据确实、充分的,可以提起公诉。

人民检察院经审查发现有下列情形的,经报上级人民检察院批准,分别作出如下处理:"犯罪嫌疑人没有犯罪事实,或者有《中华人民共和国刑事诉讼法》第十五条规定的情形之一的,可以将案件退回监察机关处理,也可以作出不起诉决定;经二次退回补充调查仍然认为证据不足,不符合起诉条件的,应当作出不起诉决定;犯罪情节轻微,依照刑法规定不需要判处刑罚或者免除刑罚的,可以作出不起诉决定。"

国家监察委员会办理案件的不起诉决定书应当由被指定的人民检察院作出,通过最高人民检察院送达国家监察委员会。国家监察委员会认为不起诉决定书确有错误的,应当在收到不起诉决定书后三十日内向最高人民检察院申请复议。对于国家监察委员会对不起诉决定申请复议的案件,最高人民检察院应当另行指定检察官审查提出意见,并自收到复议申请后三十日内,经由检察长或者检察委员会决定后,以最高人民检察院的名义答复国家监察委员会。最高人民检察院的复议决定可以撤销或者变更原有不起诉决定，交由下级人民检察院执行。

《监察法》第五十四条第四款规定，人民检察院对于有《刑事诉讼法》规定的不起诉的情形的，经上一级人民检察院批准，依法作出不起诉的决定。监察机关认为不起诉的决定有错误的，可以向上一级人民检察院提请复议。在此过程中，检察机关应当积极与监察机关开展工作层面的沟通，征求监察委员会的意见。

最高人民检察院在批准不起诉决定前，应当与国家监察委员会沟通协商。被指定的人民检察院经审查发现有下列情形的，经报最高人民检察院批准，分别作出如下处理：

（1）犯罪嫌疑人没有犯罪事实，或者有《刑事诉讼法》第十五条规定的情形之一的，可以将案件退回国家监察委员会处理，也可以作出不起诉决定；

（2）经二次退回补充调查仍然认为证据不足，不符合起诉条件的，应当作出不起诉决定；

（3）犯罪情节轻微，依照刑法规定不需要判处刑罚或者免除刑罚的，可以作出不起诉决定。

《监察法实施条例》第二百六十二条和相关文件对检察机关不起诉决定的作出设置了制约机制和流程要求。

对于监察机关移送起诉的案件，人民检察院作出不起诉决定，人民法院作出无罪判决，或者监察机关经人民检察院退回补充调查后不再移送起诉，涉及对被调查人已生效政务处分事实认定的，监察机关应当依法对政务处分决定进行审核。认为原政务处分决定认定事实清楚、适用法律正确的，不再改变；认为原政务处分决定确有错误或者不当的，依法予以撤销或者变更。[1]

不起诉决定书应当由被指定的人民检察院作出，通过最高人民检察院送达国家监察委员会。国家监察委员会认为不起诉决定书确有错误的，应当在收到不起诉决定书后三十日内向最高人民检察院申请复议。同时在第四十五条规定了监察机关对于不起诉决定申请复议的相关规定，对于国家监察委员会对不起诉决定申请复议的案件，最高人民检察院应当另行指定检察官审查提出意见，并自收到复议申请后三十日内，经由检察长或者检察委员会决定后，以最高人民检察院的

---

〔1〕　参见《监察法实施条例》第二百六十二条。

名义答复国家监察委员会。最高人民检察院的复议决定可以撤销或者变更原有不起诉决定,交由下级人民检察院执行。

监察机关认为人民检察院不起诉决定有错误的,应当在收到不起诉决定书后三十日内,依法向其上一级人民检察院提请复议。监察机关应当将上述情况及时向上一级监察机关书面报告。[1]

以某应用化学研究所科研人员冉某某行贿、贪污不起诉案为例,对不起诉案件的适用条件、监察机关和检察机关的衔接、沟通机制和决定作出进行阐述。

案例 某应用化学研究所科研人员冉某某行贿、贪污不起诉案

【基本案情】

被不起诉人冉某某,男,1972 年 1 月出生,博士研究生学历,中共党员,某应用化学研究所研究员、高分子复合材料工程实验室主任、辐射高分子材料课题组组长、博士生导师。

(1)行贿罪。2011 年至 2018 年,冉某某在担任某应用化学研究所辐射高分子材料课题组组长、高分子复合材料工程实验室主任期间,为感谢本单位财务处处长胡某某(已被判刑)帮助其逃避缴纳个人所得税,帮助其以虚假手段领取绩效津贴,分 8 次送给胡某某现金共计 47 万元。

(2)贪污罪。2014 年至 2015 年,冉某某在担任某应用化学研究所辐射高分子材料课题组组长、高分子复合材料工程实验室主任期间,利用使用、保管单位胶料的职务便利,将本单位价值 34.45 万元的胶料私自卖给某实业有限公司,将获利据为己有。冉某某到案后,主动交代了监察机关不掌握的行贿和贪污事实。

【检察履职情况】

(1)依法采取非羁押强制措施。长春市南关区监察委员会于 2021 年 1 月 18 日以冉某某涉嫌行贿罪、贪污罪向长春市朝阳区人民检察院移送起诉。因受疫情防控影响,长春市朝阳区人民检察院于当日对冉某某指定居所监视居住。考虑到冉某某在被留置期间多次向科研团队其他成员交付核心技术,逮捕可能造成科研工作中断等后果,经层报吉林省人民检察院同意,并征求吉林省监察委员会意见

[1] 参见《监察法实施条例》第二百六十一条。

后，长春市朝阳区人民检察院于2021年2月7日决定对冉某某变更强制措施为取保候审。

(2)及时走访了解相关科研情况。审查起诉阶段，吉林省检察机关多次到某应用化学研究所走访，对冉某某所从事的科研项目、冉某某在科研项目中的作用等进行调查。经查，冉某某是我国热收缩材料领域专家，是该所科研骨干，其团队承担中国科学院重大科研工程9项，其个人承担其中3项，有的工程是中国科学院关键技术攻关工程，有的工程是解决某科研领域"卡脖子"问题。冉某某在取保候审期间对科研中遇到的问题提出解决方案，保障了科研任务稳步推进。该应用化学研究所向检察机关建议对冉某某免予刑事处罚，使其尽快开展科研工作，防止科研项目中断或停滞，确保攻关任务顺利完成。

(3)依法决定不起诉。经审查，吉林省检察机关认为，冉某某系科研骨干，在重大科研中发挥重要作用，行贿、贪污事实均系冉某某在监察机关不掌握的情况下主动交代，具有自首情节，贪污赃款已全部收缴，可以从轻或减轻处罚。虽然冉某某犯有两罪，但综合考虑全案情况，属于犯罪情节轻微，依法不需要判处刑罚或者免除刑罚，对其相对不起诉符合法律规定。2021年11月16日，吉林省人民检察院将冉某某案件情况及拟不起诉意见向最高人民检察院请示。最高人民检察院指派专人阅卷审查，要求吉林省检察机关补充完善了相关证据材料。同年12月21日，最高人民检察院批复同意吉林省人民检察院对冉某某作相对不起诉的意见。12月30日，长春市朝阳区人民检察院依法对冉某某作出不起诉决定。

【典型意义】

检察机关综合全案事实，准确把握情节，依法作出相应处理。在办理涉科研经费、科研人员履职中违法犯罪案件的过程中，要充分考虑科研人员在相关科研工作中的作用，从保护科技人才，促进科技创新发展的政策层面考量，结合具体案件的特点、性质、后果、危害性等情节，综合判断是否采取羁押强制措施，是否可以不起诉，既要做到依法惩治犯罪，又要确保办案"三个效果"的有机统一，防止因办案迟滞科研成果，妨碍科技创新发展。综合全案情节，对犯罪情节轻微，依法不需要判处刑罚或者免除刑罚的涉嫌职务犯罪的科研骨干，可以依法作出相对不起诉决定。对于办案中发现相关科研单位在制度机制建设、廉政风险防控等方面存在漏洞或者隐患的，及时制发检察建议，督促科研单位加强监督管理，完善制度机制。

同时，对于不起诉案件应做好程序衔接工作。根据《中国共产党纪律处分条例》第三十三条和《公职人员政务处分法》第十四条的规定，党员或公职人员因犯罪情节轻微，被人民检察院依法作出不起诉决定的，应当视情给予撤销党内职务或撤职以上处分。根据《监察法实施条例》第二百一十一条第三款的规定，监察机关根据司法机关的生效判决、裁定、决定及其认定的事实给予政务处分的，一般不再办理立案手续。监察机关在收到检察机关转来的、具有明确认定事实的不起诉决定书后，不需办理立案手续，即可根据管理权限由相关监督检查部门对被不起诉人是党员公职人员的直接研提处理意见，按程序移送审理，报经审批后作出相应处理。

第七章　证据概论

第一节　监察证据的性质与地位

《监察法》第三十六条规定:“监察机关依照本法规定收集的物证、书证、证人证言、被调查人供述和辩解、视听资料、电子数据等证据材料,在刑事诉讼中可以作为证据使用。监察机关在收集、固定、审查、运用证据时,应当与刑事审判关于证据的要求和标准相一致。以非法方法收集的证据应当依法予以排除,不得作为案件处置的依据。”

由此可见,从法律地位上讲,《监察法》赋予了监察证据刑事诉讼证据的地位,是监察机关实现“法法衔接”的重要方面,避免了重复的工作,提高了办案调查效率;同时明确了证据“合法性”问题,对调查工作的法治化、规范性、程序性等方面提出了更高的要求。

从证据的移送范围上看,《监察法》第三十六条概括性指出监察案件移送的证据范围:监察机关依照本法规定收集的物证、书证、证人证言、被调查人供述和辩解、视听资料、电子数据等证据材料,在刑事诉讼中可以作为证据使用,即,移送的范围是所有的案卷材料和证据,凡是和案件定罪量刑相关的证据都应当移送,包括言词证据。同时针对以非法方法收集的证据是否移送的问题,笔者认为,可以参考 2017 年印发的《最高人民法院、最高人民检察院、公安部、国家安全部、司法部关于办理刑事案件严格排除非法证据若干问题的规定》第十七条第三款关于非法证据的规定,“人民检察院对审查认定的非法证据,应当予以排除,不得作为批准或者决定逮捕、提起公诉的根据。被排除的非法证据应当随案移送,并写明为依法排除的非法证据”,即被排除的非法证据应当随案移送,并写明为依法排除的非法证据。

此次修正《监察法》,对监查调查取证的基本要求进行了完善。在第四十三条增加“调查人员应当依法文明规范开展调查工作”的规定,并明确了不得以暴力等方式收集证据的要求,明确了禁止非法取证的相关规定。同时增加了监察机关调查取证过程中对企业产权和自主经营权的保护以及对企业经营者人身、财产合法权益的保护,突出体现了尊重和保障人权的宪法原则和监察体制改革的法治化要求。

第二节　刑事诉讼证据要求与规则

刑事诉讼证据,是指可以用于证明案件事实的材料,即在办理刑事案件过程中调查、收集的与案件有关、能够帮助查明案件事实的一切材料。

《监察法》第三十六条规定,监察机关依照《监察法》规定收集的物证、书证、证人证言、被调查人供述和辩解、视听资料、电子数据等证据材料,在刑事诉讼中可以作为证据使用。

监察机关在收集、固定、审查、运用证据时,应当与刑事审判关于证据的要求和标准相一致。

以非法方法收集的证据应当依法予以排除,不得作为案件处置的依据。

第三节　证据证明标准

刑事诉讼中,证据的证明标准是:犯罪事实清楚,证据确实、充分。参照公诉证据应用标准,即公诉证明标准,是指公诉人运用证据证明案件事实所得结论应当达到的程度。公诉证据应用标准,是对立案证据标准、逮捕证据标准和移送审查起诉证据标准完善补充之后的成果，最接近于定罪标准。

我国公诉证据应用标准，是“建立在实体法基础上的程序法”，兼顾客观标准与法律标准，同时赋予检察机关相应的裁量权。

1. 公诉证据结论在程序上必须达到公诉证明标准

公诉证据结论在程序上必须达到公诉证明标准，即人民检察院认为“犯罪事实清楚，证据确实、充分”。判断证据是否确实、充分有以下标准：

（1）定罪量刑的事实都有证据证明；

（2）据以定案的证据均经法定程序查证属实；

（3）综合全案证据，对所认定事实已排除合理怀疑。

2. 排除合理怀疑

排除合理怀疑应注意以下几点：

（1）虽然案件事实的某些细节尚未查清，但不影响定罪的，不属于合理怀疑。是否影响定罪，应当以证明犯罪构成要件事实所需证据为准。

（2）合理怀疑应该是有根据的、具体的怀疑，不能是无根据、无事实的抽象怀疑。

（3）合理怀疑必须符合情理或者符合客观规律。对于犯罪嫌疑人、被告人合理或者有一定根据的辩解，要用有针对性的证据予以排除。

3. 罪名标准

公诉证据认定的事实必须与刑法规定罪名的罪状相吻合，并排除依法不以犯罪论处或应当免予刑事处罚的情况，如正当防卫、紧急避险、意外事件以及《刑事诉讼法》第十六条规定的六种情形。

笔者认为，对于职务犯罪案件的证据是否达到证据证明标准，是对全案证据的综合审查，其核心是是否与刑事审判关于证据的要求和标准相一致。哪些事实必须得到证明、证据应当证明到何种程度，即首先要明确证明对象，再围绕证明对象审核有无欠缺内容，能否达到相应的证明标准。审理部门审核涉嫌犯罪问题证据，要以“事实清楚，证据确实、充分”的证明标准，对定罪事实、程序、涉案财物等方面进行审核。

然而，实践中，对于该标准的把握可能因人而异，从而导致监察机关调查、检察机关提起公诉、人民法院审判过程中对证据认定的分歧,结合《监察法》第三十六条的内容,就监察调查取证而言,笔者认为对证据的证明标准的把握,应当肯定刑事审判证明标准的地位,明确审判标准的中心地位,提升监察调查取证的合法、全面、有效性。

第四节　证据能力与证明力

理解证据,主要应当从证据能力和证明力两个方面入手。

证据能力,是指证据资料在法律上被允许作为证据的资格,即证据的合法性。在我国,在证据理论上,通常称证据能力为证据的法律性或合法性,主要指证据必须具有法律规定的形式和法定人员依照法定程序收集、运用。不具有证据能力的证据材料,不能作为证据提出和使用。

证明力,是指特定证据所具有的对待证事实的证明作用,也就是特定证据对于证明待证事实的价值,即证据的客观性、关联性。在具体案件中,特定证据对于待证事实有无证明力以及证明力的大小,取决于该项证据本身与待证事实有无联系以及联系的紧密、强弱程度。一般来说,证据与待证事实之间的联系紧密程度与证据的证明力成正比。[1] 证据能力主要解决的是证据合法性问题,是法律问题,证明力主要指向证据的客观性和关联性,是逻辑问题、经验问题和事实问题。

一、证据的合法性

刑事诉讼证据的合法性,是指对证据必须依法加以收集和运用,包括:收集、运用证据的主体要合法,每个证据来源的程序要合法,证据需有合法形式,证据必须经法定程序查证属实。

证据的合法性表现在以下几点:

(1)证据必须由法定人员依照法定程序,以合法方式收集、固定与保全;

(2)证据必须具备法定的形式;

---

〔1〕 参见樊崇义、锁正杰、牛学理、吴宏耀、苏凌:《刑事证据法原理与适用》,中国人民公安大学出版社2001年版,第276页。

(3)证据必须经法定程序查证属实。

证据合法性要求证据的取得应当合法。

在审查证据时,应首先审查证据能力,坚持合法性优先的审查原则。

二、证据的客观性

刑事诉讼证据的客观性,是指所有证据都是已经发生的案件事实的客观遗留和客观反映,是不以人们的主观意志为转移的客观存在。证据的客观性表现在以下几点:

(1)证据有自己存在的客观形式,并且这种形式能被人的认识所感知;

(2)证据所反映的内容必须是客观的,不以当事人和司法人员的意志为转移。

证据的客观性要求:作为定案根据的证据必须查证属实,不具备客观真实性的证据不能作为定案的依据。

实践中,对于实物证据,可以通过审查其是否为原件、原物或考通过鉴定来辨别其真伪,判断其客观性;对于言词证据,主要通过审查言词证据内容是否违反客观规律、是否符合常情常理来判断其客观性,也可以通过鉴定、侦查实验、现场勘查或者与其他证据相互印证等方法,判断证据是否真实。

三、证据的关联性

刑事诉讼证据的关联性,是指证据同案件事实是否有客观联系,是否对证明案件的待证事实有作用。证据的关联性表现在以下几点:

(1)关联性是任何刑事证据的基本属性,是证据证明力的直接反映;

(2)证据与案件事实的关联程度复杂多样,有直接联系,也有间接联系,有必然联系,也有偶然联系;

(3)证据的关联性,反映的是证据与待证事实之间的关联程度。

证据关联性要求:证据必须与案件事实有某种关联,非关联性证据应予排除。

实践中,有关联的证据包括:

(1)与行为人涉嫌犯罪的构成要件事实有关的证据;

(2)能证明行为人涉嫌犯罪的具体行为过程的证据,包括何人、何种动机与目的、何时、何地、何种手段、何行为、何种危害后果等要素的证据；

(3)能证明或排除犯罪嫌疑人、被告人辩解的证据；

(4)与行为人涉嫌犯罪的犯罪情节有关的其他证据。

证据与案件事实关联程度不同，决定了证据的证明力不同，同时也决定了证据结构的层次性。

第五节　以审判为中心——证据之审查与衔接

公职人员职务犯罪案件证据，是指可以用于证明案件事实的材料，即在办理职务犯罪案件过程中调查、收集的与案件有关、能够帮助查明案件事实的一切材料。理解证据，主要应当从证据能力和证明力两个方面入手。不具有证据能力的证据材料，不能作为证据提出和使用。“所谓证明力，是指特定证据所具有的对待证事实的证明作用，也就是特定证据对于证明待证事实的价值。在具体案件中，特定证据对于待证事实有无证明力以及证明力的大小，取决于该项证据本身与待证事实有无联系以及联系的紧密、强弱程度。”一般来说，证据与待证事实之间的联系紧密程度与证据的证明力成正比。证据能力主要解决的是证据合法性问题，是法律问题，证明力主要指向证据的客观性和关联性，是逻辑问题、经验问题和事实问题。在证据审查过程中，要解决证据的客观性、相关性和合法性问题；在审查顺序上，要坚持证据合法性优先审查的原则。证据证明是司法人员按照法定的程序和标准，运用证据认定案件事实的活动，其所证明的案件事实是力求达到客观事实的法律事实。

所谓职务犯罪案件证据标准，是指监察机关、人民检察院在调查、审查、起诉职务犯罪案件时，所要遵循的三条原则：“一是调查、审查职务犯罪案件要依照法定的程序收集、固定证据；二是调查、审查职务犯罪案件要依照法定的证据种类收集、固定证据；三是调查、审查职务犯罪案件要围绕犯罪的构成要件收集、固定证据。”通过上述原则收集、固定证据，最终使案件达到“犯罪事实清楚，证据确实、充分”的证明标准。

第八章　监察证据合法性审查

第一节　依照法定的程序、证据种类收集、审查证据

依照法定的程序、证据种类收集、审查证据，是办理公职人员职务犯罪案件的基本要求。“法”主要指《监察法》《刑事诉讼法》等法律的有关规定以及相关司法解释、司法解释性文件及其他规定。法定的证据种类包括《刑事诉讼法》规定的物证，书证，证人证言，被害人陈述，犯罪嫌疑人（被调查人）、被告人供述和辩解，鉴定意见，勘验、检查、辨认、侦查实验等笔录，视听资料、电子数据等证据。法定的程序系指收集、审查证据在程序方面的基本要求。

《监察法》第五条规定了监察工作原则，目的是保证监察机关以法治思维和法治方式开展工作，以事实为根据，以法律为准绳，在调查案件，收集、审查证据时做到全方位贯彻法治化思维，依照法定的程序、依照法定的证据收集种类，全面收集、审查证据。笔者总结为以下几个方面：

（1）办理国家工作人员职务犯罪案件，应当以事实为根据，以法律为准绳，收集、固定、审查、运用证据应当与刑事审判对证据的要求和标准相一致，确保犯罪事实清楚，证据确实、充分。

（2）依照法定的证据种类收集证据。《监察法》第三十六条规定，监察机关依法收集的物证、书证、证人证言、被调查人供述和辩解、视听资料、电子数据，以及调取、查封、扣押、搜查、勘验检

查、辨认的笔录等证据材料,在刑事诉讼中可以作为证据使用。

(3)全面收集证据。收集、鉴别证据,应当形成相互印证、完整稳定的证据链。

(4)严禁以非法形式收集证据。严禁以威胁、引诱、欺骗以及其他违法方式收集证据,严禁侮辱、打骂、虐待、体罚或者变相体罚被调查人、犯罪嫌疑人。

监察人员在进行讯问以及调取、查封、扣押等重要取证工作时,应当对全过程进行同步录音录像,留存备查。检察人员讯问犯罪嫌疑人应当全过程进行同步录音录像。

检察机关在审查起诉中认为有必要查阅监察机关同步录音录像的,监察机关应当允许。

对以违法方法收集的证据,应当依法予以排除,不得作为移送起诉和提起公诉的依据。

(5)对于涉及国家秘密、商业秘密或者个人隐私的证据,应当依法保密,并做好相应的保护工作。

一、物证、书证

1. 据以定案的物证、书证,应当为原物、原件

调取的物证应当是原物。原物不便搬运,不易保存,依法应当返还,依法应当由有关部门保存,或者因保密工作需要不能调取原物的,可以将原物封存,并拍摄、制作足以反映原物外形和特征的照片、录像、复制品。

调取的书证应当是原件,取得原件确有困难或者因保密需要不能调取原件的,可以调取副本或者复制件。调取物证的照片、录像、复制品和书证的副本、复制件,应当书面记明不能调取原物、原件的原因,制作过程和原物、原件存放地点,并由制作人员和原物证、书证持有人签名或者盖章。对具备辨认条件的物证、书证,应当交由当事人或者证人进行辨认,必要时应当进行鉴定。

2. 物证、书证的收集程序、方式应当符合法律和相关规定

物证、书证的收集程序、方式应当符合法律和相关规定,经勘验、检查、搜查、提取、调取、查封、扣押的物证、书证,应当附有相关笔录、清单,注明物品的名称、特征、数量、质量等,并当场逐一拍照、登记、编号;笔录、清单应当有办案人员、物品持有人、见证人的签名,并将清单副本交物品的持有人或占有人。

3. 不得作为移送审查起诉和提起公诉的依据的情形

物证、书证具有下列情形之一的，不得作为移送审查起诉和提起公诉的依据：

（1）原物的照片、录像或者复制品，不能反映原物的外形和特征的；

（2）书证有更改或者更改迹象不能作出合理解释，或者书证的副本、复制件不能反映书证原件及其内容的；

（3）经勘验、检查、搜查而提取、扣押的物证、书证，未附有笔录或者清单，不能证明物证、书证来源的。

4. 物证、书证的补正

物证、书证具有下列瑕疵，经补正或者作出合理解释的，可以作为移送起诉和提起公诉的依据：勘验、检查、搜查、提取笔录、扣押清单上没有调查人员、物品持有人、见证人签名，或者物品特征、数量、质量、名称等注明不详的；物证的照片、录像或者复制品，书证的副本、复制件未注明与原件核对无异，无复制时间，或者无被收集、调取人（单位）签名、盖章的；物证的照片、录像或者复制品，书证的副本、复制件没有制作人关于制作过程及原物、原件存放于何处的说明或者说明中无签名的；物证、书证的收集程序、方式存在其他瑕疵的。不能补正或者作出合理解释的，应当予以排除。

5. 不得作为移送起诉和提起公诉的依据的情形

物证、书证具有下列瑕疵，应当进行补正或者作出合理解释；不能补正或作出合理解释的，不得作为移送起诉和提起公诉的依据：

（1）勘验、检查、搜查、提取笔录、扣押清单上没有调查人员、物品持有人、见证人签名，或者物品特征、数量、质量、名称等注明不详的；

（2）物证的照片、录像或者复制品，书证的副本、复制件未注明与原件核对无异，无复制时间，或者无被收集、调取人（单位）签名、盖章的；

（3）物证的照片、录像或者复制品，书证的副本、复制件没有制作人关于制作过程及原物、原件存放于何处的说明或者说明中无签名的；

（4）物证、书证的收集程序、方式存在其他瑕疵的。

二、证人证言、被害人陈述

1. 询问证人的要求

询问证人应当由二名以上调查人员进行，按照规定出示证件，出具书面通知，并且应当个别进行。询问重要证人，应当全过程同步录音录像。

询问时，应告知证人履行作证的权利义务和法律责任。调查机关应为证人客观、充分提供证言创造条件。

询问证人，可以在调查现场进行，也可以到证人所在单位、住处或者证人提出的地点进行。必要时，也可以通知证人到办案场所提供证言。在现场询问证人，应当出示工作证件。到证人所在单位、住处或者证人提出的地点询问证人，应当出示调查机关的证明文件。到证人提出的地点进行询问的，应当在笔录中载明。

询问证人，应当问明证人的基本情况以及与被调查人的关系，并且告知证人应当如实提供证据、证言和故意作伪证或者隐匿罪证应当承担的相关责任，但是不得向证人泄露案情，不得采用羁押、暴力、威胁、引诱、欺骗以及其他非法方法获取证言。

2. 询问未成年人的要求

询问未成年人时，应当通知其法定代理人或者有关人员到场，询问结束后，法定代理人或者有关人员应当在笔录上签名，调查人员应将到场情况记录在案。

3. 询问聋、哑人的要求

询问聋、哑人，应当有通晓聋、哑手势的人员参加，并在笔录中注明证人的聋、哑情况，以及翻译人员的姓名、工作单位和职业；询问不通晓当地通用语言、文字的证人，应当有翻译人员。询问结束后，翻译人员应当在笔录上签名。

4. 询问笔录的制作

询问笔录的制作、修改应当符合法律、有关规定。询问笔录应当注明询问的起止时间和地点，内容应当忠于原话；询问结束后，证人对询问笔录应当核对确认并签名；没有阅读能力的，应当向他宣读；如果记载有遗漏或差错的，应在笔录补充或修改处捺指印。

证人请求自行书写证明材料的，调查人员应当准许。证人应在亲笔证词的末页签名。调查人员收到证人材料后，应当注明收到时间并签名。

5. 不得作为移送审查起诉和提起公诉的证人证言情形

证人证言具有下列情形之一的，不得作为移送审查起诉和提起公诉的依据：(1)询问证人没有个别进行的；(2)询问笔录没有经证人核对确认的；(3)询问聋、哑人，应当提供通晓聋、哑手势的人员而未提供的；(4)询问不通晓当地通用语言、文字的证人，应当提供翻译人员而未提供的；(5)不能正常感知或者正确表达的证人所提供的证言。

证人猜测性、评论性、推断性的语言，不得作为证据使用，但根据一般生活经验判断符合事实的除外。

6. 证人证言的补正

证人证言具有下列瑕疵，经补正或者作出合理解释的，可以作为移送审查起诉和提起公诉的依据：询问笔录没有填写询问人、记录人、法定代理人或者有关人员姓名以及询问的起止时间、地点的；询问地点不符合有关规定的；询问笔录没有记录告知证人履行作证的权利义务和相关责任的；询问笔录反映出在同一时段，同一询问人员询问不同证人的。对瑕疵证据的补正、解释应当以书面形式作出，内容应当客观、具体、合理，否则不能作为定案根据。

7. 不能补正且不得作为移送起诉和提起公诉的证人证言情形

证人证言具有下列瑕疵的，不能补正或者作出合理解释的，不得作为移送起诉和提起公诉的依据：

(1)询问笔录没有填写询问人、记录人、法定代理人及询问的起止时间、地点的。

(2)询问笔录反映出在同一时段，同一询问人员询问不同证人的。

对被害人陈述的要求，参照适用上述证人证言的规定。

三、被调查人、犯罪嫌疑人供述与辩解

讯问被调查人应当由二名以上调查人员进行，按照规定出示证件，出具书面通知，并且应当个别进行，全过程同步录音录像。

讯问被留置人员，应当合理安排讯问时间和时长，保障被调查人的饮食、休息。

讯问时间和时长,保障被调查人的饮食、休息情况应记录在案。

讯问时,对被调查人的辩解要认真查核,不得以非法方法获取供述。调查、讯问笔录的制作、修改应当符合法律及相关规定,应当注明调查、讯问的具体起止时间和地点,内容应当忠实于原话。被调查人应当当场核对确认并逐页签名、捺指印,如果记载有遗漏或差错,应当在笔录补充或修改处捺指印。讯问笔录应当当场制作,由不少于二名调查人员签名。

被调查人请求自行书写供述材料的应当准许。必要时,调查人员也可以要求被调查人亲笔书写供述。被调查人应当逐页在供述上签名、捺指印,并注明书写日期。调查人员在收到自书材料后,注明收到时间并签名。

第一次讯问时,应当详细问明被调查人的姓名、别名、出生年月日、户籍所在地、住所、籍贯、身份证号码、民族、文化程度、政治面貌、家庭状况、社会经历、工作单位及职务,以及是否属于人大代表、政协委员、党代表,是否受过刑事处罚、党纪政务处分或行政处理等基本情况,并应当告知被调查人相关权利义务和有关规定。涉及职务犯罪多次讯问产生的多份调查笔录,一般应当全部收集入卷。案件移送审查起诉时,一般应当全部移送,未入卷的,应当出具书面说明。

被调查人的讯问笔录具有以下情形之一的,不得作为移送审查起诉的依据:(1)讯问没有个别进行的;(2)没有经被调查人、犯罪嫌疑人核对确认的;(3)讯问聋、哑人,应当提供通晓聋、哑手势的人员而未提供的;(4)讯问不通晓当地通用语言、文字的人,应当提供翻译人员而未提供的。

被调查人的讯问笔录有下列瑕疵,经补正或者作出合理解释的,可以作为移送审查起诉的依据:讯问笔录填写的讯问时间、地点、讯问人、记录人等有误或者存在矛盾的;讯问人没有签名的;首次讯问笔录没有记录告知被讯问人相关权利义务和法律规定的;其他不符合有关调查规定情形的。

对上述情况不能补正或者作出合理解释的,不得作为定案的根据。对瑕疵证据的补正、解释应当以书面形式作出,内容应当客观、具体、合理。

四、鉴定意见

1. 鉴定的基本要求

监察机关在调查过程中,可以直接或者指派、聘请具有专门知识、资格的人员在调查人员的主持下进行鉴定，形成鉴定意见，由参加鉴定的人员签名或者盖章。

鉴定机构和鉴定人应当具有法定资质。鉴定事项不得超过鉴定机构项目范围、技术条件。检材来源、取得、保管、送检应当符合法律及相关规定，与相关提取笔录、扣押物品清单等记载的内容应当相符。检材应当充足、可靠。鉴定的程序、方法、分析过程应当符合专业的检验鉴定规程和技术方法要求。鉴定意见的形式要件应当完备，应当注明提出鉴定的事由、鉴定委托人、鉴定机构、鉴定要求、鉴定过程、鉴定方法、鉴定日期等相关内容，应当由鉴定机构加盖鉴定专用章并由鉴定人员签名、盖章。

2. 鉴定意见应当明确

多个鉴定人意见不一致的，应当在鉴定意见中写明分歧内容和理由，并且分别签名或盖章。鉴定意见应当及时告知被调查人，对鉴定意见提出异议的，可以申请重新鉴定。是否重新鉴定，由调查人员审查并按程序报批后决定。

3. 不得作为移送审查起诉和提起公诉依据的鉴定意见情形

鉴定意见具有下列情形之一的，不得作为移送审查起诉和提起公诉的依据：(1)鉴定机构不具备法定的资格和条件，或者鉴定事项超出该鉴定机构业务范围或者技术条件的；(2)鉴定人不具备法定的资质、不具有相关专业技术或者职称或者违反回避规定的；(3)鉴定过程、方法不符合相关专业的规范要求的；(4)鉴定意见与案件待证事实没有关联的；(5)鉴定对象与送检材料、样本不一致的；(6)送检材料、样本来源不明，或者确实被污染且不具备鉴定条件的；(7)鉴定程序违反规定的；(8)鉴定文书缺少签名、盖章的；(9)其他违反有关规定的情形。

对鉴定意见有疑问的，可以由鉴定人出具相关说明，或依法补充鉴定、重新鉴定。

对案件中的专门性问题需要鉴定，但没有法定司法鉴定机构，或者法律、司法解释规定可以进行检验的，可以指派、聘请具有专门知识的人进行检验，检验报告可以作为定罪量刑的参考。

五、调取、查封、扣押、搜查、勘验检查、辨认等笔录

1. 调取、查封、扣押、搜查、勘验检查、辨认等笔录的制作要求

调取、查封、扣押、搜查、辨认等应当由二名或者二名以上办案人员进行，勘验检查由办案人员直接进行或者指派、聘请具有专门知识、资格的人在办案人员主持下进行。

调取、查封、扣押、搜查、辨认和勘验检查应当形成笔录，由办案人员、协助人员、被搜查人、被调查人、持有人等参加人及家属、邻居等见证人签名或盖章；拒绝签字、盖章的，应当在笔录中注明。

未由办案人员直接进行或者未在办案人员主持下进行的，相关笔录不得作为移送起诉和提起公诉的依据。

2. 依相关规定收集、固定

对于调取、查封、扣押清单，搜查、勘验、检查、调查实验等笔录，视听资料、电子数据等证据的收集、固定，依照《监察法》《刑事诉讼法》《最高人民法院、最高人民检察院、公安部、国家安全部、司法部、全国人大常委会法制工作委员会关于实施刑事诉讼法若干问题的规定》《人民检察院刑事诉讼规则》《最高人民法院关于适用〈中华人民共和国刑事诉讼法〉的解释》《最高人民法院、最高人民检察院、公安部、国家安全部、司法部关于办理刑事案件严格排除非法证据若干问题的规定》等相关规定进行。

3. 不得作为移送起诉和提起公诉依据的辨认笔录情形

辨认笔录具有下列情形之一的，不得作为移送起诉和提起公诉的依据：

（1）辨认前使辨认人见到辨认对象的；（2）辨认活动没有个别进行的；（3）辨认对象没有混杂在具有类似特征的其他对象中，或者供辨认的对象数量不符合规定的，但特定辨认对象除外；（4）辨认中给辨认人明显暗示或者明显有指认嫌疑的；（5）违反有关规定，不能确定辨认笔录真实性的其他情形。

勘验、检查笔录存在明显不符合法律及有关规定的情形，并且不能作出合理解释或者说明的，不得作为移送起诉和提起公诉的依据。

此外，调取、查封、扣押、搜查、勘验检查、辨认等笔录存在上述规定以外的瑕

疵情形的，应当结合案件其他证据，审查其真实性和关联性，综合判断。

六、视听资料、电子数据

1. 视听资料、电子数据的证据要求

调取的视听资料、电子数据应当是原件。取得原件确有困难或者因保密需要不能调取原件的，可以调取复制件，但应当注明原因。

对视听资料、电子数据复制件，应当附有关制作过程及原件存放处的文字说明，并由制作和持有人或者持有单位有关人员签名。

为确保视听资料和电子证据的提取、复制不影响原始数据，可以委托专业人员协助；对视听资料、电子数据有疑问的，可以进行委托鉴定。

2. 不得作为移送起诉和提起公诉依据的视听资料、电子数据的情形

视听资料、电子数据具有下列瑕疵的，应当补正或者作出合理解释；不能补正或者作出合理解释的，不得作为移送起诉和提起公诉的依据：

(1)未载明制作人或者持有人的身份，制作的时间、地点和条件以及制作方法的。

(2)调取的视听资料是复制件的，未附有无法调取原件的原因、制作过程和原件存放地点的说明的。

(3)没有制作人和原视听资料持有人签名或者盖章的。

(4)电子数据存储磁盘、存储光盘等可移动存储介质未与打印件一并提交的。

(5)未载明电子数据形成的时间、地点、对象、制作人、制作过程及设备情况等。

(6)制作、储存、传递、获得、收集、出示等程序和环节合法性存疑需要说明的。

(7)取证人、制作人、持有人、见证人未签名或者盖章的。

七、其他

对被调查人、犯罪嫌疑人到案经过、抓获经过材料以及证明自首、坦白、立功的证据材料，没有加盖接受投案、坦白、检举揭发等单位的印章，或者接受人没有

签名的,不得作为移送起诉和提起公诉的依据。

具有下列情形之一,检察机关可以向监察机关提出,监察机关应当补充证据材料或者作出说明:

(1)对犯罪嫌疑人、辩护人提出有自首、坦白、立功的事实和理由,监察机关未予认定的。

(2)监察机关提出犯罪嫌疑人有自首、立功、坦白表现,但经审查认为证据材料不全的。

(3)经审查,对到案经过、抓获经过或者确定犯罪嫌疑人有重大嫌疑的根据有疑问的。

第二节　非法证据排除的内涵及审查依据

监察机关、检察机关应当全面审查证明证据收集合法性的证据材料,经调查确认或不能排除存在以非法方法收集证据情形的,应当予以排除。监察机关排除非法证据后,证据不足的,不得移送起诉。检察机关排除非法证据后,认定犯罪嫌疑人构成犯罪证据不足的,应当依法定程序作出不起诉决定,或者建议监察机关撤回移送起诉;不影响犯罪嫌疑人犯罪认定的,应依法提起公诉。监察机关、检察机关发现办案人员非法取证的,应当依法作出处理,并可以另行指派人员重新调查取证。

如前文所述,监察体制改革是习近平法治思想在反腐败建设中的一个重要体现,具体到《监察法》对于非法证据的态度,其既规定了取得禁止,又规定了使用禁止,全面规制了监察机关调查取证工作的要求,要求监察机关工作人员有强烈的法律意识,从一立案就要严格依法、严格按标准收集证据,以证据合法性统领案件的调查和证据的收集,这也是以法治思维和法治方式惩治腐败最直接、最基本的要求。

结合具体情况,非法证据的种类分为:

(1)采用刑讯逼供等非法方法收集的犯罪嫌疑人、被告人供述和采用暴力、威胁等非法方法收集的证人证言、被害人陈述,应当予以排除。“刑讯逼供”是指使用肉刑或者变相使用肉刑,使犯罪嫌疑人在肉体或者精神上遭受剧烈疼痛或者痛苦以逼取供述的行为。“其他非法方法”是指违法程度和对犯罪嫌疑人的强迫程度与刑讯逼供或者暴力、威胁相当而迫使其违背意愿供述的方法。

（2）收集物证、书证不符合法定程序，可能严重影响司法公正的，应当予以补正或者作出合理解释；不能补正或者作出合理解释的，对该证据应当予以排除。“可能严重影响司法公正”是指收集物证、书证不符合法定程序的行为明显违法或者情节严重，可能对司法机关办理案件的公正性造成严重损害；“补正”是指对取证程序上的非实质性瑕疵进行补救；“合理解释”是指对取证程序的瑕疵作出符合常理及逻辑的解释。

《监察法》第四十三条第二款规定了非法证据取得的禁止：严禁以暴力、威胁、引诱、欺骗及其他非法方式收集证据，严禁侮辱、打骂、虐待、体罚或者变相体罚被调查人和涉案人员。监察机关应当依法保护企业产权和自主经营权，严禁利用职权非法干扰企业生产经营。需要企业经营者协助调查的，应当保障其合法的人身、财产等权益。

严禁刑讯逼供，严禁以暴力、威胁、引诱、欺骗及其他非法方式收集证据，是保障被调查人合法权利的要求，同时也是保证证据真实性、可靠性的内在要求。不同于通过沟通谈话、做思想政治工作让被调查人主动交代案情，在刑讯逼供、威胁、体罚等方式下获取的证据，很有可能是被调查人迫于压力、身心遭受极大煎熬、肉体上或者精神上遭受剧烈疼痛或者痛苦的情况下违背意愿供述的，这样的证据很有可能是虚假的，如果以此成为定案的根据，极易造成错案。因此，从反方面规范监察机关的调查取证工作十分必要，以确保调查人员依法取证、查清案情。

《监察法》第三十六条第三款规定了非法证据的使用禁止：以非法方法收集的证据应当依法予以排除，不得作为案件处置的依据。

此处需要解释的是，以非法方法收集的证据的范围，不同于不符合法定程序收集的证据。以非法方法收集的证据主要指以刑讯逼供，或者以威胁、引诱、欺骗等非法方法来获取证据，与获得、收集、固定证据存在程序瑕疵有本质的区别。以刑讯逼供、威胁、引诱、欺骗等方式取得的证据，虚假的可能性非常大，不能作为定案的依据；同时，经查证，不能排除存在以非法方法收集证据情形的，对有关证据应当排除。但是对于有程序瑕疵的证据，不能一概以排除论处，要结合实际情况，具体问题具体分析。如经过调查人员予以补正或者作出合理解释,不影响证据使用的,该证据可以继续使用;反之,则应当予以排除。

依法应当排除的非法证据包括:

(1)采取殴打、违法使用戒具等暴力方法或者变相肉刑的恶劣手段,使被调查人、犯罪嫌疑人遭受难以忍受的痛苦而违背意愿作出的供述;

(2)采用以暴力或者严重损害本人及其近亲属合法权益等进行威胁的方法,使被调查人、犯罪嫌疑人遭受难以忍受的痛苦而违背意愿作出的供述;

(3)采用非法拘禁等非法限制人身自由的方法收集的被调查人、犯罪嫌疑人供述;

(4)采用暴力、威胁以及非法限制人身自由等非法方法收集的证人证言、被害人陈述;

(5)收集物证、书证不符合法定程序,可能严重影响司法公正,且不能补正或者作出合理解释的。

第三节 对非法证据的调查核实

1. 调查核实权的启动程序

人民检察院接到当事人及其辩护人、诉讼代理人报案、控告、举报调查人员采用刑讯逼供等非法方法收集证据并提供涉嫌非法取证的人员、时间、地点、方式和内容等材料或者线索的,或者人民检察院发现调查人员以非法方法收集证据的,应当进行调查核实。

2. 调查核实的主要方法

人民检察院认为存在以非法方法收集证据情形的,可以书面要求调查机关对证据收集的合法性进行说明。

人民检察院可以采取以下方式对非法取证行为进行调查核实:(1)讯问犯罪嫌疑人;(2)询问办案人员;(3)询问在场人员及证人;(4)听取辩护律师意见;(5)调取讯问笔录,讯问录音、录像;(6)调取、查询犯罪嫌疑人出入看守所的身体检查记录及相关材料;(7)进行伤情、病情检查或者鉴定;(8)其他调查核实方式。

3. **调查核实后的处理**

人民检察院经调查核实,对于确有以非法方法收集证据情形,尚未构成犯罪的,应当依法向被调查人所在机关提出纠正意见。对于需要补正或者作出合理解释的,应当提出明确要求。经审查,认为非法取证行为构成犯罪需要追究刑事责任的,应当依法处理。

根据《监察法》第七十四条第四项的规定,监察机关及其工作人员对被调查人或者涉案人员逼供、诱供,或者侮辱、打骂、虐待、体罚或者变相体罚的,对负有责任的领导人员和直接责任人员依法给予处理。根据《监察法》第七十六条的规定,监察机关及其工作人员行使职权,侵犯公民、法人和其他组织的合法权益造成损害的,依法给予国家赔偿。

实践中,检察机关审查同级监察机关移送的案件,发现非法证据时可以直接与监察机关协调处理,能予以补正或者作出合理解释的,可以作出补正或者合理解释;不能补正或者不能作出合理解释的,应当依法排除。

被指定的检察院在审查案件时发现可能存在非法证据需要调查核实的,应当报告指定其办案的上级检察院。上级检察院审查后认为确有必要进行核实的,应与同级监察委员会联系调取相关材料。被指定的检察院核实完毕后,应当书面提出排除或者不排除的处理意见,报请上级检察院批准决定。

第四节　证据合法性证明

证据合法性证明,既包括当事人及其辩护人、诉讼代理人申请人民法院排除证据的证明,也包括对瑕疵证据的证明,以及其他违反法律规定的证据收集程序而取得的证据的合法性证明。

对于提起公诉的案件,被告人及其辩护人提出审前供述系非法取得,并提供相关线索或者材料的,人民检察院可以将讯问录音、录像连同案卷材料一并移送人民法院;在法院作出生效判决之前,人民检察院可以要求调查机关对证据收集的合法性进行说明或者提供相关证明材料,必要时可以自行调查核实;人民检察院在开庭审理前收到人民法院或者被告人及其辩护人、被害人、证人等送交的反映证据系非法取得的书面材料的，应当进行审查。对于审查逮捕、审查起诉期间已经提出并经查证不存在非法取证行为的，应当通知人民法院、有关当事人和辩护人，并按照查证的情况做好庭审准备。

对于新的材料或者线索，可以要求调查机关对证据收集的合法性进行说明或者提供相关证明材料，必要时可以自行调查核实；庭前会议中，当事人、辩护人、诉讼代理人提出证据系非法取得，人民法院认为可能存在以非法方法收集证据情形的，人民检察院可以对证据收集的合法性进行证明。需要调查核实的，在开庭审理前进行；法庭审理过程中，被告人及其辩护人提出被告人庭前供述系非法取得，审判人员认为需要进行法庭调查的，公诉人可以根据讯问笔录、羁押记录、出入看守所的健康检查记录、看守管教人员的谈话记录以及调查机关对讯问过程合法性的说明等，对庭前讯问被告人的合法性进行证明，可以要求法庭播放讯问录音、录像。

以下依法取得的证据都可以成为证明证据合法性的依据："讯问犯罪嫌疑人；询问在场人员及证人；听取辩护律师意见；调取讯问笔录，讯问录音、录像；调取、查询犯罪嫌疑人出入看守所的身体检查记录及相关材料；进行伤情、病情检查或者鉴定；以及其他调查核实方式获取的证据材料。"

审判人员认为可能存在《刑事诉讼法》第五十六条规定的以非法方法收集其他证据的情形，需要进行法庭调查的，公诉人可以参照上述规定对证据收集的合法性进行证明。

公诉人不能当庭证明证据收集的合法性，需要调查核实的，可以建议法庭休庭或者延期审理。公诉人对证据收集的合法性进行证明后，法庭仍有疑问的，可以建议法庭休庭，由人民法院对相关证据进行调查核实。人民法院调查核实证据，通知人民检察院派员到场的，人民检察院可以派员到场。

第五节　调查、审查、起诉、审判阶段的非法证据的认定与排除

1. 调查阶段

在调查阶段发现有应当排除的证据的，经监察机关相关负责人批准，应当依

法予以排除，不得作为移送、审查起诉的依据。

依法应当排除的非法证据包括“采取殴打、违法使用戒具等暴力方法或者变相肉刑的恶劣手段，使被调查人遭受难以忍受的痛苦而违背意愿作出的供述；采用以暴力或者严重损害本人及其近亲属合法权益等进行威胁的方法，使被调查人遭受难以忍受的痛苦而违背意愿作出的供述；采用非法拘禁等非法限制人身自由的方法收集的被调查人供述；采用暴力、威胁以及非法限制人身自由等非法方法收集的证人证言、被害人陈述；收集物证、书证不符合法定程序，可能严重影响司法公正，且不能补正或者作出合理解释的”。

被调查人提出供述及其他证据系非法取得的，应当提供线索或证据材料。监察机关、人民检察院全面审查证明证据收集合法性的证据材料，经调查确认或不能排除存在以非法方法收集证据情形的，应当予以排除。监察机关排除非法证据后，对于认定被调查人构成犯罪证据不足的，不得移送审查起诉。

同时，监察机关、人民检察院发现调查人员非法取证的，应当依法作出处理，并可以另行指派人员重新调查取证。

2. 审查、起诉阶段

对采用刑讯逼供等非法方法收集的犯罪嫌疑人供述和采用暴力、威胁等非法方法收集的证人证言、被害人陈述，应当依法排除，不得作为决定逮捕、移送审查起诉以及提起公诉的依据。收集物证、书证不符合法定程序，可能严重影响司法公正的，人民检察院应当及时要求调查机关补正或者作出书面解释；不能补正或者无法作出合理解释的，对该证据应当予以排除。对调查机关的补正或者解释，人民检察院应当予以审查。经调查机关补正或者作出合理解释的，可以作为决定逮捕、提起公诉的依据。

人民检察院排除非法证据后，对于认定犯罪嫌疑人构成犯罪证据不足的，应当退回补充调查，对二次退回补充调查的案件，仍然认为证据不足，不符合起诉条件的，应当依法定程序作出不起诉决定，或者建议监察机关撤回案件；不影响对犯罪嫌疑人犯罪认定的，应依法提起公诉。

3. 审判阶段

经审理，确认或者不能排除存在《刑事诉讼法》第五十六条规定的以非法方法收集证据情形的，对有关证据应当排除。

对证据的审查与应用，是依据法律，运用逻辑规律对案件事实进行认识的一个渐进的过程，非法证据排除也是如此。从法法衔接的角度来看，非法证据排除需要具有整体化、全局化思维。如果对《刑事诉讼法》和《监察法》关于非法证据排除的规定加以比较，可以发现，《刑事诉讼法》第五十六条将非法证据排除分成两类，即按照侦查人员违法取证的严重性，区分为强制性排除和裁量性排除。[1]《监察法》并没有作此区分，[2]因而在实践中应结合《监察法》《监察机关监督执法工作规定》等相关规定综合理解。譬如，中央纪委法规室、国家监委法规室编写的《〈中华人民共和国监察法〉释义》指出，对不符合法定程序收集的证据，不能一概视为非法证据予以排除，而应当区别对待，这与《刑事诉讼法》的排除规则是相一致的。同时，《刑事诉讼法》第五十六条规定了排除采取使犯罪嫌疑人、被告人遭受难以忍受的痛苦而违背意愿作出的供述，但并未排除引诱和欺骗作出的供述，还需要依据《监察法》所规定的非法证据排除规则作进一步判断。

法条链接

《刑事诉讼法》

第五十六条　采用刑讯逼供等非法方法收集的犯罪嫌疑人、被告人供述和采用暴力、威胁等非法方法收集的证人证言、被害人陈述，应当予以排除。收集物证、书证不符合法定程序，可能严重影响司法公正的，应当予以补正或者作出合理解释；不能补正或者作出合理解释的，对该证据应当予以排除。

在侦查、审查起诉、审判时发现有应当排除的证据的，应当依法予以排除，不得作为起诉意见、起诉决定和判决的依据。

《监察法》

第三十六条　监察机关依照本法规定收集的物证、书证、证人证言、被调查人供述和辩解、视听资料、电子数据等证据材料，在刑事诉讼中可以作为证据使用。

---

〔1〕　参见《监察调查中怎样排除非法证据》，载中央纪委国家监委网，https://www.ccdi.gov.cn/yaowenn/202012/t20201223_83913.html。

〔2〕　未侵犯被调查人人权、仅违反调查程序的行为，《监察法》缺少像《刑事诉讼法》细致的规定（讯问被调查人、询问证人没有给其签名捺手印，应该提供翻译没有提供翻译，辨认时让辨认人提前见到辨认对象等），此类证据进入刑事诉讼程序，应将其作为非法证据而否定其证据资格。

监察机关在收集、固定、审查、运用证据时，应当与刑事审判关于证据的要求和标准相一致。

以非法方法收集的证据应当依法予以排除，不得作为案件处置的依据。

第九章 刑事诉讼证据

第一节 刑事诉讼证据概述

刑事诉讼证据，是指可以用于证明案件事实的材料，即在办理刑事案件过程中调查、收集的与案件有关、能够帮助查明案件事实的一切材料。

刑事诉讼证据具有客观性、关联性、合法性的特征。

（一）证据的客观性

刑事诉讼证据的客观性，是指所有证据都是已经发生的案件事实的客观遗留和客观反映，是不以人们的主观意志为转移的客观存在。证据的客观性表现在如下几点：

（1）证据有自己存在的客观形式，并且这种形式能为人的认识所感知。

（2）证据所反映的内容必须是客观的，不以当事人和司法人员的意志为转移。

《刑事诉讼法》上关于刑事诉讼证据客观性的要求体现在，作为定案根据的证据必须查证属实，不具备客观真实性的证据不能作为定案的依据。

司法实践中，对于证据客观性的审查，针对不同类型的证据，有不同的途径和方法。譬如，对于实物证据，可以通过审查其是否为原件、原物或者通过鉴定来辨别其真伪，判断其客观性；对于言词证据，主要通过审查言词证据内容是否违反客观规律、是否符合常情常理来判断其客观性,也可以通过鉴定、侦查实验、现场勘查或者与其他证据相互印证等方法,判断证据是否真实。

(二)证据的关联性

刑事诉讼证据的关联性,是指证据同案件事实是否有客观联系,是否对证明案件的待证事实有作用。证据的关联性表现在如下几点:

(1)关联性是任何刑事证据的基本属性,是证据证明力的直接反映。

(2)证据与案件事实的关联程度复杂多样,有直接联系,也有间接联系,有必然联系,也有偶然联系。

(3)证据的关联性,反映的是证据与待证事实之间的关联程度。

《刑事诉讼法》上关于刑事诉讼证据关联性的要求体现在,证据必须与案件事实有某种关联,非关联性证据应予排除。

司法实践中,证据的关联性体现在诸多方面。其一,与行为人涉嫌犯罪的构成要件事实有关的证据;其二,能证明行为人涉嫌犯罪的具体行为过程的证据,包括何人、何种动机与目的、何时、何地、何种手段、何行为、何种危害后果等要素的证据;其三,能证明或排除犯罪嫌疑人、被告人辩解的证据;其四,与行为人涉嫌犯罪的犯罪情节有关的其他证据。但是,并非以上各种证据同案件事实的关联性都是相当的,正是由于不同证据与案件事实的关联程度不同,其证明力和所处证据结构的层次性也不相同。

(三)证据的合法性

刑事诉讼证据的合法性,是指对证据必须依法加以收集和运用,包括:收集、运用证据的主体要合法,每个证据来源的程序要合法,证据需有合法形式,证据必须经法定程序查证属实。

证据的合法性表现在以下几方面:

(1)证据必须由法定人员依照法定程序,以合法方式收集、固定与保全;

(2)证据必须具备法定的形式;

(3)证据必须经法定程序查证属实。

第二节　刑事诉讼证据收集与固定的基本要求

同监察证据相似,《刑事诉讼法》对刑事诉讼证据的收集、固定进行了详细的规定。收集、固定证据,必须由二名以上侦查人员进行,应当出示有关证件和履行相关手续,并履行法定告知义务。取证人员应当在所取证据(或取证说明)上签名或者盖章。《刑事诉讼法》对于物证、书证,证人证言,被害人陈述,犯罪嫌疑人、被告人供述和辩解,鉴定意见,勘验、检查、辨认、侦查实验等笔录,视听资料、电子数据,以及运用技术侦查措施收集的证据、采取秘密手段取得的证据、行政机关收集的证据能否作为证据使用问题分类进行了规定。

(一)物证、书证

(1)收集的物证应当是原物。原物不便搬运,不易保存,依法应当由有关部门保管、处理,或者依法应当返还的,可以拍摄、制作足以反映原物外形和特征的照片、录像、复制品。

物证的照片、录像、复制品,不能反映原物的外形和特征的,不得作为定案的根据。

物证的照片、录像、复制品,经与原物核对无误、经鉴定为真实或者以其他方式确认为真实的,可以作为定案的根据。

(2)据以定案的书证应当是原件。取得原件确有困难的,可以使用副本、复制件。

书证有更改或者更改迹象不能作出合理解释,或者书证的副本、复制件不能反映原件及其内容的,不得作为定案的根据。

书证的副本、复制件,经与原件核对无误、经鉴定为真实或者以其他方式确认为真实的,可以作为定案的根据。

(3)对与案件事实可能有关联的血迹、体液、毛发、人体组织、指纹、足迹、字迹等生物样本、痕迹和物品,应当提取而没有提取,应当检验而没有检验,导致案件事实存疑的,侦查机关应当依法补充收集、调取证据或者作出合理说明。

(4)在勘验、检查、搜查过程中提取、扣押的物证、书证,未附笔录或者清单,不能证明物证、书证来源的,不得作为定案的根据。

物证、书证的收集程序、方式有下列瑕疵,经补正或者作出合理解释的,可以采用:

①勘验、检查、搜查、提取笔录或者扣押清单上没有侦查人员、物品持有人、见证人签名,或者对物品的名称、特征、数量、质量等注明不详的;

②物证的照片、录像、复制品,书证的副本、复制件未注明与原件核对无异,无复制时间,或者无被收集、调取人签名、盖章的;

③物证的照片、录像、复制品,书证的副本、复制件没有制作人关于制作过程和原物、原件存放地点的说明,或者说明中无签名的;

④有其他瑕疵的。

对物证、书证的来源、收集程序有疑问,不能作出合理解释的,该物证、书证不得作为定案的根据。

(二)证人证言

(1)处于明显醉酒、中毒或者麻醉等状态,不能正常感知或者正确表达的证人所提供的证言,不得作为证据使用。

证人的猜测性、评论性、推断性的证言,不得作为证据使用,但根据一般生活经验判断符合事实的除外。

(2)证人证言具有下列情形之一的,不得作为定案的根据:

①询问证人没有个别进行的;

②书面证言没有经证人核对确认的;

③询问聋、哑人,应当提供通晓聋、哑手势的人员而未提供的;

④询问不通晓当地通用语言、文字的证人,应当提供翻译人员而未提供的。

(3)证人证言的收集程序、方式有下列瑕疵,经补正或者作出合理解释的,可以采用;不能补正或者作出合理解释的,不得作为定案的根据:

①询问笔录没有填写询问人、记录人、法定代理人姓名以及询问的起止时间、地点的;

②询问地点不符合规定的;

③询问笔录没有记录告知证人有关作证的权利义务和法律责任的；

④询问笔录反映出在同一时段，同一询问人员询问不同证人的。

（三）被害人陈述

询问被害人，比照适用询问证人的相关规定。

（四）犯罪嫌疑人、被告人供述和辩解

（1）被告人供述具有下列情形之一的，不得作为定案的根据：

①讯问笔录没有经被告人核对确认的；

②讯问聋、哑人，应当提供通晓聋、哑手势的人员而未提供的；

③讯问不通晓当地通用语言、文字的被告人，应当提供翻译人员而未提供的。

（2）讯问笔录有下列瑕疵，经补正或者作出合理解释的，可以采用；不能补正或者作出合理解释的，不得作为定案的根据：

①讯问笔录填写的讯问时间、讯问人、记录人、法定代理人等有误或者存在矛盾的；

②讯问人没有签名的；

③首次讯问笔录没有记录告知被讯问人相关权利和法律规定的。

（五）鉴定意见

（1）鉴定意见具有下列情形之一的，不得作为定案的根据：

①鉴定机构不具备法定资质，或者鉴定事项超出该鉴定机构业务范围、技术条件的；

②鉴定人不具备法定资质，不具有相关专业技术或者职称，或者违反回避规定的；

③送检材料、样本来源不明，或者因污染不具备鉴定条件的；

④鉴定对象与送检材料、样本不一致的；

⑤鉴定程序违反规定的；

⑥鉴定过程和方法不符合相关专业的规范要求的；

⑦鉴定文书缺少签名、盖章的；

⑧鉴定意见与案件待证事实没有关联的；

⑨违反有关规定的其他情形。

（2）在必要的时候，人民检察院可以进行补充鉴定或者重新鉴定。

（3）对案件中的专门性问题需要鉴定，但没有法定司法鉴定机构，或者法律、司法解释规定可以进行检验的，可以指派、聘请有专门知识的人进行检验。

对检验报告的审查与认定，参照适用鉴定意见的有关规定。

（六）勘验、检查、辨认、侦查实验等笔录

（1）勘验、检查笔录存在明显不符合法律、有关规定的情形，不能作出合理解释或者说明的，不得作为定案的根据。

（2）对辨认笔录应当着重审查辨认的过程、方法，以及辨认笔录的制作应符合有关规定。

辨认笔录具有下列情形之一的，不得作为定案的根据：

①辨认不是在侦查人员主持下进行的；

②辨认前使辨认人见到辨认对象的；

③辨认活动没有个别进行的；

④辨认对象没有混杂在具有类似特征的其他对象中，或者供辨认的对象数量不符合规定的；

⑤辨认中给辨认人明显暗示或者明显有指认嫌疑的；

⑥违反有关规定、不能确定辨认笔录真实性的其他情形。

（3）对侦查实验笔录应当着重审查实验的过程、方法，以及笔录的制作是否符合有关规定。

侦查实验的条件与事件发生时的条件有明显差异，或者存在影响实验结论科学性的其他情形的，侦查实验笔录不得作为定案的根据。

（七）视听资料、电子数据

（1）对于有疑问的视听资料，应当对其鉴定。

（2）电子邮件、电子数据交换、网上聊天记录、博客、微博客、手机短信、电子签名、域名等电子数据，应当符合以下要求：

①应随原始存储介质移送；在原始存储介质无法封存、不便移动或者依法应当由有关部门保管、处理、返还时，提取、复制电子数据应由二人以上进行，并应足以保证电子数据的完整性，有提取、复制过程及原始存储介质存放地点的文字说明和签名。

②收集程序、方式符合法律及有关技术规范；经勘验、检查、搜查等侦查活动收集的电子数据，应附有笔录、清单，并经侦查人员、电子数据持有人、见证人签名；没有持有人签名的，要注明原因；远程调取境外或者异地的电子数据的，应注明相关情况；对电子数据的规格、类别、文件格式等注明要清楚。

③电子数据内容真实，无删除、修改、增加等情形。

④电子数据与案件事实具有关联性。

⑤与案件事实有关联的电子数据应全面收集。

(3)对于有疑问的电子数据，应当进行鉴定或者检验。

(4)视听资料、电子数据具有下列情形之一的，不得作为定案的根据：

①经审查无法确定真伪的；

②制作、取得的时间、地点、方式等有疑问，不能提供必要证明或者作出合理解释的。

(八)运用技术侦查措施收集的证据

技术侦查措施主要包括秘密录音、秘密照相、监听、邮件检查等。秘密侦查手段主要包括派遣秘密侦查人员和在犯罪组织内部、社会上发展特情、线人、信息员以及控制下交付。

1. 技术侦查措施适用的案件范围、批准程序和执行主体

《刑事诉讼法》第一百五十条规定："公安机关在立案后，对于危害国家安全犯罪、恐怖活动犯罪、黑社会性质的组织犯罪、重大毒品犯罪或者其他严重危害社会的犯罪案件，根据侦查犯罪的需要，经过严格的批准手续，可以采取技术侦查措施。人民检察院在立案后，对于利用职权实施的严重侵犯公民人身权利的重大犯罪案件，根据侦查犯罪的需要，经过严格的批准手续，可以采取技术侦查措施，按照规定交有关机关执行。追捕被通缉或者批准、决定逮捕的在逃的犯罪嫌疑人、被告人，经过批准，可以采取追捕所必需的技术侦查措施。"

(1)技术侦查措施的适用范围。

对技术侦查措施适用范围的限定体现了重罪原则和必要性原则,重罪原则就是技术侦查措施只能适用于法律明文规定的严重犯罪。具体而言,其包括公安机关侦查的"危害国家安全犯罪、恐怖活动犯罪、黑社会性质的组织犯罪、重大毒品犯罪或者其他严重危害社会的犯罪案件"和检察机关侦查的"重大的贪污、贿赂犯罪案件以及利用职权实施的严重侵犯公民人身权利的重大犯罪案件"。必要性原则是指只有在采用其他侦查手段难以取得证据或者有重大危险时,才使用技术侦查措施获取证据。由于使用电子监听、秘密拍照、秘密录音录像等技术侦查手段会侵犯公民的隐私权,因而应当"根据侦查犯罪的需要",并严格控制这种手段的适用,以防止任意适用或适用范围过大而侵犯人权。除此之外,追捕被通缉或者批准、决定逮捕的在逃的犯罪嫌疑人、被告人,经过批准,可以采取追捕所必需的技术侦查措施。

(2)公安机关、检察机关使用技术侦查措施的批准程序和执行机关。

公安机关和检察机关使用技术侦查措施的,需"经过严格的批准手续,可以采取技术侦查措施"。具体批准程序,由其他规范性文件作具体规定。

公安机关和国家安全机关是技术侦查措施的执行机关,检察机关决定采取技术侦查措施后,由国家安全机关、公安机关具体执行。

2. 技术侦查措施必须严格按照批准的措施种类、适用对象和适用期限执行

批准决定应当根据侦查犯罪的需要,确定采取技术侦查措施的种类和适用对象。批准决定自签发之日起三个月以内有效。对于不需要继续采取技术侦查措施的,应当及时解除;对于复杂、疑难案件,期限届满仍有必要继续采取技术侦查措施的,经过批准,有效期可以延长,每次不得超过三个月。

采取技术侦查措施,必须严格按照批准的措施种类、适用对象和期限执行。

3. 侦查人员的保密义务和对采取技术侦查措施所获取材料的处理措施

采取技术侦查措施必然会获得大量的信息资料,包括国家秘密、企业或者个人的商业秘密以及个人隐私等,这些信息资料关系到国家利益、单位或者个人的经济利益和个人隐私权的保护。因此,侦查人员对采取技术侦查措施过程中知悉的国家秘密、商业秘密和个人隐私,应当保密;对采取技术侦查措施获取的与案件

无关的材料,必须及时销毁。采取技术侦查措施获取的材料,只能用于对犯罪的侦查、起诉和审判,不得用于其他用途。公安机关依法采取技术侦查措施,有关单位和个人应当配合,并对有关情况予以保密。

4. 控制下交付等秘密侦查措施

秘密侦查措施,是与采用技术手段进行窃听、秘照、监听的技术侦查措施相对应的另一种特殊侦查手段,主要通过秘密派遣人员完成,包括派遣秘密侦查人员和在犯罪组织内部、社会上发展特情、线人、信息员以及控制下交付。控制下交付,是指侦查人员在发现与违禁品有关的犯罪线索或者查获违禁品后,将违禁品置于侦查机关的严密监控下将其放行,以此发现犯罪组织者和其他犯罪嫌疑人的一项特殊侦查手段。控制下交付是联合国禁毒公约、打击跨国有组织犯罪公约、反腐败公约规定的一种特殊侦查措施,在毒品犯罪案件中使用较多,有的还涉及跨境控制下交付。对此作出明确规定,有利于将秘密侦查措施也纳入法制轨道。

《刑事诉讼法》第一百五十三条规定,为了查明案情,在必要的时候,经公安机关负责人决定,可以由有关人员隐匿其身份实施侦查。但是,不得诱使他人犯罪,不得采用可能危害公共安全或者发生重大人身危险的方法。对涉及给付毒品等违禁品或者财物的犯罪活动,公安机关根据侦查犯罪的需要,可以依照规定实施控制下交付。

5. 采取侦查措施收集的材料在刑事诉讼中可以作为证据使用

《刑事诉讼法》修改前,使用技术侦查措施获取的证据大多通过证据转换才在诉讼中使用。在技术侦查措施应当严格保密的情况下,法官、检察官不能直接接触到技术侦查获取的信息,侦查机关只能以各种形式将证据"转换"使用。修改后的《刑事诉讼法》将技术侦查措施和秘密侦查措施作为收集证据的合法手段在法律中明确作了规定,并且规定采取这两种特殊侦查措施所收集的材料在诉讼中可以作为证据使用。同时规定了使用此类证据时应当采取的保护措施。

《刑事诉讼法》第一百五十四条规定:"依照本节规定采取侦查措施所收集的材料在刑事诉讼中可以作为证据使用。如果使用该证据可能危及有关人员的人身安全,或者可能产生其他严重后果的,应当采取不暴露有关人员身份、技术方法等保护措施,必要的时候,可以由审判人员在庭外对证据进行核实。"

(九)采取秘密手段取得的证据

采取秘密手段取得的证据,是指公民通过秘密的或非法手段取得的证据。近年来,采取秘密手段取得的证据多种多样,如盗窃犯窃得的贪官的赃款赃物、电子数据,公民摄录的刑事案件现场录像,被害人提供的与犯罪嫌疑人的通话录音、通讯短信、电子邮件,知情人陈述的音像资料,金融机构监视录像带等。

公民用秘密手段取得的证据,如果作为刑事证据使用,必须满足以下条件:

(1)由司法机关或者辩护律师进行有效提取,完成由公民个人私力救济或个人举证向国家取证的转化;

(2)接受证据客观性、关联性、合法性方面的审查;

(3)公民秘密取证背景、条件方面辅助证据的补强,必要时可做侦查实验或技术鉴定;

(4)接受庭审质证。

(十)行政机关收集的证据能否作为证据使用问题

许多刑事犯罪案件的发现是从行政违法调查入手,进而发现构成犯罪移送司法机关。行政机关在调查行政违法时收集的证据,如工商、税务、监察部门收集的证据,能否直接进入刑事诉讼程序,刑事诉讼法根据证据种类作了规定。

行政机关在执法过程中收集的物证、书证、视听资料、电子数据等证据材料,在刑事诉讼中可以作为证据使用。行政机关在执法过程中收集的物证、书证、视听资料、电子数据等证据材料,是指行政机关在执法和查办案件过程中收集到的可以证明行为人实施犯罪行为的物证、书证、视听资料、电子数据等证据材料,如实施犯罪时留下的作案工具和在监控设备中留下的影像资料等证据材料。物证、书证、视听资料、电子数据等证据比言词证据有更强的证明力,具有不可替代性。一些重大案件如重大火灾、铁路事故、海难、矿难事故等,一般都是行政机关先介入调查,对事故原因作出鉴定,而后司法再介入的。如果再由司法机关重新鉴定,不仅成本太大,而且在很多案件中重新鉴定的条件已不复存在。

需要强调的是,行政机关在办案过程中讯问犯罪嫌疑人的录音录像不属于《刑事诉讼法》第五十四条规定的"在刑事诉讼中可以作为证据使用"的"视听资料”，只不过是讯问时的录像资料而已，与言词证据一样，在大多数情况下，需要由司法机关核实或者重新讯问犯罪嫌疑人、被告人后决定是否用作证据使用。

第三节　非法证据排除

（一）非法证据的种类及其内涵

采用刑讯逼供等非法方法收集的犯罪嫌疑人、被告人供述和采用暴力、威胁等非法方法收集的证人证言、被害人陈述，应当予以排除。“刑讯逼供”是指使用肉刑或者变相使用肉刑，使犯罪嫌疑人在肉体或者精神上遭受剧烈疼痛或者痛苦以逼取供述的行为。“其他非法方法”是指违法程度和对犯罪嫌疑人的强迫程度与刑讯逼供或者暴力、威胁相当而迫使其违背意愿供述的方法。

收集物证、书证不符合法定程序，可能严重影响司法公正的，应当予以补正或者作出合理解释；不能补正或者作出合理解释的，对该证据应当予以排除。“可能严重影响司法公正”是指收集物证、书证不符合法定程序的行为明显违法或者情节严重，可能对司法机关办理案件的公正性造成严重损害；“补正”是指对取证程序上的非实质性瑕疵进行补救；“合理解释”是指对取证程序的瑕疵作出符合常理及逻辑的解释。

（二）非法证据的排除

在侦查、审查起诉、审判时发现有应当排除的证据的，应当依法予以排除，不得作为起诉意见、起诉决定和判决的依据。

1. 侦查阶段

在侦查阶段发现有应当排除的证据的，经县级以上公安机关负责人批准，应当依法予以排除，不得作为提请批准逮捕、移送审查起诉的依据。

2. 审查逮捕和审查起诉阶段

对采用刑讯逼供等非法方法收集的犯罪嫌疑人供述和采用暴力、威胁等非法方法收集的证人证言、被害人陈述，应当依法排除，不得作为批准或者决定逮捕、移送审查起诉以及提起公诉的依据。

收集物证、书证不符合法定程序，可能严重影响司法公正的，人民检察院应当及时要求侦查机关补正或者作出书面解释；不能补正或者无法作出合理解释的，对该证据应当予以排除。对侦查机关的补正或者解释，人民检察院应当予以审查。经侦查机关补正或者作出合理解释的，可以作为批准或者决定逮捕、提起公诉的依据。

3. 审判阶段

经审理，确认或者不能排除存在《刑事诉讼法》第五十六条规定的以非法方法收集证据情形的，对有关证据应当排除。

（三）对非法证据的调查核实

1. 调查核实权的启动程序

人民检察院接到当事人及其辩护人、诉讼代理人报案、控告、举报侦查人员采用刑讯逼供等非法方法收集证据并提供涉嫌非法取证的人员、时间、地点、方式和内容等材料或者线索的，或者人民检察院发现侦查人员以非法方法收集证据的，应当进行调查核实。

2. 调查核实的主要方法

（1）人民检察院认为存在以非法方法收集证据情形的，可以书面要求侦查机关对证据收集的合法性进行说明。

（2）人民检察院可以采取以下方式对非法取证行为进行调查核实：①讯问犯罪嫌疑人；②询问办案人员；③询问在场人员及证人；④听取辩护律师意见；⑤调取讯问笔录、讯问录音、录像；⑥调取、查询犯罪嫌疑人出入看守所的身体检查记录及相关材料；⑦进行伤情、病情检查或者鉴定；⑧其他调查核实方式。

3. 调查核实后的处理

人民检察院经调查核实，对于确有以非法方法收集证据情形，尚未构成犯罪的，应当依法向被调查人所在机关提出纠正意见。对于需要补正或者作出合理解释的，应当提出明确要求。经审查，认为非法取证行为构成犯罪需要追究刑事责任的，应当依法移送立案侦查。

第四节　证据合法性证明

证据合法性证明，既包括当事人及其辩护人、诉讼代理人申请人民法院排除证据的证明，也包括对瑕疵证据的证明，以及其他违反法律规定的证据收集程序而取得证据合法性的证明。

（1）对于提起公诉的案件，被告人及其辩护人提出审前供述系非法取得，并提供相关线索或者材料的，人民检察院可以将讯问录音、录像连同案卷材料一并移送人民法院。

（2）在法院作出生效判决之前，人民检察院可以要求侦查机关对证据收集的合法性进行说明或者提供相关证明材料，必要时可以自行调查核实。

（3）人民检察院在开庭审理前收到人民法院或者被告人及其辩护人、被害人、证人等送交的反映证据系非法取得的书面材料的，应当进行审查。对于审查逮捕、审查起诉期间已经提出并经查证不存在非法取证行为的，应当通知人民法院、有关当事人和辩护人，并按照查证的情况做好庭审准备。对于新的材料或者线索，可以要求侦查机关对证据收集的合法性进行说明或者提供相关证明材料，必要时可以自行调查核实。

（4）庭前会议中，当事人、辩护人、诉讼代理人提出证据系非法取得，人民法院认为可能存在以非法方法收集证据情形的，人民检察院可以对证据收集的合法性进行证明。需要调查核实的，在开庭审理前进行。

（5）法庭审理过程中，被告人及其辩护人提出被告人庭前供述系非法取得，审判人员认为需要进行法庭调查的，公诉人可以根据讯问笔录、羁押记录、出入看守所的健康检查记录、看守管教人员的谈话记录以及侦查机关对讯问过程合法性的说明等，对庭前讯问被告人的合法性进行证明，可以要求法庭播放讯问录音、录像，必要时可以申请法庭通知侦查人员或者其他人员出庭说明情况。

以下依法取得的证据都可以成为证明证据合法性的依据：①讯问犯罪嫌疑人；②询问办案人员；③询问在场人员及证人；④听取辩护律师意见；⑤调取讯问笔录，讯问录音、录像；⑥调取、查询犯罪嫌疑人出入看守所的身体检查记录及相关材料;⑦进行伤情、病情检查或者鉴定;⑧其他调查核实方式获取的证据材料。

审判人员认为可能存在《刑事诉讼法》第五十六条规定的以非法方法收集其他证据的情形,需要进行法庭调查的,公诉人可以参照上述规定对证据收集的合法性进行证明。

(6)公诉人不能当庭证明证据收集的合法性,需要调查核实的,可以建议法庭休庭或者延期审理。

(7)公诉人对证据收集的合法性进行证明后,法庭仍有疑问的,可以建议法庭休庭,由人民法院对相关证据进行调查核实。人民法院调查核实证据,通知人民检察院派员到场的,人民检察院可以派员到场。

需要说明的是,对证据的审查与应用,是依据法律,运用逻辑规律对案件事实进行认识的一个渐进的过程。从刑事诉讼角度来看,对于证据的认识本身,也经历了一个从侦查证据→控辩证据→定案证据的认识过程。应当说,证据必须符合客观性、关联性和合法性是证据可采信并作为定案根据的必备要件,缺一不可。侦查、批捕、起诉阶段的证据,因为本质上属于证据材料,在法庭采纳之前还有一个完善、补充的过程,有的证据并不完全具备“客观性、关联性、合法性”的要求。但是,为了提高证据可采性和司法效率,检察机关应结合人民法院对证据的评判标准进行证据收集、固定、补充与完善,以提高公诉案件质量,减少诉讼消耗。

第十章　公诉证据

第一节　公诉证据概述

公诉证据是从诉讼阶段上对刑事诉讼证据的一种划分。公诉证据也称检控证据,是检察机关用以证实和揭露犯罪的事实依据。检察机关通过对证据进行审查判断、补充侦查或者引导取证等活动,规范证据的种类、数量和质量,明确指控犯罪的证据范围,用以阐明所指控犯罪的罪名、罪状和犯罪构成,从而完成指控和证明犯罪的任务。

与侦查阶段证据相比,公诉证据具有全面性、整体性、目的性、承继性和说明性的特点。

(一)全面性

公诉证据的全面性包括内容全面和种类全面两方面。内容全面又有多层含义,既包括有罪证据,也包括无罪证据;既包括罪重证据,也包括罪轻证据;既包括定罪证据,也包括量刑证据。种类全面是指公诉证据往往有法定的八种证据之中的多种证据。

(二)整体性

公诉证据的整体性是指它包含犯罪构成的全部特征。决定公诉时,犯罪行为的每一个方面、每一个环节、每一个层次都必须有证据证明,而且证据评价标准同一,证据结论唯一。

（三）目的性

公诉证据的目的性是指证据运用的目的是指控犯罪，不包括辩护证据的运用。

（四）承继性

公诉证据的承继性是指审查起诉和支持公诉活动，是建立在对侦查证据的甄别、确认和排除等基础上的证据运用过程，它也在一定程度上决定了公诉证据应用的间接性特征。如公诉证据一般不是由公诉人直接取得，而是侦查活动的延续，有时还伴随着指示性的取证引导等。

（五）说明性

公诉证据的说明性一方面体现了公诉证据与刑法罪名、犯罪构成之间的关系；另一方面体现了公诉证明活动的说理性特征。

第二节　公诉证据的审查判断

各类公诉证据的审查判断，即对八种法定证据的审查判断。对于各类证据的审查判断，要严格依照“客观性、关联性、合法性”等方面进行审查，及时把不合格证据排除在证据体系之外或者进行必要的补充与完善。

对各类证据的审查判断，一般采用辨认法、鉴定法、实验法和质证法。审查中应主要围绕以下两个方面进行：一方面，审查每一种证据材料的来源、证据形成以及收集的时间、地点，收集、固定和保全的方法是否合法；另一方面，审查每一种证据的内容，看其是否真实，自身有无矛盾，证据材料的内容所反映的事实与需要证实的案件事实之间是否存在客观的联系，有着怎样的联系，能证明案件中的什么问题等。

1. 物证、书证的审查判断方法

（1）物证、书证是否为原物、原件，是否经过辨认、鉴定；物证的照片、录像、复制品或者书证的副本、复制件是否与原物、原件相符,是否由二人以上制作,有无制作人关于制作过程以及原物、原件存放于何处的文字说明和签名。

(2)物证、书证的收集程序、方式是否符合法律、有关规定;经勘验、检查、搜查提取、扣押的物证、书证,是否附有相关笔录、清单,笔录、清单是否经侦查人员、物品持有人、见证人签名,没有物品持有人签名的,是否注明原因;物品的名称、特征、数量、质量等是否注明清楚。

(3)物证、书证在收集、保管、鉴定过程中是否受损或者改变。

(4)物证、书证与案件事实有无关联;对现场遗留与犯罪有关的具备鉴定条件的血迹、体液、毛发、指纹等生物样本、痕迹、物品,是否已作DNA鉴定、指纹鉴定等,并与被告人或者被害人的相应生物检材、生物特征、物品等比对。

(5)与案件事实有关联的物证、书证是否全面收集。

2. 证人证言、被害人陈述的审查判断方法

(1)证言的内容是否为证人直接感知;

(2)证人作证时的年龄,认知、记忆和表达能力,生理和精神状态是否影响作证;

(3)证人与案件当事人、案件处理结果有无利害关系;

(4)询问证人是否个别进行;

(5)询问笔录的制作、修改是否符合法律、有关规定,是否注明询问的起止时间和地点,首次询问时是否告知证人有关作证的权利义务和法律责任,证人对询问笔录是否核对确认;

(6)询问未成年证人时,是否通知其法定代理人或者有关人员到场,其法定代理人或者有关人员是否到场;

(7)证人证言有无以暴力、威胁等非法方法收集的情形;

(8)证言之间以及与其他证据之间能否相互印证,有无矛盾。

对被害人陈述的审查判断,参照上述方法。

3. 犯罪嫌疑人、被告人供述和辩解的审查判断方法

(1)讯问的时间、地点,讯问人的身份、人数以及讯问方式等是否符合法律、有关规定。

(2)讯问笔录的制作、修改是否符合法律、有关规定,是否注明讯问的具体起

止时间和地点，首次讯问时是否告知被告人相关权利和法律规定，被告人是否核对确认。

(3)讯问未成年被告人时，是否通知其法定代理人或者有关人员到场，其法定代理人或者有关人员是否到场。

(4)被告人的供述有无以刑讯逼供等非法方法收集的情形。

(5)被告人的供述是否前后一致，有无反复以及出现反复的原因；被告人的所有供述和辩解是否均已随案移送。

(6)被告人的辩解内容是否符合案情和常理，有无矛盾。

(7)被告人的供述和辩解与同案被告人的供述和辩解以及其他证据能否相互印证，有无矛盾。

必要时，可以调取讯问过程的录音录像、被告人进出看守所的健康检查记录、笔录，并结合录音录像、记录、笔录对上述内容进行审查。

4. 鉴定意见的审查判断方法

(1)鉴定机构和鉴定人是否具有法定资质；

(2)鉴定人是否存在应当回避的情形；

(3)检材的来源、取得、保管、送检是否符合法律、有关规定，与相关提取笔录、扣押物品清单等记载的内容是否相符，检材是否充足、可靠；

(4)鉴定意见的形式要件是否完备，是否注明提起鉴定的事由、鉴定委托人、鉴定机构、鉴定要求、鉴定过程、鉴定方法、鉴定日期等相关内容，是否由鉴定机构加盖司法鉴定专用章并由鉴定人签名、盖章；

(5)鉴定程序是否符合法律、有关规定；

(6)鉴定的过程和方法是否符合相关专业的规范要求；

(7)鉴定意见是否明确；

(8)鉴定意见与案件待证事实有无关联；

(9)鉴定意见与勘验、检查笔录及相关照片等其他证据是否矛盾；

(10)鉴定意见是否依法及时告知相关人员，当事人对鉴定意见有无异议。

5. 勘验、检查、辨认、侦查实验等笔录的审查判断方法

(1)勘验、检查是否依法进行，笔录的制作是否符合法律、有关规定，勘验、检

查人员和见证人是否签名或者盖章。

(2)勘验、检查笔录是否记录了提起勘验、检查的事由,勘验、检查的时间、地点,在场人员、现场方位、周围环境等,现场的物品、人身、尸体等的位置、特征等情况,以及勘验、检查、搜查的过程;文字记录与实物或者绘图、照片、录像是否相符;现场、物品、痕迹等是否伪造、有无破坏;人身特征、伤害情况、生理状态有无伪装或者变化等。

(3)补充进行勘验、检查的,是否说明了再次勘验、检查的原由,前后勘验、检查的情况是否矛盾。

6. 视听资料、电子数据的审查判断方法

(1)是否附有提取过程的说明,来源是否合法。

(2)是否为原件,有无复制及复制份数;是复制件的,是否附有无法调取原件的原因、复制件制作过程和原件存放地点的说明,制作人、原视听资料持有人是否签名或者盖章。

(3)制作过程中是否存在威胁、引诱当事人等违反法律、有关规定的情形。

(4)是否写明制作人、持有人的身份,制作的时间、地点、条件和方法。

(5)内容和制作过程是否真实,有无剪辑、增加、删改等情形。

(6)内容与案件事实有无关联。

对视听资料有疑问的,应当进行鉴定。

第三节　公诉证据应用标准

公诉证据应用标准,即公诉证明标准,是指公诉人运用证据证明案件事实所得结论应当达到的程度。[1] 公诉证据应用标准,是对立案证据标准、逮捕证据标准和移送审查起诉证据标准完善补充之后的成果,最接近于定罪标准。

我国公诉证据应用标准,是“建立在实体法基础上的程序法”,兼顾客观标准

---

〔1〕 参见樊崇义、锁正杰、牛学理、吴宏耀、苏凌:《刑事证据法原理与适用》,中国人民公安大学出版社2001年版,第284~287页。

与法律标准,同时赋予检察机关相应的裁量权。

1. 公诉证明标准

公诉证据结论在程序上必须达到公诉证明标准,即人民检察院认为“犯罪事实清楚,证据确实、充分”。判断证据是否确实、充分根据《刑事诉讼法》第五十五条之规定,应符合:

(1)定罪量刑的事实都有证据证明;

(2)据以定案的证据均经法定程序查证属实;

(3)综合全案证据,对所认定事实已排除合理怀疑。

2. 排除合理怀疑

“排除合理怀疑”具有多重含义,在理解时应注意以下几点:

(1)合理怀疑应该是有根据的、具体的怀疑,不能是无根据、无事实的抽象怀疑。

(2)合理怀疑必须符合情理或者符合客观规律。对于犯罪嫌疑人、被告人合理或者有一定根据的辩解,要用有针对性的证据予以排除。[1]

(3)对于“合理怀疑”范围的把握:虽然案件事实的某些细节尚未查清,但不影响定罪的,不属于合理怀疑。是否影响定罪,应当以证明犯罪构成要件事实所需证据为准。

3. 罪名标准

公诉证据认定的事实必须与刑法规定罪名的罪状相吻合,并排除依法不以犯罪论处或应当免予刑事处罚的情况,如正当防卫、紧急避险、意外事件以及《刑事诉讼法》第十六条规定的六种情形。

应予起诉的,应当具备犯罪构成要件事实:

(1)犯罪客观方面,应当包括能够证明行为人实施犯罪行为的时间、地点、侵害对象、手段、原因、经过、结果等方面的证据。

(2)犯罪主观方面,是故意还是过失。犯罪构成要求有犯罪动机或者目的,

---

〔1〕 参见张军、姜伟、田文昌:《刑事诉讼:控·辩·审三人谈》,法律出版社2001年版,第112~122页。

应当查清。对于主观要素的认定，应综合全案的事实和证据，不应完全依赖于犯罪嫌疑人、被告人供述与辩解及被害人陈述。

(3)犯罪客体，主要应当结合犯罪客观方面中的具体行为、危害结果及因果关系方面的证据，证明犯罪行为所侵害的社会关系。侵害特殊客体的犯罪，还应当具备特定的时间、地点、手段和目的等。法律规定了定罪数额等情节标准或量刑起点的，也必须同时具备相应的要件。

(4)犯罪主体，必须是具有刑事责任能力的人。

第四节　常见公诉证据证明方法

(一)直接证明法

刑事诉讼中，直接证明法应用得最为普遍，如演绎法、归纳法和类比法等。其中，演绎法和归纳法是直接证明的主要形式。

演绎法的特点如下：论题是关于特殊事实的判断，论据是关于一般原理的判断，其思维进程是用一般原理来证明特殊事实。在运用演绎证明的过程中，只要论据可靠，推理的形式符合规则，结论就应当是可靠的。

归纳法的特点如下：以个别的特殊判断作为理由来证明比较一般的判断的真实性。其思维进程表现为用特殊事实证明一般原则。在司法实践中，需要指出的是，司法人员在运用归纳证明方法时，必须从案件的具体情况出发，以事实为根据，以法律为准绳，从证明被告人有罪或无罪所应具备的全部证据中，找出其与论题之间内在的必然联系，进行完全的归纳。只有这样，其结论才是可靠的。

(二)间接证明法

间接证明，是指用一定的论据证明与原论题相矛盾论题的虚假，从而确立原论题真实性的证明方法。间接证明中常用的有反证法和排除法。

反证法，又称归谬法，是指通过证明与论题相反论题的虚假性，从反面证明论题为真的逻辑方法。运用反证法，应注意假设的反论题必须与原论题相矛盾，反论题的虚假必须得到确实证明。

排除法,运用的是选言推理的否定肯定式,是指把被证明的论题看作该问题全部可能成立的几种假定之一,然后找到根据,证明除了论题之外的其他几种可能性都不能成立的方法。需要注意的是,在运用排除法证明案情时,必须穷尽一切论题,并用确实充分的证据排除其他一切可能性,然后才能肯定论题的真实性。

(三)综合证明法

间接证明作为刑事诉讼中的证明具有补充证明的特性,案件不能没有直接证明而单靠间接证明来定案。因为直接证明法和间接证明法,与直接证据和间接证据不同。前者是证明的方法,后者则是证据在理论上的分类。一般来说,直接证据与案件事实的联系是明显的,它不需要通过逻辑推理这一中间环节,就可以直接反映案件的事实;而间接证据不同,由于每个间接证据都只能反映案件事实的某个片断和侧面,不可能反映案件事实的全貌。所以,运用间接证据证明案情,就必须借助于逻辑推理,只有通过推理,才能认识证据之间、证据与案件事实之间的联系,才能联结案件事实的各个片断,从已知的证据事实中,推论出未知的案件事实。

在司法实践中,直接证明与间接证明经常结合运用,即通过直接证明从证据中直接得出结论,通过间接证明排除其他可能性,两者结合使用使结论具有必然真实性。直接证明与间接证明的结合运用一般可分为两种情况:

(1)直接证明得出的结论已具有必然真实性,为慎重起见,再用间接证明排除其他可能性或进一步验证。

(2)直接证明得出的结论仅具有高度盖然性,而不具有必然真实性,而继续直接证明又因条件所限,很难达到必然真实性。这时的解决途径往往是通过严格的间接证明,排除其他可能性,从而使直接证明与间接证明结合起来,使案件结论具有必然真实性。

在综合审查判断证据中,遇到疑难案件,尤其要注意运用直接证明和间接证明相结合的方法来加以证明。因为疑难案件多是只能直接证明案件结论的很大程度的可能性,而难以直接证明其结论的必然真实性。在这种情况下,问题的解决常常是通过收集排除其他可能性方面的有关证据,排除了其他可能性,使案件具有必然真实性。经济犯罪中一对一的证据问题,实质上是直接证明既不能肯定,也不能否定的案件。问题的解决,可能靠直接证明从肯定方面或否定方面得到突破,使案件证明达到必然真实。但这种机会往往是很少的。因此,通过间接证明,排除其他可能性,常常可以起到“柳暗花明”的效果。

(四)实践中证明案件事实应当注意的问题

实践中,遇到主要以言词证据定案的情况,尤其要注意直接证明与间接证明的结合,注意证据结论的排他性。一般来讲:

1. 只有供述或陈述,不能定案

只有被告人供述,或只有被害人陈述,而没有其他证据予以佐证的,不能认定案情。

2. 多次口供或陈述,要慎重

在案的被告人多次口供一致或多名同案被告人口供一致,也不能贸然据此定案,而要慎重分析查证,只有排除了其他可能性,才能定案。一般而言,要排除的可能性有:

(1)当事人或证人编造、串通口供或陈述;

(2)当事人或证人详细了解有关公布或暴露的案情而进行冒充;

(3)当事人或证人受到威胁、引诱或逼供、诱供等。

3. 翻供、变证、改变陈述要查证

对于改变原供述或陈述的,要及时查明以下几点:

(1)翻供或改变陈述的原因。

(2)认为原供述、原陈述不真实而现供述、现陈述真实的根据是什么。

(3)查明陈述改变后的细节,有针对性地予以补充查证,以便排除其他可能性。

(4)有供有证,人证物证俱全,也要排除其他可能性。对于所谓的“人证、物证俱全”案件,也应注意及时排除其他可能性,而不是等翻供、变证或改变陈述后再进行查证和排除工作。

第十一章 公诉证据标准

公诉证据标准，是从检察机关代表国家指控犯罪的角度，运用我国《刑事诉讼法》所确立的刑事诉讼证据，依照刑事诉讼证明规则，对《刑法》所规定的罪名、罪状进行论证所要求的证据总和。它是根据我国《刑法》和《刑事诉讼法》的有关规定，检察机关指控犯罪嫌疑人、被告人犯有某罪并要求人民法院对被告人处以某罪所应具备的证据框架和证据规范。[1]

第一节 公诉证据标准的特征

1. 法定性

由于刑事诉讼活动是一个融实体法和程序法为一体的实践过程，所以在制定刑事公诉证据标准时，应当将法定证据与法定的罪名、罪状有机地结合在一起，共同构成该证据标准的法律依据。

2. 对诉讼中的控方具有同等的约束力

从刑事诉讼职能上讲，侦查机关（部门）与公诉部门共同担负发现犯罪、查明犯罪、指控和证明犯罪的职责，共同处于控方地位，因而二者应当遵循共同的证据标准，提供足以支持指控犯罪

---

〔1〕 参见刘家琛主编：《新刑法定罪量刑证据适用手册》（第1卷），人民法院出版社1998年版，第4～5页。

的证据。

3. 为指控犯罪所需

在检察机关就被告人犯有某种罪行向人民法院提起公诉时,至少应当向法庭提供的法定证据,缺少其中任何一项都将无法证明罪名成立和处以相应刑罚。

第二节　公诉证据标准规范要素

公诉证据标准规范要素,是指构成公诉证据体系所需的证据事实。它包括实体法要素和程序法要素两部分。

1. 实体法要素

实体法要素,是指为了明确某种危害社会的行为是否达到严重社会危害性、刑事违法性和应受刑罚惩罚性,依据我国犯罪构成理论,需要审查的犯罪主体、犯罪客体、犯罪主观方面和犯罪客观方面四个要件。在具体适用刑法条文时,要运用证据证明法定的罪名、罪状和可能适用的刑格。在法律事实表述上,要做到"七何"要素具备。

2. 程序法要素

程序法要素,是指与案件的处理有关的程序性事实,包括有关管辖、回避、采取强制措施、申请恢复诉讼期间、退回补充侦查、不公开审理、延期审理、中止审理、违反法定程序和执行等方面的事实。

在公诉环节,需要用证据证明的程序性事实,主要有管辖、回避、采取强制措施、退回补充侦查和影响证据合法性的事实,如非法取证手段的确认与非法证据的排除等。

理解公诉证据标准,需要从犯罪主体、犯罪客体、犯罪主观方面、犯罪客观方面、影响定罪量刑情节等要素等多方面整体进行理解,具体在第十二章第二节具体论述。

第十二章　围绕犯罪的构成要件收集、固定证据

一、犯罪构成要件与证据收集、审查

从检察机关提起公诉的证据标准角度，应予起诉的，应当具备犯罪构成要件事实：

（1）犯罪客观方面，应当包括能够证明行为人实施犯罪行为的时间、地点、侵害对象、手段、原因、经过、结果等方面的证据。

（2）犯罪主观方面，是故意还是过失。犯罪构成要求有犯罪动机或者目的，应当查清。对于主观要素的认定，应综合全案的事实和证据，不应完全依赖于犯罪嫌疑人、被告人供述与辩解及被害人陈述。

（3）犯罪客体，主要应当结合犯罪客观方面中的具体行为、危害结果及因果关系方面的证据，证明犯罪行为所侵害的社会关系。侵害特殊客体的犯罪，还应当具备特定的时间、地点、手段和目的等。法律规定了定罪数额等情节标准或量刑起点的，也必须同时具备相应的要件。

（4）犯罪主体，必须是具有刑事责任能力的自然人。

二、入罪与出罪、此罪与彼罪、罪重与罪轻、认罪认罚

党纪国法互联，是本次监察体制改革的重要特点。国家法律和党规党纪互联是符合我国国家治理体系的，其目标上一致、内容上统一、适用上依存，二者相辅相成，互为补充。但同时我们必须清晰地认识到，党纪国法互联是有界限的。必须看到，国家法律与党内法规在制定机关、制定程序、调整对象、适用范围、实施

方式等方面是有差别的，不能把二者完全混同起来。在反腐实践中，适用党纪或适用国法必须做到界限分明，违反党纪就按党纪处理，违反法律就要严格依法处罚。

因此，在办案过程中，入罪与出罪的界限显得尤为重要，而入罪严肃判断标准即犯罪构成要件，从犯罪构成要件视角收集、审查证据对于精准、高质效办好案件尤为重要。

以桑某受贿、国有公司人员滥用职权、利用未公开信息交易案〔1〕为例，检察机关提前介入审查，围绕利用未公开信息交易罪中桑某的主观故意、未公开信息的认定等，提出具体补证意见，全面夯实关键证据。审查起诉阶段，依法审查涉案全部犯罪事实和证据。指控与证明犯罪庭审中，针对被告人和辩护人提出的桑某、蒋某和郭某之间签订的股权收益权代持融资协议属于正常商业投资，涉案基金项目并未造成公共财产损失等意见，有针对性地进行了质证和答辩。

案例　桑某受贿、国有公司人员滥用职权、利用未公开信息交易案

【基本案情】

被告人桑某，男，甲资产管理股份有限公司（国有非银行金融机构，以下简称甲公司）原总裁助理、投资投行事业部总经理，乙投资管理有限公司（甲公司的全资子公司，以下简称乙公司）原总经理、董事长。

1. 受贿罪

2009年至2017年，被告人桑某利用担任甲公司投资投行部总经理，乙公司总经理、董事长等职务上的便利，为相关公司或个人在企业融资等事项上提供帮助，收受公司、个人给予的股权、钱款共计折合人民币10590.28万元。其中，2015年至2017年，桑某利用职务便利，为郭某实际控制的泉州某公司借壳黑龙江某公司上市、获得乙公司融资支持等事项提供帮助。借壳上市成功后，黑龙江某公司股票更名为泉州某公司股票。2016年9月，桑某安排朋友蒋某与郭某签订股权收益权代持协议，约定郭某低价将泉州某公司股票500万股股份收益权以上市前的价格即每股7.26元转让给蒋某，协议有效期至少为一年，按照退出日前20个

〔1〕 最高人民检察院检例第188号。

交易日均价的九折计算回购股份金额，蒋某向郭某支付3630万元。2017年3月，协议有效期尚未到期，蒋某见市场行情较好，遂与郭某签订协议，约定由郭某提前回购股权收益权，回购总价款为6200万元。同年4月至7月，郭某分两次将6200万元转账给蒋某。蒋某实际获益2570万元，并与桑某约定平分。

2. 国有公司人员滥用职权罪

2015年6月，乙公司管理的一个基金项目成立，桑某让其朋友温某的云南某公司投资1.61亿余元作为基金劣后级，后其中的1.3亿元出让给乙公司，云南某公司剩余3132.55万元劣后级份额。为帮助云南某公司提前转让该剩余部分份额获利，2018年2月，桑某找到朱某帮助承接，同时未经乙公司经营决策委员会及董事会研究决定，违规安排乙公司向朱某实际控制的上海某公司出具函件，表示知晓上海某公司出资1.01亿元购买云南某公司剩余的全部劣后级份额，并承诺将来按照其出资份额而非基金份额分配股票。2018年3月，上海某公司出资1.01亿元承接云南某公司劣后级份额后，云南某公司早于乙公司退出该基金项目，并获利7000余万元。因云南某公司提前退出，导致改变了劣后级合伙人分配协议等文件约定的浮动收益分配规则，使基金份额年化收益出现差别，经会计师事务所测算，乙公司少分得投资收益1986.99万元。桑某其他国有公司人员滥用职权事实略。

3. 利用未公开信息交易罪

2015年6月至2016年9月，桑某利用职务便利，获取乙公司及该公司实际控制的某基金证券账户投资股票名称、交易时间、交易价格等未公开信息。经证监会认定，上述信息属于内幕信息以外的其他未公开信息。其间，桑某违反相关规定，利用上述未公开信息，操作其本人控制的公司和他人名下证券账户进行关联趋同交易，非法获利441.66万元。本案由北京市监察委员会调查终结后移送起诉。2020年3月3日，北京市人民检察院第二分院以桑某犯受贿罪、利用未公开信息交易罪、国有公司人员滥用职权罪依法提起公诉。2021年8月27日，北京市第二中级人民法院作出一审判决，以桑某犯受贿罪，判处无期徒刑，剥夺政治权利终身，并处没收个人全部财产；犯利用未公开信息交易罪，判处有期徒刑三年，并处罚金人民币四百五十万元；犯国有公司人员滥用职权罪，判处有期徒刑五年；决定执行无期徒刑，剥夺政治权利终身，并处没收个人全部财产。一审宣判后，桑某提出上诉。北京市高级人民法院二审裁定驳回上诉，维持原判。

【检察机关履职过程】

(1)提前介入。检察机关根据监察机关商请提前介入审查，围绕利用未公开信息交易罪中桑某的主观故意、未公开信息的认定等，提出具体补证意见，全面夯实关键证据。一是调取乙公司的交易指令，并由乙公司对桑某签字的相关交易指令进行说明，查明桑某对未公开信息的主观明知。二是调取证监会专业认定意见，证实桑某利用职务便利所掌握的乙公司和某基金证券账户在投资决策、交易执行、持仓、资金数量及变化、投资规模等方面的信息，属于“内幕信息以外的其他未公开信息”。

(2)审查起诉。审查起诉阶段，检察机关依法审查了桑某涉案全部犯罪事实和证据。针对受贿犯罪中所涉金融专业问题，咨询了证券行业人士和刑法学专家，了解正常的股权收益权代持融资协议的性质和交易形式，厘清与本案中所涉协议的区别，揭示涉案协议系行受贿双方输送利益的手段。针对利用未公开信息交易犯罪中获利数额的认定问题，听取了证券交易所等机构的意见，确定了趋同性交易股票“前五后二”的比对原则、交易金额及盈利计算方法即“先进先出法”、盈利数额的计算公式，最终以上海、深圳证券交易所提供的交易数据为依据，认定桑某非法获利共计441.66万元。

(3)指控与证明犯罪。庭审中，针对被告人和辩护人提出的桑某、蒋某和郭某之间签订的股权收益权代持融资协议属于正常商业投资，涉案基金项目并未造成公共财产损失等意见，有针对性地进行了质证和答辩。关于收受郭某贿赂的事实，公诉人指出，该笔系以股权收益权代持融资协议的方式受贿，不属于资本市场正常的投融资行为。一是签订股权收益权代持融资协议的背景异常。桑某安排蒋某与郭某签订协议时，郭某公司没有大额融资需求，且当时公司已经上市，股权价格正处于上涨区间，郭某将500万股股权收益权转让给他人，属于让渡具有高度确定性的预期利益，不符合常理。二是转让价格异常。双方签订协议时公司已经上市，桑某方按照公司上市前的价格计算应支付的价款，显然与正常交易价格不符。三是回购时间异常。股权收益权代持融资协议约定协议有效期至少为一年，也就是桑某方至少在一年后方能要求郭某公司回购股权收益权，但在协议签订后六个月左右，桑某方为兑现收益，即要求郭某提前回购，有违协议约定的主要条款。此外,桑某利用职务便利为郭某实际控制的公司借壳上市、获得乙公司融资支持等事项提供帮助。综上,涉案股权收益权代持融资协议具有虚假性,实为权钱交易、输送利益的手段。关于滥用职权的事实,公诉人指出,桑某未经董事会、经营决策委员会审议,擅自决定采用会签形式向上海某公司出具承诺函,朱某据此同意上海某公司高价受让云南某公司劣后级基金份额,由于云南某公司提前退出基金项目,直接改变了合伙协议等文件约定的浮动收益分配规则,使同为劣后级有限合伙人的乙公司持有的基金份额年化收益减少,损害了乙公司的利益。桑某滥用职权行为与公共财产损失的结果之间具有因果关系。

【指导意义】

(1)办理以投融资方式收受贿赂的职务犯罪案件,要综合审查投融资的背景、方式、真实性、风险性、风险与收益是否相符等证据,判断是否具备受贿罪权钱交易的本质特征。对于利用股权收益权代持融资等投融资手段进行利益输送的受贿案件,检察机关应当着重审查投融资的背景情况、请托方是否有真实融资需求、投融资的具体方式、受贿人是否支付对价以及是否需要承担投资风险、风险是否与所获收益相符等情况。对于资本运作或相关交易异于正常市场投资,受贿人职务行为和非法获利之间紧密关联,受贿人所支付对价与所获收益明显不对等,具备受贿犯罪权钱交易特征的,依法认定构成受贿罪。

(2)渎职犯罪造成公共财产损失的范围包括国有单位因错失交易机会、压缩利润空间、让渡应有权益进而造成应得而未得的收益损失。实践中,渎职犯罪造成公共财产的损失范围一般为国有单位现有财产的实际损失,但在金融领域渎职犯罪案件中,介入交易规则变化、收益分配方式调整等因素,可能导致国有单位压缩利润空间、让渡应有权益,进而造成国有单位预期收益应得而未得。检察机关应当注重审查造成损失的原因是市场因素还是渎职行为,渎职行为的违规性、违法性,是否具有徇私舞弊情节等要素。对因渎职行为而不是市场因素造成预期收益损失的部分,一般应当计入公共财产损失范围。

(3)办理证券期货类犯罪案件,对于内幕信息、未公开信息的范围、趋同性交易盈利数额等关键要件的认定,一般应调取证券监督管理部门、证券交易所等专业机构的认定意见,并依法进行审查判断。行为人利用职务便利实施的内幕交易、利用未公开信息交易犯罪,此类犯罪中的内幕信息、未公开信息等关键要件的认定，以及对趋同性交易盈利数额等重要情节的认定，专业性较强，要以证券监督管理部门、证券交易所等专业机构出具的认定意见为依据，如在审查中发现缺少专业认定意见，应及时与监察机关沟通，补充完善相关证据材料。

第一节　通用事项的基本证据标准/职务犯罪案件证据共性标准

一、主体身份及职务职责

1. 证明被调查人自然身份的证据

包括：户籍证明、常住人口基本信息等可以证明被调查人姓名、性别、出生年月日、公民身份号码、民族、籍贯、职业、住所地等身份信息的书面材料。

2. 证明被调查人职务身份及职责的证据

(1)国家机关工作人员。

证明被调查人所在单位性质的证据，包括：组织机构代码证复印件；被调查人所在单位系法律法规授权或受国家机关委托行使国家行政管理职权等相关证据。证明被调查人从事公务的证据，包括：被调查人的任职履历表、任命文件、会议纪要等；被调查人所在单位或委托、授权单位出具的关于其具体职责的证明文件；证实被调查人任职及职责分工情况的被调查人供述和辩解、相关证人证言。

(2)国有公司、企业、事业单位、人民团体中从事公务的人员。

包括：国有公司、企业工商营业执照、工商登记材料，事业单位、人民团体法人证书，组织机构代码复印件等相关材料；证实被调查人担任职务情况的任职履历表、任命文件、人事部门或组织部门的任职证明等；公司章程、被调查人所在单位出具的关于其具体职责的证明文件；证实被调查人任职及职责分工情况的被调查人供述和辩解、相关证人证言。

(3)国家机关、国有公司、企业、事业单位委派到非国有公司、企业、事业单位、社会团体从事公务的人员。

包括：委派单位的组织机构代码证复印件、企业营业执照、工商登记材料等；

被调查人所在单位的组织机构代码证复印件、工商营业执照、工商登记材料等；证实被调查人担任职务情况的任职履历表、任命文件、人事部门或组织部门的任职证明等；证实发生委派关系的任命文件、会议纪要等；证实被调查人具体职责的公司章程、会议纪要、被调查人所在单位出具的证明文件等；证实被调查人任职及职责分工情况的被调查人供述和辩解、相关证人证言。

(4)其他依照法律从事公务的人员。

包括：证实被调查人系依法从事公务的相关法律规定；证实被调查人任职依据的人大常委会关于人大代表、人民陪审员等任免决定、任命文件、任职履历表等；证实被调查人任职情况的人事部门或组织部门的任职证明、会议纪要等；证实被调查人所承担的职责属于司法解释所规定的行政管理职责的相关书证；证实被调查人任职及职责分工情况的被调查人供述和辩解、相关证人证言。

(5)受国家机关、国有公司、企业、事业单位、人民团体委托管理、经营国有财产的人员。

包括：证明委托单位的情况的组织机构代码证复印件、企业营业执照、企业年检登记表等；证实委托标的系国有财产的国有资产登记表等书证；证实被调查人所在单位情况的企业营业执照等书证；关于被调查人具体职责的公司章程、会议纪要、其所在单位出具的证明文件；证实被调查人系受国家机关、国有公司、企业、事业单位、人民团体委托管理、经营国有财产的任命文件、会议纪要、推荐函、合同等书证；证实被调查人确实是受委托管理、经营国有资产的被调查人供述和辩解、相关证人证言。

(6)与上述国家工作人员共同犯罪的人员。

自然身份证据，同上。被调查人与国家工作人员相互勾结的特殊身份证据，包括：被调查人的供述和辩解；相关知情人的证言；录音录像等视听资料及电子邮件、手机通信、通信软件聊天记录等电子数据。

3. 证明单位犯罪主体的证据

包括：证明国家机关、事业单位、社会团体性质的相应法律文件，机关、团体法人代码；企业法人营业执照、法人工商注册登记证明、法人设立证明、税务登记证、享受税收减免优惠政策的有关证明，办公地和主要营业地证明、法定代表人等。从事特殊行业的，应当有相应的批文或“许可证”；单位内部组织的有关合同、章程及协议书等，证明单位的组织形式、直接负责的主管人员和其他直接责任人员的证据；银行账号证明、注册资料、年检情况、审计或清理证明等，证明单位管理情况及资产收益、流向、处分等情况的证据；单位已经被撤销的，应有其主管单位出具的证明；其他证明单位的相关材料。

相关链接

行贿罪和单位行贿罪

《刑法》中行贿罪与单位行贿罪入罪数额以及法定最高刑相差较大，研究单位行贿罪的认定标准及其与行贿罪的界限，不仅有助于解决实践中单位行贿与个人行贿如何合理界分的难题，而且有利于贯彻进一步推进受贿行贿一起查的决策部署。

行贿罪与单位行贿罪的区别主要表现在以下两个层面：

(1)形式层面：是否以单位名义实施行贿行为并体现单位意志。

(2)实质层面：行贿所得的不正当利益是否归于单位，对具体的行贿行为进行区分、认定时，应综合把握“意志形成”和“利益归属”两个关键因素来进行评判。[1]

二、案件来源及调查经过

(1)有关机关在工作中发现国家工作人员涉嫌职务违法或者职务犯罪问题的线索材料；

(2)职务违法犯罪的涉案人员检举揭发的线索材料；

(3)自动投案的被调查人的投案供述笔录，以及接受投案的机关出具的投案时间、地点、经过的情况说明，并由接受机关承办人签名，加盖接受机关印章；

(4)立案决定书等程序文书；

(5)由二名以上调查人员署名制作并加盖监察机关印章，能完整反映调查突破过程等内容的案发经过，并提供相应证明材料；

(6)被调查人被异地监察机关抓获的应有当地监察机关出具的到案经过等。

---

〔1〕参见《判断单位行贿还是个人行贿要看两个关键因素》，载最高人民检察院官网，https://www.spp.gov.cn/ztk/dfld/2016dfld/dfld98/ywtt/201601/t20160114_111045.shtml。

三、违纪违法处分情况

证明被调查人违纪违法处分的基本证据，包括：被调查人因违纪违法被调查、处置的相关材料。

四、自首、坦白、立功

（1）监察机关出具有自首证据材料，应当包括调查前已掌握被调查人涉嫌职务犯罪情况、线索、来源、初步核实情况、立案调查时间、被调查人到案具体时间、到案方式、到案后主动交代情况及查证情况等。证据材料应加盖接受被调查人投案的单位印章，并由调查人员签名。

（2）单位犯罪案件中，单位集体决定或者单位负责人决定而自动投案，如实交代单位犯罪事实的，或者单位直接负责的主管人员自动投案，如实交代单位犯罪事实的，应当认定为单位自首。单位自首的，直接负责的主管人员和直接责任人员未自动投案，但如实交代自己知道的犯罪事实的，可以视为自首；拒不交代自己知道的犯罪事实或者逃避法律追究的，不应当认定为自首。单位没有自首，直接责任人员自动投案并如实交代自己知道的犯罪事实的，对该直接责任人员应当认定为自首。

（3）被调查人依法不成立自首，但如实交代犯罪事实，有下列情形之一的，可以酌情从轻处罚：①监察机关掌握部分犯罪事实，犯罪分子交代了同种其他犯罪事实的；②监察机关掌握的证据不充分，犯罪分子如实交代有助于收集定案证据的。

被调查人如实交代犯罪事实，有下列情形之一的，一般应当从轻处罚：①监察机关仅掌握小部分犯罪事实，犯罪分子交代了大部分未被掌握的同种犯罪事实的；②如实交代对于定案证据的收集有重要作用的。

（4）证明坦白的证据。

证明坦白的证据包括：①证实供述是否具有一贯性，是否坦白，是否避重就轻等内容的被调查人的供述和辩解；②相关部门或人员出具的证实被调查人认罪态度的情况说明。

（5）立功证据材料一般应包括被调查人检举揭发材料及证明其来源的材料、

监察机关的调查核实材料、被检举揭发人的供述等。被检举揭发案件已立案、侦破，被检举揭发人已被采取调查措施、起诉或者审判的，还应审查相关的法律文书。证据材料应加盖接收被调查人检举揭发材料的单位印章，并由调查人员签名。

(6)审查立功材料要查证是否为被调查人本人实施的行为。为使被调查人得到从轻处理，被调查人的亲友直接向有关机关揭发他人犯罪行为，提供侦破其他案件的重要线索，或者协助监察机关、司法机关控制、抓捕其他被调查人、犯罪嫌疑人的，不应当认定为被调查人的立功表现。

以金某某受贿案〔1〕为例，对于犯罪嫌疑人自愿认罪认罚的职务犯罪案件，应当依法适用认罪认罚从宽制度办理。在适用认罪认罚从宽制度办理职务犯罪案件过程中，检察机关应切实履行主导责任，与监察机关、审判机关互相配合，互相制约，充分保障犯罪嫌疑人、被告人的程序选择权。要坚持罪刑法定和罪责刑相适应原则，对符合有关规定条件的，一般应当就主刑、附加刑、是否适用缓刑等提出确定刑量刑建议。

案例　金某某受贿案

【基本案情】

被告人金某某，女，安徽省某医院原党委书记、院长。2007 年至 2018 年，被告人金某某在担任安徽省某医院党委书记、院长期间，利用职务上的便利，为请托人在承建工程项目、销售医疗设备、销售药品、支付货款、结算工程款、职务晋升等事项上提供帮助，非法收受他人财物共计人民币 1161.1 万元、4000 欧元。

【检察工作情况】

1. 提前介入全面掌握案情，充分了解被调查人的认罪悔罪情况

安徽省检察机关在提前介入金某某案件过程中，通过对安徽省监察委员会调查的证据材料进行初步审查，认为金某某涉嫌受贿犯罪的基本事实清楚，基本证据确实充分。同时注意到，金某某到案后，不但如实交代了监察机关已经掌握的受贿 170 余万元的犯罪事实，还主动交代了监察机关尚未掌握的受贿 980 余万元

---

〔1〕 最高人民检察院检例第 75 号。

的犯罪事实,真诚认罪悔罪,表示愿意接受处罚,并已积极退缴全部赃款。初步判定本案具备适用认罪认罚从宽制度条件。

2. 严格依法确保认罪认罚的真实性、自愿性、合法性

一是及时告知权利。案件移送起诉后,淮北市人民检察院在第一次讯问时,告知金某某享有的诉讼权利和认罪认罚相关法律规定,加强释法说理,充分保障其程序选择权和认罪认罚的真实性、自愿性。二是充分听取意见。切实保障金某某辩护律师的阅卷权、会见权,就金某某涉嫌的犯罪事实、罪名及适用的法律规定,从轻处罚建议,认罪认罚后案件审理适用的程序等,充分听取金某某及其辩护律师的意见,记录在案并附卷。三是提出确定刑量刑建议。金某某虽然犯罪持续时间长、犯罪数额特别巨大,但其自监委调查阶段即自愿如实供述自己的罪行,尤其是主动交代了监察机关尚未掌握的大部分犯罪事实,具有法定从轻处罚的坦白情节;且真诚悔罪,认罪彻底稳定,全部退赃,自愿表示认罪认罚,应当在法定刑幅度内相应从宽,检察机关综合上述情况,提出确定刑量刑建议。四是签署具结书。金某某及其辩护律师同意检察机关量刑建议,并同意适用普通程序简化审理,在辩护律师见证下,金某某自愿签署了《认罪认罚具结书》。2019 年 3 月 13 日,淮北市人民检察院以被告人金某某犯受贿罪,向淮北市中级人民法院提起公诉,建议判处金某某有期徒刑十年,并处罚金人民币五十万元,并建议适用普通程序简化审理。2019 年 4 月 10 日,淮北市中级人民法院公开开庭,适用普通程序简化审理本案。经过庭审,认定起诉书指控被告人金某某犯受贿罪事实清楚、证据确实充分,采纳淮北市人民检察院提出的量刑建议并当庭宣判,金某某当庭表示服判不上诉。

依据《刑事诉讼法》第十五条的规定,认罪认罚从宽制度贯穿刑事诉讼全过程,没有适用罪名和可能判处刑罚的限定,所有刑事案件都可以适用。职务犯罪案件适用认罪认罚从宽制度,符合宽严相济刑事政策,有利于最大限度实现办理职务犯罪案件效果,有利于推进反腐败工作。职务犯罪案件的犯罪嫌疑人自愿如实供述自己的罪行,真诚悔罪,愿意接受处罚,检察机关应当依法适用认罪认罚从宽制度办理。

适用认罪认罚从宽制度,直接关乎案件的定罪量刑,检察机关应切实履行主导责任。检察机关通过提前介入监察机关办理职务犯罪案件工作,即可根据案件

事实、证据、性质、情节、被调查人态度等基本情况，初步判定能否适用认罪认罚从宽制度。案件移送起诉后，人民检察院应当及时告知犯罪嫌疑人享有的诉讼权利和认罪认罚从宽制度相关法律规定，保障犯罪嫌疑人的程序选择权。犯罪嫌疑人自愿认罪认罚的，人民检察院应当根据犯罪的事实、性质、情节和对社会的危害程度，结合法定、酌定的量刑情节，综合考虑认罪认罚的具体情况，依法决定是否从宽、如何从宽。对符合有关规定条件的，一般应当就主刑、附加刑、是否适用缓刑等提出确定刑量刑建议。对于减轻、免除处罚，应当于法有据；不具备减轻处罚情节的，应当在法定幅度以内提出从轻处罚的量刑建议。

五、酌定情节

证明被调查人酌定量刑情节的基本证据，包括：被调查人的供述和辩解或要求家属帮助退赔的亲笔信函；家属为被调查人退赔的证言；有关部门出具的被调查人退赔是否积极的证明材料；扣押物品清单等相关书证。

第二节　犯罪构成要件视角收集、审查证据

犯罪构成要件是刑法中认定某一行为是否构成犯罪的基本要素。

（一）犯罪构成要件的重要性

犯罪构成作为认定具体犯罪的标准和规格，无论是对司法实践还是对刑法理论，都具有重大意义。

犯罪构成是定罪量刑的法律标准。作为法律概念，犯罪构成就是确定某种行为是否犯罪的规格和标准，是行为人对自己行为负刑事责任的法律依据。首先，它是具体行为罪与非罪的界限，行为只有具备了犯罪构成，才能构成犯罪。其次，犯罪构成也是区分此罪与彼罪的法律标准。各种不同犯罪的独特的特点，反映在每一个具体的犯罪构成要件中。因此，认真研究每一罪的具体构成要件，是准确定性、区分此罪与彼罪的关键。

犯罪构成是我国刑法理论的基础和核心，在刑法学中占有十分重要的地位，

贯穿整个刑法学体系。某一行为符合犯罪构成是判断其是否要负刑事责任的依据，换言之，一个主体是否要对自己的行为负刑事责任及责任的大小，基本依据是其行为是否符合某个罪名的犯罪构成。因此，是否追究该主体的刑事责任，首先要查明其行为是否符合了犯罪构成，从这一层面上讲，犯罪构成可以看作“入罪”的判断标准。同时，我国选择“四要件”犯罪构成理论具有历史的必然性和现实的合理性，“四要件”犯罪构成理论既具有“入罪”功能，也具有“出罪”功能。同时，我国《刑法》及“四要件”犯罪构成体系决定了控方对犯罪构成事实承担举证责任。

（二）刑事诉讼的证明对象

刑事诉讼的证明对象主要是有关犯罪行为构成要件和量刑情节的事实。《最高人民法院关于适用〈中华人民共和国刑事诉讼法〉的解释》第七十二条第一款规定证明对象包括犯罪的时间、地点、手段、后果、起因、犯罪的动机与目的、涉案财物处理、附带民事诉讼等。证明对象中最为核心的是犯罪构成要件事实，从四要件体系下定罪所需的事实基础来说，其核心是行为。四要件下的定罪必备要件事实应包括：

（1）行为人实施了刑法规范所规定的构成要件行为的事实。这里的行为不等于“犯罪行为”，而是狭义的行为，仅指行为人实施的符合刑法规范的作为或不作为，行为的证明是前提，若无法证明行为，则只能宣告被告人无罪。

（2）符合构成要件的犯罪确已发生的事实。这里就需要对行为之外的其他构成要件事实进行证明，在特定情形下还需对法益受到侵害的事实进行证明。

（3）行为人主观上具有故意或过失的事实。

（4）行为人具备刑事责任能力且具有期待可能性的事实。[1]

（三）“四要件”的认定规则

正确运用逻辑方法和推定规则确定犯罪构成要件。事实上，对犯罪案件进行定性的过程，就是运用归纳推理或演绎推理进行论证的逻辑过程。因此，要对已

---

〔1〕 参见纵博：《刑事证明对象理论的反思与重塑》，载《中国刑事法杂志》2023年第5期。

经掌握的证据进行甄别，根据不同证据所反映的信息，运用法律逻辑规则对案件进行定性分析，以确定适合的罪名。同时，对于职务犯罪案件来说，其各个要件尤其是主观方面的要件一般非常隐蔽，因此更需要办案人员熟练运用法律推定或事实推定的规则，对嫌疑人的零碎行为进行系统化总结，去粗取精、去伪存真，确定构成要件，实现对犯罪行为的精准打击。

定罪事实主要从符合犯罪构成要件的整体上去把握，从而区分罪与非罪、此罪与彼罪，一般包括职务犯罪的主体、主观方面、侵犯的客体、客观方面等内容。结合职务犯罪的特殊性，即犯罪主体及主体身份特定、犯罪手段较为隐蔽、犯罪主体的社会关系与身份较为特殊等方面，笔者认为，应当按照犯罪主体、主观方面、犯罪客体、客观方面的逻辑进行犯罪构成要件的分析和相关证据的收集。

以贪污犯罪为例，贪污罪，是指国家工作人员利用职务上的便利，侵吞、窃取、骗取或者以其他手段非法占有公共财物的行为。受国家机关、国有公司、企业、事业单位、人民团体委托管理、经营国有财产的人员，利用职务上的便利，侵吞、窃取、骗取或者以其他手段非法占有国有财物的，以贪污论。[1] 从犯罪构成要件视角收集、审查证据与办理案件时，对于犯罪主体方面，我们知道贪污犯罪案件的犯罪主体是国家工作人员，需要重点审核其“工作履历”“任职文件”“职权范围”等证据材料，要与职务侵占罪进行区分。主观方面，其必须是直接故意，并具有非法占有公共财物的目的，需要重点审核被调查人对涉案财物的处分行为和其供述，来判断、认定其主观心态。犯罪客体方面，贪污罪侵犯的是公共财产的所有权及职务的廉洁性，要重点收集对涉案财产的处分情况、对国家机关正常秩序遭受破坏及其程度等方面证据。客观方面，通常表现为利用职务之便，侵吞、窃取、骗取或者以其他手段非法占有公共财物的行为，其与非职务犯罪的盗窃罪、诈骗罪等侵犯财产罪有明显不同，需要重点审查被调查人是否利用或借助其职权、是否与其职务有关联性等方面内容。

一、犯罪主体

犯罪主体是指实施犯罪行为并依法应负刑事责任的自然人或单位。从刑法

---

〔1〕 参见《刑法》第三百八十二条第一款、第二款。

角度上，认定要素上包括刑事责任年龄和刑事责任能力，刑事责任年龄是指根据不同法律规定，达到一定年龄的自然人才承担刑事责任；刑事责任能力是指行为人具备辨认和控制自己行为的能力。

在职务犯罪案件调查中，被审查调查人的主体身份证据是认定违纪违法事实的必备要件之一。不同主体实施同一行为，同一主体以不同身份实施同一行为，对是否构成违纪违法以及构成何种违纪违法的定性处理会产生不同影响。同时，行为人主体身份的不同，直接影响案件问题线索处置以及执纪执法具体措施的审批权限、处分处理依据等问题。

1. 应全面收集主体证据

职务犯罪案件调查中，既要收集与其违纪违法事实有关的身份证据，也要收集对其处分处理事项有关的证据。也就是说，既要收集其违纪违法事实发生当时的身份证据，还要收集其目前身份的证据以及影响定性量纪的证据。从《中国共产党处分违纪党员批准权限和程序规定》等规定看，被审查调查人具有各级党委委员或候补委员、纪委常委、纪委委员、党代表、人大代表、政协委员等特定身份的，或者具有离职、退休、死亡、失踪等情形的，对其处分处理还有特别要求。

2. 要结合具体案件具体把握，严格按照违纪违法及犯罪构成要件和要素取证

收集主体身份证据，并非对其人事档案材料的全面调取或复制，而是要紧紧围绕违纪违法事实和处分处置事项取证。

在职务犯罪案件中，常见的主体认定难点是被调查人绕过身份，利用“隐身术”与“障眼法”幕后搞权钱交易，在幕后通过亲属或其他代理人利用自己的权力受贿，在被调查时以“与自己无关”“未利用职务之便”等理由为自己开脱。如孔某某受贿案中，孔某某自己不出面，与行贿人也不认识，却在幕后利用职务之便对某单位的招投标进行干预，达到目的后，再由其子出面收受他人巨额现金。在纪委工作人员与孔某某谈话时，他坚决不承认收受钱财的错误性质，辩解是孩子的中介收入，与自己无关。

准确判断犯罪主体，对于准确提起诉讼、公正处理案件至关重要，但在实践中，准确判断犯罪主体需要综合考量犯罪事实、全面分析，以浙江贵某贵金属有限

公司、李某某单位行贿案为例，充分运用监检会商机制，准确把握案件定性，准确判断犯罪主体。

案例　浙江贵某贵金属有限公司、李某某单位行贿案

【基本案情】

被告单位浙江贵某贵金属有限公司（以下简称贵某公司），民营企业，单位所在地浙江省仙居县某某街道某某工业园区。被告人李某某，男，1972年9月21日出生，汉族，贵某公司法定代表人。2015年至2018年，时任浙江省台州市环保局工作人员林某某（另案处理）、仙居县环保局工作人员王某某（已判决）等有关国家工作人员接受贵某公司法定代表人李某某的请托，为贵某公司在办理《危险废物经营许可证》、生产经营、逃避环保执法检查等方面提供帮助。2015年年底，李某某送给林某某一件黄金制品，价值人民币37940元，林某某收受。2018年，李某某以人民币40万元的价格购买一辆二手大众辉腾牌汽车送给王某某，王某某收受；贵某公司将非法提炼金属铑所得的一半利润送给王某某，王某某先后收受人民币635万元，后将其中545万元出借给李某某用于资金周转。（污染环境犯罪事实略）2020年10月30日，浙江省仙居县人民检察院以被告单位贵某公司、被告人李某某等人犯污染环境罪向仙居县人民法院提起公诉。2021年3月26日，仙居县监察委员会以李某某涉嫌行贿犯罪立案调查，9月8日以贵某公司涉嫌单位行贿犯罪立案调查。9月14日，仙居县监察委员会以贵某公司、李某某涉嫌单位行贿罪向检察机关移送审查起诉，检察机关于10月19日补充起诉。10月30日，仙居县人民法院作出一审判决，以被告单位贵某公司犯污染环境罪，判处罚金人民币十五万元，犯单位行贿罪，判处罚金人民币八十万元，数罪并罚决定执行罚金人民币九十五万元；以被告人李某某犯污染环境罪，判处有期徒刑一年二个月，并处罚金人民币十万元，犯单位行贿罪，判处有期徒刑二年，并处罚金人民币三十万元，数罪并罚决定执行有期徒刑二年十个月，并处罚金人民币四十万元；对被告单位贵某公司的违法所得人民币一千八百五十万元，向被告单位贵某公司、被告人李某某予以追缴，上缴国库。一审判决后，贵某公司、李某某未上诉，判决已生效。

【监察、检察履职情况】

1. 深挖腐败线索，有效打击受贿行贿犯罪

被告单位贵某公司、被告人李某某等人涉嫌污染环境案案发后，仙居县监察委员会坚决贯彻落实习近平生态文明思想，聚焦案件背后的责任链条，及时启动问责追责程序，围绕监管失职、利益输送开展调查，对12名有关责任人员予以严肃问责。其间，发现李某某行贿线索，依法对其开展立案调查，采取留置措施，并同步冻结、扣押涉案财物250万元，协调公安、环保部门查封扣押贵某公司库存产品，确保后续追赃挽损工作顺利进行，同时对发现存在受贿嫌疑的4名公职人员予以立案调查。仙居县监察委员会认为，本案发生在环保领域，被告单位贵某公司、被告人李某某以多种方式对数名国家工作人员渗透腐蚀，严重破坏职务廉洁性，危害群众利益，造成严重负面影响，应依法移送司法机关追究其刑事责任。

2. 充分运用监检会商机制，准确把握案件定性

2021年9月1日，仙居县监察委员会就李某某涉嫌行贿罪、王某某涉嫌受贿罪同时书面商请检察机关提前介入。对本案系个人行贿还是单位行贿存在不同认识。监察机关和检察机关共同会商案件后，认为本案构成单位行贿罪。一是从案件事实看，李某某作为公司法定代表人，行贿出发点是为单位谋取不正当利益，使公司在办理危废许可证、经营生产、逃避环保执法检查等方面得到照顾，其行贿资金绝大多数来源于公司经营所得，应当认定其行贿体现的是单位意志，且最终受益对象系单位，对该行为认定为单位行贿更符合案件事实，更能体现罪责刑相适应原则。二是从办案效果看，以单位行贿罪认定，既有利于对贵某公司进行刑事惩处，保护各类市场主体公平竞争，优化法治化营商环境，又有利于促进涉案企业规范经营活动，保护民营经济持续健康发展，激发市场活力。监检达成共识后，检察机关向监察机关书面反馈提前介入审查意见，仙居县监察委员会依法对贵某公司进行补充立案调查，确保程序合法，保障被调查单位的权利义务。调查终结后，仙居县监察委员会以贵某公司、李某某涉嫌单位行贿罪移送审查起诉。

【典型意义】

1. 坚决贯彻受贿行贿一起查，推动腐败问题标本兼治

监察机关和检察机关要深刻认识行贿违法犯罪的政治危害，转变工作理念，加强工作协作，打出反腐败“组合拳”，加强查办贿赂犯罪，一体推进受贿行贿的

查处。要加大环保等重点领域行贿受贿犯罪打击力度,斩断腐败问题利益链,破除权钱交易网,彰显对行贿零容忍的坚定决心,在全社会倡导廉洁守法理念,构建亲清政商关系。

2. 准确区分犯罪主体,贯彻宽严相济刑事政策,依法惩治单位行贿

办理涉及公司企业的行贿犯罪案件,监察机关、检察机关应加强配合制约,注意全面调查审查案件事实,充分收集运用证据,甄别判断涉案公司企业与行贿犯罪的联系,准确认定是单位行贿犯罪还是个人行贿犯罪。被告单位和被告人认罪认罚的,要依法贯彻宽严相济刑事政策,增强行贿犯罪案件办理的示范性,助力营造健康经济生态,提高行贿犯罪案件办理质效。

3. 强化一体化监督,积极推进挽损工作,增强办理行贿犯罪案件效果

监察机关、检察机关在办理贿赂案件过程中,应积极落实"受贿行贿一起查"部署,加大追赃挽损力度。对行贿人因行贿获得的不正当利益,最大限度追缴,不让行贿人因行贿获利,遏制犯罪利益驱动。同时,加大行贿犯罪损害修复,尽可能降低、减少行贿犯罪的危害后果。对于生态环保等重要领域的行贿犯罪,检察机关应坚持零容忍态度,严格依法办案,整合刑事检察、公益诉讼检察等力量,在办理行贿犯罪案件的同时,配套公益诉讼检察措施,有效跟进生态环境修复和保护工作,达到政治生态治理和生态环境修复"双推动"办案效果,实现办理行贿罪案件"三个效果"的有机统一。

另一个准确区分、判断犯罪主体的典型案例是宋某某违规出具金融票证、违法发放贷款、非国家工作人员受贿案[1],经监察机关商请,检察机关提前介入案件。经查阅卷宗材料、听取调查人员对案件情况的介绍后,检察机关对证据调取、案件定性、法律适用等提出书面反馈意见,补充完善宋某某主体身份证据,明确职能管辖主体,同时检察机关提出宋某某不属于国家工作人员的意见,为准确判断案情、正确提起公诉奠定了基础。

---

〔1〕 最高人民检察院检例第190号。

案例 宋某某违规出具金融票证、违法发放贷款、非国家工作人员受贿案

【基本案情】

被告人宋某某,男,四川省甲县农村信用合作联社(以下简称甲信用联社)原党委书记、理事长,曾任四川省乙县农村信用合作联社(以下简称乙信用联社)党委书记、理事长,四川省乙县农村商业银行(以下简称乙农商银行)党委书记、董事长。

1. 违规出具金融票证罪

2015 年年初,四川某某实业有限公司(以下简称某某公司)开发的房地产项目急需资金周转,但因不符合国家相关贷款政策,无法从银行申请获得贷款。2015 年 4 月,某某公司法定代表人叶某通过融资中介介绍,决定以非标准化债权资产方式融资(简称非标融资)4 亿元。随后,叶某通过某投资公司将某某公司的房地产项目包装为 4 亿元的理财产品,并联系四川某农商银行、河北某农商银行出资购买。两家银行要求某某公司为该 4 亿元理财产品提供担保,叶某遂找到时任乙农商银行党委书记、董事长宋某某,希望乙农商银行为该 4 亿元理财产品出具保函提供担保,同时承诺按照保函金额的 2% 给予宋某某好处费。宋某某明知乙农商银行经营范围不包括出具融资性保函,未通过调查审核,未经集体研究,私自决定以乙农商银行的名义出具 4 亿元融资性保函。截至案发,某某公司无力支付 4 亿元理财产品本金及收益,乙农商银行承担连带偿还责任。目前,四川某农商银行 1 亿元本金及收益由某某公司开发的房地产项目资产逐步偿还,河北某农商银行已就 3 亿元本金及收益偿还问题起诉乙农商银行,案件处于法院审理阶段。

2. 违法发放贷款罪

2018 年,宋某某在担任甲信用联社党委书记、理事长期间,为避免其在乙农商银行任职期间帮助某某公司和四川某房地产开发有限公司非标融资的事情案发受到牵连,违反《商业银行法》《贷款通则》等法律法规的规定,和叶某、该房地产公司法定代表人孙某某商议,以二人控制的未实际开展经营活动的公司名义向甲信用联社申请贷款。为了规避甲信用联社对企业贷款授信额度超过 4000 万元应上报上级联社进行风险审查的监管要求,宋某某决定将大额贷款分解为多笔不超过 4000 万元的小额贷款。在叶某等人申请贷款后,宋某某违规提前向本单位

企业部、信贷管理部相关人员打招呼，要求不做实质审查尽快办理相关贷款。宋某某向叶某、孙某某二人的关联公司违法发放贷款共计4.128亿元，至案发，上述贷款本息逾期后无法收回。

3. 非国家工作人员受贿罪

2013年至2019年，宋某某在担任乙信用联社、乙农商银行、甲信用联社主要负责人期间，利用职务上的便利，为叶某等人在贷款融资、工程承建等方面谋取利益，收受上述人员所送财物共计962万元。其中，按照出具保函金额2%收受叶某所送财物800万元。本案由四川省广安市监察委员会调查终结后移送起诉，2020年5月20日，四川省广安市广安区人民检察院以宋某某犯违法发放贷款罪、违规出具金融票证罪、非国家工作人员受贿罪提起公诉。2020年12月31日，四川省广安市广安区人民法院作出一审判决，以违规出具金融票证罪判处有期徒刑九年；以违法发放贷款罪判处有期徒刑九年，并处罚金人民币二十万元；以非国家工作人员受贿罪判处有期徒刑七年，并处没收个人财产人民币五十万元；数罪并罚，决定执行有期徒刑十九年，并处罚金人民币二十万元、没收个人财产人民币五十万元。一审宣判后，宋某某提出上诉，四川省广安市中级人民法院二审裁定驳回上诉，维持原判。

【检察机关履职过程】

经监察机关商请，检察机关提前介入案件。经查阅卷宗材料、听取调查人员对案件情况的介绍，对证据调取、案件定性、法律适用等提出书面反馈意见。一是补充完善宋某某主体身份证据，明确职能管辖主体。建议监察机关补充调取四川省农村信用社联合社（以下简称省信用联社）章程，省委组织部关于全省农村信用社干部管理权限的相关文件，乙信用联社、乙农商银行及甲信用联社章程、营业执照，宋某某的任免审批手续等书证，以便准确认定涉案单位的性质以及宋某某主体身份。经补充相关证据，查明省信用联社由省政府组建，履行省政府对全省农村信用社的服务、指导、协调和行业管理职能，宋某某案发前所任职的信用联社属于集体经济组织，其经省信用联社党委任命提名后，从事组织、领导、管理、监督工作，属于《监察法》第十五条第六项、《监察法实施条例》第四十三条第三项所列举的“其他依法履行公职的人员”。二是提出宋某某不属于国家工作人员的意见。经查，虽然省政府和省信用联社对宋某某任职的涉案相关企业有一定管理职责，但企业的性质应当以章程、企业工商登记情况进行认定，涉案相关企业注册资本中均没有国有资本，不属于国有出资企业，因此宋某某不负有管理、经营、监督国有资产的职责，其职务不具有“从事公务”性质，不属于《刑法》第九十三条中的“国家工作人员”。宋某某利用职务便利收受他人财物的行为应当认定为非国家工作人员受贿罪。

【指导意义】

对监察机关移送起诉的集体经济组织中行使公权力的人员所涉犯罪案件，应当重点审查其是否属于国家工作人员。对于集体经济组织注册资本中没有国有资本，所从事工作不具有“从事公务”属性的，相关人员不属于国家工作人员。农村信用合作社受计划经济体制影响和农村经济发展需要，在其改制为农村商业银行或农村合作银行前，系由农民、农村工商户、企业法人和其他经济组织以及本社职工自愿入股组成的农村合作金融机构，性质属于集体经济组织。根据《监察法》第十五条第六项、《监察法实施条例》第四十三条第三项规定，其管理人员是“其他依法履行公职的人员”。检察机关在审查监察机关移送起诉的此类人员涉嫌职务犯罪案件时，应当审查其是否具有国家工作人员身份，对其行为定性和所涉罪名作出准确认定。一般应当根据其所在信用社的股权结构进行判断，注册资本中没有国有资本，所从事工作不具有“从事公务”属性的，相关人员不属于国家工作人员。

二、主观方面

犯罪的主观方面，是指行为人实施犯罪行为时的心理状态，在刑法上包括犯罪故意和犯罪过失两种心理状态。犯罪故意是指行为人明知自己的行为会发生危害社会的结果，并且希望或放任这种结果发生。犯罪过失是指行为人应当预见自己的行为可能发生危害社会的结果，因为疏忽大意而没有预见，或者已经预见而轻信能够避免。

职务犯罪的行为方式一般是主动作为，其主观方面一般是直接故意，并且具有积极追求财物的目的。但目前许多职务犯罪行为人为了逃避处罚，往往以对受贿行为不知情或没有故意受贿为由提出抗辩。他们在明知或应当知道行贿人已经给予其家人利益的情况下故意装作不知情，不闻不问，不加以制止，也不予返还，以“被动消极”的不作为方式获得利益。还有的受贿人在收受贿赂以后，以要退回而因故未能退回为由进行辩解。也有的当事人在暗中对他人进行帮助，但是从不谈利益，由中间人或其亲朋代为收受贿赂，其主观故意性很难把握。

对于主观方面的认定在实践中存在诸多难点，譬如以“不作为”的方式贪污受贿等，对监察机关调查制造了诸多障碍和难点，检察机关提前介入调查有助于关键要件的认定，把握案件走向和顺利侦破案件。

在桑某受贿、国有公司人员滥用职权、利用未公开信息交易案[1]中，监察机关在办理利用未公开信息交易犯罪案件时，对于内幕信息、未公开信息的范围、趋同性交易盈利数额等关键要件的认定，检察机关根据监察机关商请提前介入审查，围绕利用未公开信息交易罪中桑某的主观故意、未公开信息的认定等，提出具体补证意见，全面夯实关键证据。一是调取乙公司的交易指令，并由乙公司对桑某签字的相关交易指令进行说明，查明桑某对未公开信息的主观明知。二是调取证监会专业认定意见，证实桑某利用职务便利所掌握的乙公司和某基金证券账户在投资决策、交易执行、持仓、资金数量及变化、投资规模等方面的信息，属于“内幕信息以外的其他未公开信息”。

三、犯罪客体

犯罪客体，是指刑法所保护的社会关系或法益，如人身权利、财产权利等。

在职务犯罪案件调查中，常见的认定难点是混淆财产的性质和所有权。一些被调查人为了混淆非法所得财产的性质，有的国家工作人员采取多次转移的方式，妄图通过复杂的转让过程，掩饰财产的真实来源，以达到规避法律的目的。如有的违纪违法行为人先利用职务之便让合法权利人以合法的形式低价购买其所管理的公共资产如房产等，然后由合法权利人采取其他方式回报该国家工作人员；也有的违纪违法行为人通过多次注册公司、转让股权的方式将公共资产转移到自己实际控股的公司。

四、客观方面

犯罪的客观方面，是指犯罪行为的客观外在表现，包括行为、结果、因果关系

---

〔1〕 最高人民检察院检例第188号。

等。刑法上犯罪客观方面包括犯罪行为、犯罪结果和因果关系。具体到每一个要素,犯罪行为包括作为或不作为;犯罪结果是指犯罪行为造成的危害后果,如死亡、财产损失等;因果关系是指犯罪行为与犯罪结果之间的因果关系。

职务犯罪案件调查中,常见的犯罪客观方面认定难点是改变传统方式,以新型交易手段等掩盖犯罪事实。

以受贿罪为例,存在通过新型交易手段掩盖犯罪事实的犯罪手段,给案件的侦破增加了难度。例如,通过采用表面看似合法的民事交易方式实现贿款的转移,改变了传统的权钱交易模式,难以查明案件事实和收集证据。以董某利用职务影响力受贿案为例,董某与行贿人签订代为炒股的委托理财协议,让行贿人"代为理财",后董某明知行贿人炒股产生亏损,但仍然让行贿人按照所谓的协议给自己巨额收益。又如,通过高价向利益相关人出卖自己的财产、房产等,或者通过以借款名义掩盖收受贿赂的方式进行,或者通过不正当低价购入财产方式收受贿赂等。按照《最高人民法院、最高人民检察院关于办理受贿刑事案件适用法律若干问题的意见》对"交易型受贿"的规定,采用交易型受贿的犯罪主体一般是国家工作人员本身。但在目前查处的案件中,出现了国家工作人员利用职务之便为请托人谋取利益之后,让其亲属或朋友低价购买房屋的受贿形式。例如,在张某受贿案中,张某利用职务之便为某房地产公司谋取利益之后,让其妹妹、女儿购买了该公司 3 套商品房,总价比市场价低 341 万余元。

自 1997 年《刑法》修订颁布以来,全国人大常委会相继出台了十二个刑法修正案,其中规定了许多涉及职务犯罪的新罪名,如利用影响力受贿罪等;同时在司法实践中发现,职务犯罪案件的作案手段呈现多样化、隐蔽化等特点,造成了在案件侦破和证据收集方面的诸多障碍。因此,准确把握犯罪构成要件的内涵和各个要素的认定标准,对于准确开展职务犯罪案件调查至关重要。以犯罪构成要件原理为核心,提升调查人员穿透性思维,透过纷繁复杂的行为表象,精准识别职务犯罪本质,加强对其中腐败手段隐形变异、翻新升级等新特征的分析研究,不断提高案件调查和证据收集审查能力。譬如,在办理王某受贿案时,针对其购买拟上市公司原始股获利的受贿犯罪构成,在充分研判的基础上,指导前端确定调查方向、明确取证范围、指出具体方法,通过全面收集证据,将行受贿双方犯罪意图、行为及对象锁定在股票上市后的巨额升值部分,充分评价了行为人非法购买原始股所蕴含的全部期待利益，贯彻了罪责刑相适应原则，使案件成功办结。

以沈某某、郑某某贪污案[1]为例，针对新型职务犯罪案件的特点，在调查、审查、移送、提起公诉、审理的过程中，把握审查重点、穿透事实本质、查清证据实质、形成真实、清晰、可靠、完整的证据链至关重要，要把握《刑法》中不同罪名的入罪条件、此罪与彼罪的区别与界限，综合运用犯罪构成要件审查视角，对于高质量办理案件至关重要。

案例 沈某某、郑某某贪污案

【基本案情】

被告人沈某某，男，甲国有公司期货部原主任。被告人郑某某，男，甲国有公司期货部原副总监。2012 年 7 月至 2020 年 5 月，沈某某先后任甲国有公司期货部操盘手、期货部临时负责人、副主任及主任，其间负责期货部日常经营管理工作，参与制定甲国有公司期货交易策略，依据市场行情确定具体的操盘价格，下达期货交易指令并实际操盘。2014 年 2 月至 2020 年 5 月，郑某某先后担任甲国有公司期货部经理、高级经理及副总监，参与制定甲国有公司期货交易策略，根据决策指令对相关期货账户进行实际操盘。2015 年 7 月至 2020 年 5 月，沈某某、郑某某二人经合谋，向他人借用了多个期货账户，利用前述职务便利，在事先获知公司期货交易策略后，以借用的个人账户提前在有利价位买入或卖出与甲国有公司策略相同的期货产品进行埋单，采用与公司报单价格相同或接近、报单时间衔接紧凑以及公司大单覆盖等方式，与公司期货账户进行低买高卖或者高卖低买的相互交易，使二人实际控制的账户获利共计人民币 3000 余万元，赃款由二人平分并占为己有。其间，沈某某在郑某某不知情的情况下，利用职务便利，采用前述相同方式，以其个人借用并实际控制的多个期货账户及其本人期货账户，与甲国有公司期货账户进行相互交易，个人获利共计人民币 1000 余万元。本案由上海市虹口区监察委员会调查终结后移送起诉。2021 年 6 月 23 日，上海市人民检察院第二分院（以下简称上海市检二分院）以被告人沈某某、郑某某犯贪污罪依法提起公诉。2022 年 6 月 29 日，上海市第二中级人民法院作出一审判决，以贪污罪判处

[1] 最高人民检察院检例第 187 号。

沈某某有期徒刑十三年，剥夺政治权利三年，并处罚金人民币四百万元；郑某某具有自首、立功情节，自愿认罪认罚，依法可以减轻处罚，法院以贪污罪判处其有期徒刑五年，并处罚金人民币一百万元。一审宣判后，沈某某提出上诉，上海市高级人民法院二审裁定驳回上诉，维持原判。

【检察机关履职过程】

1. 审查起诉本案系以在期货交易中增设交易环节的方式侵吞国有资产的新型职务犯罪案件

审查起诉阶段，上海市检二分院围绕查明事实、弄懂期货交易专业知识、阐明定性等方面进行审查论证。

一是查实涉案账户的控制使用情况，确认涉案账户相互交易均系沈某某、郑某某操作。检察机关建议监察机关调取涉案违法交易终端信息并就 MAC 地址（局域网地址）、IP 地址（互联网协议地址）等进行匹配，对涉案电脑、手机等设备依法扣押并进行电子数据鉴定，查明了个人控制账户与公司账户登录设备的 MAC 地址及 IP 地址大量重合，涉案账户系被告人控制使用；同时，经与监察机关沟通，检察机关开展自行补充侦查，询问甲国有公司期货交易员等证人，调取微信聊天数据等客观证据，交叉比对涉案期货账户登录数据、交易数据等，进一步排除案发时间段其他人使用相关账户的可能性。

二是开展数据建模，发现和分析各类异常数据背后的真实情况。检察机关通过建立"风险承受异常性模型""交易时间差额模型""先报价比例及价格模型"等，查明相关账户之间的交易具有不同于正常期货交易特点的交易时间紧密、盈利比例畸高以及交易手数显著增加等异常点。

三是加强与期货专业机构的沟通，厘清正常期货交易和增设期货交易环节非法获利的贪污行为的界限。检察机关深入研究期货交易规则，与上海期货交易所专业人员就涉案期货交易相关问题及数据分析难点进行研讨，合力解决基础数据分析运用、交易模式异常特征、获利手法认定等关键问题。

四是论证了贪污罪和国有公司人员滥用职权罪的区别。沈某某、郑某某利用提前知悉的公司交易指令和操盘便利，使用个人控制账户提前买入或卖出同一期货产品，后续与国有公司相互交易获利，造成甲国有公司交易成本增加，属于国有公司人员滥用职权的行为。但是，国有公司人员滥用职权罪没有评价行为人将国有财产直接据为己有的故意和行为，且在一个行为同时触犯该罪与贪污罪的情形下，属于想象竞合，应当从一重罪处罚，由于贪污罪的法定刑更重，且能够更为全面地评价被告人的犯罪行为，故应以贪污罪追究刑事责任。

2. 指控与证明犯罪为增强庭审指控效果，检察机关创新举证示证模式

检察机关通过适用思维导图、交易结构模型图、获利过程示意图、交易对比分析表等图表对证据进行展示，直观地揭示了犯罪手段、过程和结果。针对庭审中被告人和辩护律师提出的行为系正常期货交易，并未侵吞公共财物，未造成国有公司损失的辩解，检察机关进行有针对性的答辩。一是被告人增设期货交易环节获利并非正常的市场交易行为，职务行为与交易获利之间具有高度关联。从基本交易模式看，沈某某等人利用职务便利获知国有公司相关交易指令后随即操纵个人控制账户提前建仓埋单，在数秒至数分钟后即操作公司账户挂单与个人控制账户成交，具有时间上的紧密关联性和交易种类的一致性；从交易手数看，沈某某等人控制账户与公司成交手数相比其他主体明显增加，手数倍数差达 10 倍至 50 倍，具有交易习惯的异常性；从交易盈亏情况看，沈某某等人所控制账户盈利比例高达 91% 以上，部分账户甚至 100% 盈利，具有盈利比例的异常性；从交易对象看，在沈某某和郑某某合谋前，二人控制账户几乎没有和公司有过交易，合谋后即开始与公司有大量成交，具有交易对象的异常性。二是被告人通过期货交易侵吞国有公司财产，国有公司因交易成本增加造成实际损失。由于公司交易指令仅包括交易对象、方向、区间价格及总手数，被告人通过个人控制账户以更有利价格先与其他市场主体交易后，再报单以低买高卖（个人控制账户先买后卖）或高卖低买（个人控制账户先卖后买）方式与本公司成交，虽然并未违反指令单操作，但是直接导致公司以更高价格买入期货合约或者以更低价格卖出期货合约，造成公司交易成本提高，使本应归属于公司的利益归个人所有，属于侵吞国有公司财产的行为。三是被告人使用个人控制账户与公司相互交易获利部分应认定为贪污数额。本案中，公司在被告人控制账户提前埋单后与个人账户成交，直接造成公司在该相互交易中多支出成本，该部分数额与被告人实际获利数额相一致，具体应以公司交易成本扣减被告人提前埋单支付的交易成本的差额计算贪污数额。此外，本案中被告人控制账户交易亏损部分不应从犯罪数额中扣除。个人控制账户提前“埋单”后，由于市场行情突然发生反向变化，无法以预设盈利价格转让给公

司，此时如果以正常市场价交易必然产生较大亏损。被告人遂操作公司账户以优于当时市场价的价格“接盘”，与个人控制账户成交，使被告人减少了部分交易损失。对于被告人的实际损失部分，公司交易成本并未因此降低，故被告人交易亏损部分属于其在非法牟利过程中所支出的犯罪成本，不应从犯罪金额中扣除。

【指导意义】

1. 对于国家工作人员利用职务便利，在期货交易中通过增设相互交易环节侵吞公款的行为，可以依法认定为贪污罪

国家工作人员利用职务便利提前获知国有公司期货交易指令后，先用个人控制账户买入或卖出期货产品，再与国有公司账户进行相互交易的行为，属于在正常期货交易过程中增设相互交易环节，该行为直接造成国有公司交易成本提高，使本应归属国有公司的利益被个人占有，增设交易环节的行为与个人非法获利之间具有刑法上的因果关系，具有侵吞公共财产的性质，可依法认定为贪污罪。

2. 对于利用期货交易手段实施贪污犯罪的数额，可以结合案件具体情况，根据行为人实际获利数额予以认定，不扣除交易中亏损部分

行为人在期货交易中增加相互交易环节提高国有公司支出成本，侵占公共财产获利的，在认定贪污犯罪数额时，可以根据行为人获利手段、公共财产损失以及因果关系等情况，以行为人实际获利数额计算。对于行为人与国有公司交易的亏损部分，如果系行为人交易不当、市场反向变化造成，且国有公司并未因此降低交易成本的，可以认定为犯罪成本，不在犯罪数额中扣减。

第十三章　常见职务犯罪的基本证据标准

第一节　贪　污　罪

《刑法》

第三百八十二条　国家工作人员利用职务上的便利，侵吞、窃取、骗取或者以其他手段非法占有公共财物的，是贪污罪。

受国家机关、国有公司、企业、事业单位、人民团体委托管理、经营国有财产的人员，利用职务上的便利，侵吞、窃取、骗取或者以其他手段非法占有国有财物的，以贪污论。

与前两款所列人员勾结，伙同贪污的，以共犯论处。

第三百八十三条　对犯贪污罪的，根据情节轻重，分别依照下列规定处罚：

（一）贪污数额较大或者有其他较重情节的，处三年以下有期徒刑或者拘役，并处罚金。

（二）贪污数额巨大或者有其他严重情节的，处三年以上十年以下有期徒刑，并处罚金或者没收财产。

（三）贪污数额特别巨大或者有其他特别严重情节的，处十年以上有期徒刑或者无期徒刑，并处罚金或者没收财产；数额特别巨大，并使国家和人民利益遭受特别重大损失的，处无期徒刑或者死刑，并处没收财产。

对多次贪污未经处理的，按照累计贪污数额处罚。

犯第一款罪，在提起公诉前如实供述自己罪行、真诚悔罪、积极退赃,避免、减少损害结果的发生,有第一项规定情形的,可以从轻、减轻或者免除处罚;有第二项、第三项规定情形的,可以从轻处罚。

犯第一款罪,有第三项规定情形被判处死刑缓期执行的,人民法院根据犯罪情节等情况可以同时决定在其死刑缓期执行二年期满依法减为无期徒刑后,终身监禁,不得减刑、假释。

第一百八十三条第二款 国有保险公司工作人员和国有保险公司委派到非国有保险公司从事公务的人员有前款行为的,依照本法第三百八十二条、第三百八十三条的规定定罪处罚。

第二百七十一条第二款 国有公司、企业或者其他国有单位中从事公务的人员和国有公司、企业或者其他国有单位委派到非国有公司、企业以及其他单位从事公务的人员有前款行为的,依照本法第三百八十二条、第三百八十三条的规定定罪处罚。

第三百九十四条 国家工作人员在国内公务活动或者对外交往中接受礼物,依照国家规定应当交公而不交公,数额较大的,依照本法第三百八十二条、第三百八十三条的规定定罪处罚。

一、贪污罪的概念

贪污罪,是指国家工作人员利用职务上的便利,以非法占有为目的,侵吞、窃取、骗取或者以其他手段非法占有公共财物的行为。根据《刑法》第三百八十二条、第一百八十三条第二款、第二百七十一条第二款、第三百九十四条的规定,贪污罪可分为以下几种情况:

(1)根据《刑法》第三百八十二条的规定,贪污罪是指国家工作人员利用职务上的便利,侵吞、窃取、骗取或者以其他手段非法占有公共财物的行为;或者受国家机关、国有公司、企业、事业单位、人民团体委托管理、经营国有财产的人员,利用职务上的便利,侵吞、窃取、骗取或者以其他手段非法占有国有财物的行为。

(2)根据《刑法》第一百八十三条第二款的规定,国有保险公司工作人员和国有保险公司委派到非国有保险公司从事公务的人员利用职务上的便利,故意编造未曾发生的保险事故进行虚假理赔,骗取保险金归自己所有的,以贪污罪追究刑事责任。

(3)根据《刑法》第二百七十一条第二款的规定，国有公司、企业或者其他国有单位中从事公务的人员和国有公司、企业或者其他国有单位委派到非国有公司、企业以及其他单位从事公务的人员，利用职务上的便利，将本单位财物非法占为己有的，以贪污罪追究刑事责任。

(4)根据《刑法》第三百九十四条的规定，国家工作人员在国内公务活动或者对外交往中接受礼物，依照国家规定应当交公而不交公，数额较大的，以贪污罪追究刑事责任。

此外，根据《最高人民法院关于审理挪用公款案件具体应用法律若干问题的解释》第六条的规定，携带挪用的公款潜逃的，依照《刑法》第三百八十二条、第三百八十三条的规定定罪处罚，即以贪污罪论处。

在认定该罪时，行为主体应是国家工作人员，客观行为与结果为，利用职务上的便利，侵吞、窃取、骗取或者以其他手段非法占有公共财物。首先，必须利用职务上的便利，是指利用职务上主管、管理、经营、经手公共财物的权力及方便条件。其次，必须侵吞、窃取、骗取或者以其他手段非法占有公共财物。最后，必须非法占有公共财物。行为对象必须是公共财物，而非公民私人所有的财物，但不限于国有财物，因为贪污罪的主体包括国家机关、国有单位委派到非国有单位从事公务的人员，这些主体完全可能贪污国有财物以外的公共财物。

二、实际调查中，贪污罪的基本证据

(一)关于本罪主体的证据

证明上述人员主体身份的证据标准，参见第十二章第一节的有关内容。重点应当证明行为人是国家工作人员，具体应为下列人员之一：

(1)国家机关中从事公务的人员，包括参照《公务员法》进行管理的各级党委、政协机关中从事公务的人员。

(2)国有公司、企业、事业单位、人民团体中从事公务的人员。

(3)国家机关、国有公司、企业、事业单位委派到非国有公司、企业、事业单位、社会团体从事公务的人员。

(4)受国家机关、国有公司、企业、事业单位、人民团体委托管理、经营国有财产的人员，即因承包、租赁、聘用等而管理、经营国有财产的人员。

(5)国家出资企业中的国家工作人员。“国家出资企业”，包括国家出资的国有独资公司、国有独资企业，以及国有资本控股公司、国有资本参股公司。经国家机关、国有公司、企业、事业单位提名、推荐、任命、批准等，在国有控股、参股公司及其分支机构中从事公务的人员，应当被认定为国家工作人员。具体的任命机构和程序，不影响国家工作人员的认定。经国家出资企业中负有管理、监督国有资产职责的组织批准或者研究决定，代表其在国有控股、参股公司及其分支机构中从事组织、领导、监督、经营、管理工作的人员，应当被认定为国家工作人员。国家出资企业中的国家工作人员，在国家出资企业中持有个人股份或者同时接受非国有股东委托的，不影响其国家工作人员身份的认定。国家工作人员利用职务上的便利，在国家出资企业改制过程中隐匿公司、企业财产，在其不再具有国家工作人员身份后将所隐匿财产据为己有的，依照贪污罪定罪处罚。

(6)其他依照法律从事公务的人员。

实践中，要特别注意查明行为人职权方面的证据，明确其职权范围，并判断职权履行情况与实际是否相符。如果有不相符的情况，需要收集证明其职权与职责的其他证据(如知情人证言或有关书证等)予以补足。

(二)关于本罪主观方面的证据

1. 犯罪嫌疑人、被告人的供述和辩解

该类证据证实：

(1)作案的动机、目的。

(2)犯罪起意的过程，有无策划、策划的具体内容。

(3)共同犯罪的策划、分工的时间、地点、内容以及在总体策划下各人相对应的犯罪行为。此外，为准确认定是不是共同犯罪以及共同犯罪中每一犯罪嫌疑人、被告人是否具有共同贪污的故意，应查明：

①事先有无预谋策划，有无事先或事中达成默契，或者曾多次结伙作案的犯罪分子之间，每次作案前都通过他们之间特定语言、表情、手势等达成默契，形成内容明确的共同贪污故意；

②有无持不同意见或反对意见者，以及未表示反对或同意意见者，要重点讯

问其在案发前、案发时、案发后的语言、行为;

③分赃情况和赃物去向,以此判明各犯罪嫌疑人、被告人的主观目的。

(4)行为人是否在挪用公款后携款潜逃。

(5)编造未曾发生的保险事故进行虚假理赔的,是为了骗取保险金,还是其他目的。

(6)未将公务活动中获得的、应交公礼物交公的,行为人是否明知该礼物应该交公,是否打算交公。

(7)在国家出资企业改制过程中,是否故意通过低估资产、隐瞒债权、虚设债务、虚构产权交易等方式隐匿公司、企业财产,意图转为本人持有股份的改制后公司、企业所有。

(8)在公司、企业改制或者国有资产处置过程中,是否徇私舞弊,故意将国有资产低价折股或者低价出售给特定关系人持有股份或者本人实际控制的公司、企业,放任国家利益遭受重大损失的。

2. 证人证言

(1)行为人所在单位的财务人员、主管人员、经手人员证言,证实发现犯罪的经过、犯罪的手段,以及犯罪嫌疑人、被告人对贪污行为的隐瞒、欺骗情况,从而反映其主观故意;

(2)知情人证言,证实犯罪嫌疑人、被告人主观上非法占有的目的。

3. 证明行为人非法占有公共财物的主观目的的其他证据

(1)行为人以自己的名义将赃物出让、出借、出卖、典当的书证,如借据、当票等。

(2)相应的受让人、受赠人、借入人、买受人、典当行营业人员的证人证言,以及从上述证人处提取的赃物。

(3)提取的物证、书证,如涂改的发票、账本等。

(4)收集犯罪嫌疑人、被告人犯罪前科,尤其是同类犯罪前科的证据、社会生活经验、履历方面的证据,此类证据对证明其犯罪后果认知程度和控制能力起到一定的证明作用。

通过对上述证据的审查判断,证明行为人主观上必须具有直接故意,即行为人具备“明知占有公共财物为非法，而利用职务上的便利，故意采用侵吞、窃取、骗取等方法将公共财物占为己有”的主观心态。

实践中，要重点运用客观方面的证据，如行为人的手段特征、财物处分等证据，印证犯罪嫌疑人、被告人的供述与辩解的可信性，从而正确认定行为人的主观心态。

在共同贪污犯罪中，要求每一行为人在主观上都必须明知自己的行为是在共同犯意支配下的共同贪污犯罪行为的组成部分。多人多次系列贪污犯罪的，应注意查明是否存在其中个别行为人在某一具体案件中不具有共同犯意的情况。尤其是共同挪用公款后个别行为人携款潜逃，要注意区别是个别转化为贪污犯罪还是共同转化为贪污犯罪。

（三）关于本罪客观方面的证据

1. 犯罪嫌疑人、被告人的供述和辩解

该类证据证实：

（1）实施贪污行为的时间、地点。

（2）实施贪污行为的参与人、经手人。

（3）实施贪污行为的方法、手段，是侵吞、窃取、骗取、截留、私分、赠与、隐瞒，还是涂改账目、收入不入账、用假发票平账、大头小尾发票等，以及编造未曾发生的保险事故，骗取保险金的具体手段等。

（4）实施贪污行为的次数、数额。

（5）作案工具的来源、数量、特征、下落。

（6）被贪污财物的来源，是本单位账内财物，还是小金库财物，或者是截留单位应收款及何种应收款，或者是救灾、防汛、防疫、优抚、扶贫、移民、救济款物、赃款赃物、罚没款物、暂扣款物等，或者是在国内公务活动或对外交往中收受的礼物。

（7）被贪污财物的形式，是现金、支票、有价证券，还是实物，以及现金是人民币，还是外币，或者实物的特征，包括外部形态、种类、颜色、数量等。

（8）共同犯罪的起意、策划、分工、实施等情况，查明每个行为人在共同犯罪中的地位和作用，以及贪污行为是否利用了国家工作人员的职务便利。

（9）具体、详细的犯罪经过，特别是利用职务便利的具体过程。

(10)未将公务活动中获得的、应交公礼物交公的，行为人是否打算交公，是否交公及何时、何地交公，以及未交公的原因等。

(11)贪污行为是否被发现及何时、如何被发现，行为人如何排除单位领导、同事的怀疑。

(12)赃款赃物的去向、用途，是用于储蓄、奢侈消费、经营活动，还是赌博、走私等非法活动。

(13)被贪污财物的归还情况，案发前是否归还，何时、如何归还，是全部归还还是部分归还，是归还原物还是折抵成人民币，是主动归还还是被迫归还。

(14)是否在挪用公款后携款潜逃。

(15)在国家出资企业改制过程中是否通过低估资产、隐瞒债权、虚设债务、虚构产权交易等方式隐匿公司、企业财产，并转为本人持有股份的改制后公司、企业所有。此外，要查明改制后公司、企业是集体持股还是少数人持股，如果转为职工集体持股的改制后公司、企业所有，对其直接负责的主管人员和其他直接责任人员，依照私分国有资产罪定罪处罚；如果改制后的公司、企业中只有改制前公司、企业的管理人员或者少数职工持股，改制前公司、企业的多数职工未持股，则依照贪污罪定罪处罚。

(16)在公司、企业改制或者国有资产处置过程中，是否徇私舞弊，将国有资产低价折股或者低价出售给特定关系人持有股份或者本人实际控制的公司、企业，致使国家利益遭受重大损失。

(17)犯罪后的表现情况，如是否存在毁灭证据、转移赃物，或者积极返赃、赔偿单位损失等行为。

一般情况下，可以责令犯罪嫌疑人、被告人书写亲笔供词，详细供述自己的犯罪原因、目的、手段、经过、结果及认罪态度等。

2. 单位领导、财务人员、主管人员、经手人员等证人的证言

该类证据证实单位财务被侵吞、窃取、骗取和截留等情况，具体包括：

(1)其与行为人的关系，与指控犯罪相关的经济往来等。

(2)行为人的职责范围，以及在犯罪过程中履行职务和利用职务便利的情况，如签字报销、签订合同、收受款物等。

(3)款物支出的手段、名义，特别是编造未曾发生的保险事故，骗取保险金的

具体手段，以及公务活动中获得的礼物的名义。

(4)款物被贪污的时间、特征、数量。

(5)单位对被贪污财物的财务记账、平账情况。

(6)发现犯罪的经过。

(7)行为人如何对其贪污行为进行隐瞒、欺骗、辩解。

(8)共同犯罪中各行为人的分工等情况。

(9)其他相关问题。

3. 物证、书证

(1)查获的赃款、赃物及行为人用贪污的款项购买的物品。

(2)通过窃取、侵吞等方式贪污单位财物的犯罪现场的指纹、脚印等。

(3)书信、日记等，证实行为人实施贪污行为的时间、地点及经过等情况。

(4)合同、收据、借条、欠条等，证实行为人与贪污行为有关的经济往来及收入、支出等情况。

(5)保险单、保险理赔协议等证明行为人通过虚假理赔，骗取保险金的书证。

(6)股票、债券、汇票、支票、存折等有价证券，证实被贪污的财物的数额、种类及其去向等。

(7)被贪污的单位无形财物，如设计图纸、计算机软件等科研成果、专利、商标等知识产权证书、申请书等。

(8)单位的现金细目账、分类账、库保账、备品账、材料账目等。

(9)本单位关于相应款物支出的财务记账、银行账单、用于平账的假发票等。

(10)证明被贪污的款物属于单位所有或管理、使用的书证，如土地使用证书、合同书、付款方的支出凭单、银行票据等。

(11)有关单位出具的证明，证实被贪污的公款是否系救灾、抢险等特定款物，从而认定其贪污的情节。

(12)行为人签字或骗取他人签字批准、冒领单位财物的票据、字据等。

(13)本单位出具的证明材料，证实行为人具有职务上的便利，包括职务的范围、职责内容、是否受委托或指派而赋予的管理、经营职责等，包括：

①委任书、聘任书、任命文件、会议记录；

②劳动合同、聘任合同、承包经营合同、租赁经营合同；

③相关财物的支出、收入管理规定、操作流程。

(14)行为人承诺还款的协议、欠条等,佐证犯罪嫌疑人、被告人承认其犯罪行为及后果。

(15)公司、企业改制的相关账目、文件、工商登记资料等书证。

4. 鉴定意见

(1)司法会计鉴定意见、审计鉴定意见,证实贪污款物次数、手段、价值等。

(2)笔迹鉴定意见,证明犯罪嫌疑人、被告人贪污的签字笔迹、印鉴等。

(3)估价鉴定意见,证实被贪污物品的价值。

(4)指纹、脚印等痕迹鉴定意见,证实是否是行为人遗留的。

5. 现场勘查笔录、照片。包括盗窃、侵吞等现场、犯罪工具准备、丢弃的现场、提取物证现场等

6. 视听资料

视听资料包括录音带、录像带、电子数据资料等。

7. 其他证明材料

(1)目击证人辨认犯罪嫌疑人或物证的笔录。

(2)犯罪嫌疑人、被告人和证人指认现场笔录。

(3)搜查笔录、扣押物品清单及照片,证实查获的作案工具及调取的相关物证。

(4)退赃笔录、起赃笔录、收缴笔录,证实起获赃款的地点、数量,以及起获的赃款是侦查机关直接搜查出的还是根据行为人主动交代起获的。

(5)报案登记、立案决定书及破案经过等书证,证实案件来源、侦破经过以及犯罪嫌疑人是否有自首情节等。

8. 证实其他情节的证据

其他证实犯罪嫌疑人、被告人贪污手段恶劣、毁灭证据、转移赃物、退赔数额、认罪态度等情节的证据。

9. 要注意收集关于赃款赃物追缴等情形的相关证据

(1)贪污案件中赃款赃物全部或者大部分追缴的,一般应当考虑从轻处罚。

(2)犯罪分子及其亲友主动退赃或者在办案机关追缴赃款赃物过程中积极配合的,在量刑时应当与办案机关查办案件过程中依职权追缴赃款赃物的有所区别。

(3)职务犯罪案件立案后,犯罪分子及其亲友自行挽回的经济损失,司法机关或者犯罪分子所在单位及其上级主管部门挽回的经济损失,或者因客观原因减少的经济损失,不予扣减,但可以作为酌情从轻处罚的情节。

通过上述证据的综合审查与运用,从而证明贪污犯罪构成中几个重要的事实方面:

1. 行为人"利用了职务上的便利"

即行为人客观上利用了职务上主管、管理、经手公共财物的权力及方便条件。"主管"是指国家工作人员以其职权范围或职务地位具有调拨、支配、转移、使用或以其他方式支配公共财物的职权;"管理"是指具有监守或保管公共财物的职权;"经手"是指具有领取、支出等经办公共财物流转事务的权限。

2. 行为人实施了侵吞、窃取、骗取等非法手段

"侵吞"是指国家工作人员利用职务上的便利,将自己暂时合法管理使用的公共财物非法占为已有的行为;"窃取"即通常所讲的"监守自盗",是指国家工作人员利用职务上的便利,将自己合法管理、经手的公共财物,采取秘密窃取的方法占为已有的行为;"骗取"是指国家工作人员利用职务上的便利,采取涂改单据,虚构事实,骗取公共财物非法占为已有的行为。

3. 行为人利用非法手段造成了对公共财物所有权的侵害,且已达到非法控制财产所有权的程度

根据《最高人民法院、最高人民检察院关于办理贪污贿赂刑事案件适用法律若干问题的解释》第一条规定,贪污或者受贿数额在三万元以上不满二十万元的,应当认定为《刑法》第三百八十三条第一款规定的"数额较大",依法判处三年以下有期徒刑或者拘役,并处罚金。贪污数额在一万元以上不满三万元,具有下列情形之一的,应当认定为《刑法》第三百八十三条第一款规定的"其他较重情节",依法判处三年以下有期徒刑或者拘役,并处罚金:(1)贪污救灾、抢险、防汛、优抚、扶贫、移民、救济、防疫、社会捐助等特定款物的;(2)曾因贪污、受贿、挪用

公款受过党纪、行政处分的；(3)曾因故意犯罪受过刑事追究的；(4)赃款赃物用于非法活动的；(5)拒不交待赃款赃物去向或者拒不配合追缴工作，致使无法追缴的；(6)造成恶劣影响或者其他严重后果的。

受贿数额在一万元以上不满三万元，具有前述第二项至第六项规定的情形之一，或者具有下列情形之一的，应当认定为《刑法》第三百八十三条第一款规定的"其他较重情节"，依法判处三年以下有期徒刑或者拘役，并处罚金：(1)多次索贿的；(2)为他人谋取不正当利益，致使公共财产、国家和人民利益遭受损失的；(3)为他人谋取职务提拔、调整的。

(四)关于本罪客体的证据

通过上述主、客观方面的证据，证明行为人的行为侵害了国家工作人员职务廉洁性和公共财物的所有权。

实践中，要注意对犯罪对象(公共财物)证据的收集与认定。尤其是根据《刑法》第二百七十一条第二款的规定，国有公司、企业或者其他国有单位委派到非国有公司、企业以及其他单位从事公务的人员，利用职务上的便利，将本单位财物非法占为己有，数额较大的，依照贪污罪定罪处罚。此种情况下的"本单位"是指非国有公司、企业以及其他单位，其中包括国有资本控股、参股公司等混合所有制公司、企业，其财物此时被作为"公共财物"对待。这里是一种法律上的拟制，即由于国家工作人员对非国有公司、企业财产的管理或监管，是行使国家公权力，所以将该类公司、企业的财物，视为公共财物。

此外，关于公共财物的所有权，并不限于财物所有权，土地使用权由于具有财产性属性，属于贪污罪中的"公共财物"，可以成为贪污罪的对象。

三、本罪在收集、认定证据过程中应注意的问题

贪污礼物犯罪的认定需要注意以下几个方面：

(1)主体只能是国家工作人员，不包括其他受委托管理、经营国有财产的人员。

(2)必须是在国内公务活动或对外公务交往中接受的礼物。

(3)所谓的"礼物"。包括礼品、礼金和有价证券等。

(4)所谓的“国家规定”，依据《刑法》第九十六条的规定，是指全国人大及其常委会制定的法律和决定，国务院制定的行政法规、规定的行政措施、发布的命令和决定，不包括有关单位自行制定的内部规定。

(5)应注意其与受贿罪的区别。如果行为人在收受礼物后，利用职务上的便利为他人谋取利益的，则构成受贿。

因此，在收集、审查、判断证据的过程中，要注意对上述有关内容证据的收集与运用。

第二节 受 贿 罪

《刑法》

第三百八十五条 国家工作人员利用职务上的便利，索取他人财物的，或者非法收受他人财物，为他人谋取利益的，是受贿罪。

国家工作人员在经济往来中，违反国家规定，收受各种名义的回扣、手续费，归个人所有的，以受贿论处。

第三百八十六条 对犯受贿罪的，根据受贿所得数额及情节，依照本法第三百八十三条的规定处罚。索贿的从重处罚。

第三百八十八条 国家工作人员利用本人职权或者地位形成的便利条件，通过其他国家工作人员职务上的行为，为请托人谋取不正当利益，索取请托人财物或者收受请托人财物的，以受贿论处。

第一百六十三条 公司、企业或者其他单位的工作人员，利用职务上的便利，索取他人财物或者非法收受他人财物，为他人谋取利益，数额较大的，处三年以下有期徒刑或者拘役，并处罚金；数额巨大或者有其他严重情节的，处三年以上十年以下有期徒刑，并处罚金；数额特别巨大或者有其他特别严重情节的，处十年以上有期徒刑或者无期徒刑，并处罚金。

公司、企业或者其他单位的工作人员在经济往来中，利用职务上的便利，违反国家规定，收受各种名义的回扣、手续费，归个人所有的，依照前款的规定处罚。

国有公司、企业或者其他国有单位中从事公务的人员和国有公司、企业或者其他国有单位委派到非国有公司、企业以及其他单位从事公务的人员有前两款行为的，依照本法第三百八十五条、第三百八十六条的规定定罪处罚。

第一百八十四条　银行或者其他金融机构的工作人员在金融业务活动中索取他人财物或者非法收受他人财物，为他人谋取利益的，或者违反国家规定，收受各种名义的回扣、手续费，归个人所有的，依照本法第一百六十三条的规定定罪处罚。

国有金融机构工作人员和国有金融机构委派到非国有金融机构从事公务的人员有前款行为的，依照本法第三百八十五条、第三百八十六条的规定定罪处罚。

一、受贿罪的概念

受贿罪，是指国家工作人员利用职务上的便利，索取他人财物，或者非法收受他人财物，为他人谋取利益的行为。根据《刑法》第三百八十五条、第三百八十八条的规定，受贿罪可以分为以下四种情况：

(1)按照《刑法》第三百八十五条的规定，国家工作人员利用职务上的便利，索取他人财物，为他人谋取利益的。

(2)按照《刑法》第三百八十五条的规定，国家工作人员利用职务上的便利，非法收受他人财物的。

(3)按照《刑法》第三百八十五条的规定，国家工作人员在经济往来中，违反国家规定，收受各种名义的回扣、手续费，归个人所有的。

(4)按照《刑法》第三百八十八条的规定，国家工作人员利用本人职权或者地位形成的便利条件，通过其他国家工作人员职务上的行为，为请托人谋取不正当利益，索取请托人财物或者收受请托人财物的。

二、受贿罪的公诉证据参考标准

(一)关于本罪主体的证据

本罪的主体是特殊主体，即必须是国家工作人员，其证据标准参见第十二章

第一节的内容。重点是收集有关国家工作人员职责范围方面的证据，如可以通过书证、证人证言和犯罪嫌疑人供述等予以证实。

此外，对于医疗机构中的工作人员、学校及其他教育机构的工作人员、依法组建的评标委员会、竞争性谈判采购中谈判小组、询价采购中询价小组的组成人员，必须查明其是否属于国家工作人员，因上述人员利用职务上的便利为他人谋取利益，收受他人贿赂的，如果是国家工作人员，应按照受贿罪处理，如果是非国家工作人员，则按照非国家工作人员受贿罪处理。

（二）关于本罪主观方面的证据

1. 证明犯罪主观方面的主要共性证据

（1）行为人有关受贿的动机、目的及预谋时间、地点、参与人及分工、方式、原因、经过、结果的供述及亲笔供词。

（2）有关行为人对财物性质的明知，即明知所索取的财物或者所收受的财物属于贿赂，以及是否有将财物占为己有的故意的供述及亲笔供词。家属收受财物的，其家属是何时、何地告诉行为人的，告诉的细节经过如何及有何请托事项。

（3）行为人有关为他人谋取利益的明知，即是否明知行贿人意图通过行为人谋取某种利益的供述及亲笔供词。

（4）行为人有关对利用职务上的便利的明知，即是否有利用职务上的便利为他人谋取利益的故意的供述及亲笔供词。

（5）行为人正当履行职务后收受财物的，是否明知所收财物与事前谋利益的关系的供述及亲笔供词以及行贿人、举报人、受贿同谋人及其他知情人的证人证言，证实行为人是否具有索取他人财物的故意，或者收受他人财物并为他人谋取利益的故意。行为人通过其他人员接受财物的，其他人员证实其系受行为人指使，或者事后告知的证言。

（6）证明行为人故意违反其职务廉洁性的证据，包括行为人供述及行贿人、举报人、受贿同谋人及其他知情人的证人证言，证实行为人明知其受贿行为的不法性质和危害结果。

（7）通过新型贿赂形式受贿的主观故意。国家工作人员利用职务便利，为他人谋取利益，通过以交易形式，以开办公司等合作投资名义，以收受干股，以委托请托人投资证券、期货或者其他委托理财的名义，以赌博形式，以特定关系人“挂名”领取薪酬、由特定关系人收受，不办理权属变更，在职时为请托人谋利、离职后收受财物等新型贿赂形式收受请托人财物的，由于行为人获取的贿赂非典型的金钱、实物，往往具有合法外衣，具有相当的隐蔽性，因此，应注重收集国家工作人员明知获得上述好处实为权钱交易方面的证据。

（8）证明行为人主观故意的其他证据。包括证明行为人具有索取、收受他人财物并为他人谋取利益故意的物品、文件、视听资料等，以“借”为名索贿时的“借据”，收财物前“不同意”办事，收财物后又同意办事的“字条”等。

2. 证明犯罪主观方面的特征证据

（1）对于国家工作人员在经济往来中，违反国家规定，收受各种名义的回扣、手续费，归个人所有的。还需要重点了解行为人是否了解国家有关在经济往来中的规定，收受的回扣、手续费是否符合规定，是否有个人的技术、智慧的投入等。

（2）对于国家工作人员利用本人职权或者地位形成的便利条件，通过其他国家工作人员职务上的行为，为请托人谋取不正当利益，索取或者收受请托人财物的。应重点了解行为人是否明知请托人利用的是行为人职权或者地位形成的便利条件，通过其他国家机关工作人员的职务行为而谋取不正当利益等情况。

通过上述证据的综合运用，证明行为人“明知自己的行为侵害了国家工作人员职务行为廉洁性，但积极希望这种结果发生”的主观心态。根据类型的不同，本罪主观故意内容也有所不同。索取型受贿的行为人具有利用职务便利索取贿赂的故意；收受型受贿的行为人具有利用职务便利为他人谋取利益的故意，即权钱交易故意；斡旋型受贿的行为人有为请托人谋取不正当利益的故意；经济型受贿的行为人具有将经济活动中收受回扣、手续费归个人所有的故意，不需要具有为他人谋取利益方面的故意。

（三）关于本罪客观方面的证据

受贿罪按照行为人客观行为的不同，可分为索取型受贿、收受型受贿、斡旋型受贿、经济型受贿，此外还包括《最高人民法院、最高人民检察院关于办理受贿刑事案件适用法律若干问题的意见》中规定的新型受贿形式，其犯罪客观方面亦不同，下面予以分述：

1. 索取型受贿罪客观方面的证据

（1）利用职务便利方面的证据。

①犯罪嫌疑人、被告人的供述和辩解。证实任职情况，职责范围，是否利用了自己职务上的主管、负责或者承办某项公共事务的职能及其所形成的便利条件，以及与行贿人的关系。

②行贿人的证言，证实其平时及行贿过程中与犯罪嫌疑人、被告人的个人关系、工作关系或业务关系。

③证明犯罪嫌疑人、被告人身份、职责范围的制度等规定，犯罪嫌疑人、被告人利用职务行为的文件、记录、批文等书证。

④相关证人证言，证实犯罪嫌疑人、被告人任何职，职责范围等。

（2）索取他人财物方面的证据。

①犯罪嫌疑人、被告人的供述和辩解，内容包括：

a. 索取财物的原因；

b. 索取财物的时间、地点及次数；

c. 索取财物时有无其他人在场；

d. 是本人亲自接受还是他人代为接受，是事前接受还是事后接受；

e. 受贿的详细经过；

f. 索取的是人民币、外币，还是有价证券，是何种有价证券，具体数额、面值、包装，去向如何；

g. 索取物品的名称、品牌、价值，存放形式及地点，去向如何；

h. 共同犯罪的起意、策划、分工、实施、分赃等情况，查明每一犯罪嫌疑人在共同犯罪中的地位和作用。

②行贿人的证言，内容包括：

a. 为何给予财物，是否愿意；

b. 行贿的时间、地点和次数；

c. 行贿时是否有其他人在场；

d. 接受财物的是何人；

e. 行贿的是人民币、外币，还是有价证券，具体数额、面值、包装；

f. 行贿的物品名称、品牌、价值。

③证人证言，包括知情人、关系人、中间人、亲友的证言。

④物证，包括追缴的赃款赃物，用赃款购买的物品及照片，以及对无法移动的赃款赃物，现场拍摄的照片等。

⑤书证，包括索贿人或行贿人索取财物或送出财物的有关笔记、日记，证明行贿款来源的银行存折、支取账单等。如果是单位行贿的，应调取行贿单位的财务记账、银行账单等。

⑥鉴定意见，包括笔迹鉴定、审计鉴定、会计鉴定及估价鉴定意见等。

⑦勘验、检查笔录，包括物证、现场（赃物藏匿现场、不动产现场等）勘验、检查笔录及照片。

⑧视听资料，能够证明行贿受贿行为的录音、录像等。

⑨搜查、扣押、起赃、收缴、封存笔录或证明。

通过上述证据，证明行为人利用职务便利，乘他人请托谋利之机，索要或勒索他人财物。索取他人财物有两种形式：一是直接索取，即用语言文字或明或暗地向请托人索要财物；二是对他人请托之事，故意拖延甚至拒办，以此相要挟，施加压力，迫使请托人交付财物，在请托人被迫交付财物后方为其办事。

索贿罪行为，不论是否“为他人谋取利益”，均构成犯罪。

2. 收受型受贿罪客观方面的证据

（1）利用职务便利方面的证据，基本同于上述索取型受贿罪的证据要求。

（2）收受他人财物方面的证据，基本同于上述索取型受贿罪的证据要求。

（3）为他人谋取利益方面的证据：

①犯罪嫌疑人、被告人的供述和辩解，证实是否意图为他人谋取利益，是否正在为他人谋利益，谋取了什么利益，是正当利益还是不正当利益，谋取利益的详细经过；

②行贿人的证言，证实是否要求犯罪嫌疑人、被告人谋取利益，是否获得了利益，获得了什么利益，是正当利益还是不正当利益；

③其他证人证言，证实行贿人是否要求犯罪嫌疑人、被告人为其谋取利益，犯罪嫌疑人、被告人是否意图为行贿人谋取利益，是否谋取到了利益，谋取了什么利益，是正当利益还是不正当利益；

④证明犯罪嫌疑人、被告人利用职务便利为他人谋取利益的文件、批示、会议

记录等书证。

通过上述证据，证明犯罪嫌疑人、被告人不仅收受了他人财物，而且利用职务便利为他人谋利益。证明“为他人谋利益”时，只需证明行为人承诺为他人谋利或者打算为他人谋利即可，至于是否实际着手或者已实现“为他人谋利益”，在所不问。

3. 斡旋型受贿罪的证据

(1)犯罪嫌疑人、被告人的供述与辩解，内容包括：

①与受其请托的其他国家工作人员的个人关系及工作关系，本人的职权或者地位对受其请托的其他国家工作人员是否有制约关系或者实际影响力及具体表现；

②向其他国家工作人员请托何种事项及是否实现；

③要求其他国家工作人员为行贿人谋取何种利益及是否正当。

(2)受行为人请托的国家工作人员证言，内容包括：

①是否接受犯罪嫌疑人、被告人的请托，因何接受请托，请托的具体内容；

②与犯罪嫌疑人、被告人的个人关系及工作关系，任职单位、部门、职务、职权、级别，及获得上述职务、行使相应职权的时间；

③是否接受请托为行贿人谋取利益，谋取何种利益及是否正当。

(3)证人证言，内容包括：

①行为人与受行为人请托的国家工作人员个人关系、工作关系；

②犯罪嫌疑人、被告人的职权或者地位对受请托的国家工作人员是不是无“制约关系”及具体表现；

③受请托的国家工作人员是否接受了犯罪嫌疑人、被告人的请托，因何接受请托；

④犯罪嫌疑人、被告人是否要求其他国家工作人员为其谋取利益，是否谋取到了利益，谋取何种利益及是否正当。

(4)书证，内容包括：

①证明犯罪嫌疑人、被告人职责范围及其所在单位与其所请托的其他国家工作人员所在单位的关系，以及其他国家工作人员的任职单位、部门、职务、职权、级别及获得上述职务、行使相应职权的时间的书证，如任职文件、会议记录、干部履

历表等；

②犯罪嫌疑人、被告人利用职务的地位、影响实施斡旋贿赂的记录、批示等；

③证明受行为人请托的国家工作人员接受请托为行贿人谋取利益的文件、记录、批示等。

(5)犯罪嫌疑人、被告人索取或收受他人财物方面的证据，基本同于索取型或收受型受贿罪的证据要求。

通过上述证据，证明犯罪嫌疑人、被告人利用本人职权或者地位形成的便利条件，通过其他国家工作人员职务行为，为请托人谋取了不正当利益。

实践中，应着重查明犯罪嫌疑人、被告人收受他人财物后，是否仅利用职权或者地位形成的便利条件，通过他人为请托人谋取不正当利益。如果行为人以利用亲情、友情关系，通过他人为请托人谋取不正当利益作辩解时，就应当重点查找斡旋受贿中"国家工作人员"之间关系的证据，包括工作联系方面的书证、证人证言等。

4. 经济型受贿罪的证据

(1)犯罪嫌疑人、被告人的供述和辩解，证明行为人是否利用了自己职务上的主管、负责或者承办某项公共事务或具体经济活动所形成的便利条件，收受各种名义的回扣、手续费归个人所有的情况，以及钱款的保管、使用情况等；

(2)证人证言，证明犯罪嫌疑人、被告人职务、职责，与行为人工作业务关系、经济往来情况，收受回扣、手续费的时间、地点、数额、账目处理、过程及是否交公等情况；

(3)书证，证明犯罪嫌疑人、被告人身份、职责范围及犯罪嫌疑人、被告人从事经济往来的相应文件、记录、批文、合同书、往来账目等；

(4)物证、视听资料、鉴定意见等其他证据，参照上述三种类型受贿的证据标准。

通过上述客观方面证据，证明行为人在经济往来中，收受了各种名义的回扣、手续费，应当交公而不交公，归个人所有。

5. 新型受贿犯罪形式的证据

(1)利用职务便利方面的证据，基本同于上述索取型受贿罪的证据要求。

(2)为他人谋取利益方面的证据,基本同于上述收受型受贿罪的证据要求。

(3)收受财物方面的证据,表现为多种形式:

①以交易形式收受贿赂。包括以明显低于市场的价格向请托人购买房屋、汽车等物品;以明显高于市场的价格向请托人出售房屋、汽车等物品;以其他交易形式非法收受请托人财物等。受贿数额按照交易时当地市场价格与实际支付价格的差额计算。市场价格包括商品经营者事先设定的不针对特定人的最低优惠价格。根据商品经营者事先设定的各种优惠交易条件,以优惠价格购买商品的,不属于受贿。

需要收集的证据主要包括:证明该差价交易的真实情况、行为人曾(或许诺)利用职务上的便利为请托人谋取利益以及该差价交易实为权钱交易的相关证据,包括犯罪嫌疑人、被告人供述和辩解,请托人及其他证人证言,房屋、汽车买卖合同,支付价款的银行凭证等书证,房屋、汽车等物证等相关证据;证明该商品当地市场价格与实际支付价格的差额以及关于该商品最低优惠价格的犯罪嫌疑人、被告人供述和辩解,证人证言,物证,书证,鉴定意见等相关证据。

②以干股形式收受贿赂。国家工作人员利用职务上的便利为请托人谋取利益,收受请托人提供的干股(即未出资而获得的股份)。进行了股权转让登记,或者相关证据证明股份发生了实际转让的,受贿数额按转让行为时股份价值计算,所分红利按受贿孳息处理;股份未实际转让,以股份分红名义获取利益的,实际获利数额应当认定为受贿数额。

需要收集的证据主要包括:证明犯罪嫌疑人、被告人收受请托人提供的干股系因其曾(或许诺)利用职务上的便利为请托人谋取利益的相关证据,包括犯罪嫌疑人、被告人的供述和辩解、请托人等证人证言、物证、书证等相关证据;干股未实际转让的,证实双方关于达成干股转让合意的字据、文书、犯罪嫌疑人、被告人供述和辩解、证人证言等相关证据;干股实际转让的,证实干股转让的书证、物证、犯罪嫌疑人、被告人供述和辩解、证人证言等相关证据;证明干股转让时间、转让价值、证明分红情况的相关证据。

③以开办公司等合作投资名义收受贿赂。国家工作人员利用职务上的便利为请托人谋取利益,由请托人出资,“合作”开办公司或者进行其他“合作”投资的,受贿数额为请托人给国家工作人员的出资额。国家工作人员利用职务上的便

利为请托人谋取利益，以“合作”开办公司或者进行其他“合作”投资的名义获取“利润”，没有实际出资和参与管理、经营的，受贿数额为该“利润”额。

需要收集的证据主要包括：证实犯罪嫌疑人、被告人以“合作”开办公司或者进行其他“合作”投资形式收受请托人财物系因其曾（或许诺）利用职务上的便利为请托人谋取利益的相关证据，包括犯罪嫌疑人、被告人的供述和辩解、请托人等证人证言、“合作”开办公司或者进行其他“合作”投资的工商登记资料、字据等书证、物证等相关证据；证明受贿数额的相关证据，即系收受的是出资额还是利润，包括犯罪嫌疑人、被告人供述和辩解、请托人等证人证言、“合作”开办公司或者进行其他“合作”投资的工商登记资料、分红记录、字据、银行转账凭证等书证、物证等相关证据。

④以委托请托人投资证券、期货或者其他委托理财的名义收受贿赂。国家工作人员利用职务上的便利为请托人谋取利益，以委托请托人投资证券、期货或者其他委托理财的名义，未实际出资而获取“收益”，或者虽然实际出资，但获取“收益”明显高于出资应得收益的，受贿数额，前一情形，以“收益”额计算；后一情形，以“收益”额与出资应得收益额的差额计算。

需要收集的证据主要包括：证实犯罪嫌疑人、被告人以委托请托人投资证券、期货或者其他委托理财的名义收受贿赂系因其曾（或许诺）利用职务上的便利为请托人谋取利益的相关证据，包括犯罪嫌疑人、被告人的供述和辩解、请托人等证人证言、委托请托人投资证券、期货或者其他委托理财的书证、物证等相关证据；证明受贿数额的相关证据，即属于未出资而获取收益还是获得收益明显高于应得收益，包括犯罪嫌疑人、被告人的供述和辩解、请托人等证人证言、委托请托人投资证券、期货或者其他委托理财的证券、期货、股票、债权、银行转账凭证等书证、证券等物证等相关证据。

⑤以赌博形式收受贿赂。根据《最高人民法院、最高人民检察院关于办理赌博刑事案件具体应用法律若干问题的解释》第七条的规定，国家工作人员利用职务上的便利为请托人谋取利益，通过赌博方式收受请托人财物的，构成受贿。

需要收集的证据主要包括：证实犯罪嫌疑人、被告人以赌博形式收受请托人财物系因其曾（或许诺）利用职务上的便利为请托人谋取利益的相关证据，包括犯罪嫌疑人、被告人的供述和辩解，请托人、赌博参与人等证人证言等；证明受贿数额的相关证据，即获得赌资的数额，包括犯罪嫌疑人、被告人的供述和辩解、请托人、赌博参与人等证人证言、现金、筹码等物证。

实践中应注意区分贿赂与赌博活动、娱乐活动的界限。具体认定时，主要应当结合以下因素进行判断：a. 赌博的背景、场合、时间、次数；b. 赌资来源；c. 其他赌博参与者有无事先通谋；d. 输赢钱物的具体情况和金额大小。

⑥以特定关系人“挂名”领取薪酬形式受贿。国家工作人员利用职务上的便利为请托人谋取利益，要求或者接受请托人以给特定关系人安排工作为名，使特定关系人不实际工作却获取所谓薪酬的，以受贿论处。

需要收集的证据主要包括：证实犯罪嫌疑人、被告人以让特定关系人“挂名”领薪方式收受请托人财物系因其曾（或许诺）利用职务上的便利为请托人谋取利益的相关证据，包括犯罪嫌疑人、被告人的供述和辩解、请托人、特定关系人等证人证言；证明特定关系人只是“挂名”领薪，并不实际工作的相关证据，包括特定关系人、单位相关领导、同事等证人证言、工作记录等书证；证明受贿数额的相关证据，即特定关系人“挂名”领薪的数额，包括犯罪嫌疑人对此数额明知或概括知道的供述或辩解、特定关系人、单位相关领导、同事等证人证言、工作记录、工资发放记录、银行转账凭证等书证。

⑦关于在职时为请托人谋利，离职后收受财物的问题。国家工作人员利用职务上的便利为请托人谋取利益之前或者之后，约定在其离职后收受请托人财物，并在离职后收受的，以受贿论处。国家工作人员利用职务上的便利为请托人谋取利益，离职前后连续收受请托人财物的，离职前后收受部分均应计入受贿数额。

需要收集的证据主要包括：证实犯罪嫌疑人、被告人与请托人达成在其在职时谋利、离职后收受请托人财物合意的相关证据，需要查清达成合意的时间、地点、场合等具体细节，包括犯罪嫌疑人、被告人的供述和辩解、请托人等证人证言、合同、字据等书证；证实受贿数额的相关证据，即犯罪嫌疑人离职后收受的财物或离职前后连续收受的财物数额，包括犯罪嫌疑人、被告人的供述和辩解、请托人等证人证言、合同、字据、银行转账凭证等书证、现金、物品等物证。

（四）关于本罪客体的证据

通过上述主、客观方面的证据，证明行为人实施的受贿行为侵害了国家工作人员职务行为的廉洁性。

受贿罪的犯罪对象是贿赂。我国现行刑法中的贿赂是指数额较大的财物，既包括金钱和实物，也包括可以用金钱计算数额的财产性利益，如提供房屋装修、含有金额的会员卡、代币卡（券）、旅游费用等。具体数额以实际支付的资费为准，但不包括非物质利益。收受银行卡的，不论受贿人是否实际取出或者消费，卡内的存款数额一般应全额认定为受贿数额。使用银行卡透支的，如果由给予银行卡的一方承担还款责任，透支数额也应当认定为受贿数额。根据《最高人民法院、最高人民检察院关于办理贪污贿赂刑事案件适用法律若干问题的解释》第一条第一款的规定，贪污或者受贿数额在三万元以上不满二十万元的，应当认定为刑法第三百八十三条第一款规定的“数额较大”。

对于为犯罪嫌疑人、被告人提供装修等物资性利益时，应该有装修费用方面的物证、书证及有关部门的评估书，将其折算成“财物”。对于收受不记名、不挂失的有价支付凭证、有价证券、有价票证，均以财物论，同时要有按票面数额和案发时已交的孳息、奖金或者奖品等可得收益一并计算的证据；对于股票，要有受贿当日证券交易所公布的该种股票成交的平均价格证据；对于收受记名的有价支付凭证、有价证券、有价票证，能即时兑现的，以财物论。其中，票面价值已定并能即时兑现的，如活期存折、已到期的定期存折和已填上金额的支票，以及不需证明手续即可提取货物的提货单等，应当有案发时应得的利息，或者可提货物价值的证据。如果票面价值未定，但已经被兑现的，要有实际兑现财物价值的证据。

三、本罪在收集、审查、认定证据中应注意的问题

（一）以不作为方式为请托人谋取利益的认定

在为请托人谋取合法利益过程中，经常出现行为人以不作为形式为他人谋取利益的情形。此种情况下，行为人多辩解自己无“权钱交易”故意。此时，应当注意收集下列相关证据：

（1）有关行为人职权范围及履行职责情况的证据，如用行为人参加某一会议的“会议记录”，来证实行为人明确知道请托事项。

（2）行为人收受贿赂方面的证据。

（3）证人证言。证实行为人通过不积极履行职责，从而为相关人谋取“违反

法律、法规、国家政策和国务院各部门规章规定”的帮助或者方便条件，进而谋取违反法律、法规、国家政策和国务院各部门规章规定的利益，以此认定行为人的受贿故意。

（二）特定条件下“收受”的认定

对受贿犯罪中“收受”他人贿赂应该从主客观相统一去把握和理解。“收受”财物是“收＋受”，“收”侧重于客观行为即收到的行为和状态，“受”侧重于主观意愿即是否接受，落脚点应当是“受”，即完全接受，受贿罪完成的标志应是收到并接受他人财物。收受作为刑法上的行为，本身就是客观和主观两方面的统一体，客观上必须有接收财物的行为，主观上必须对财物的贿赂性质有认识并予以接受的意思。前者是构成要件符合性的判断，后者是主观罪责的判断，遵循从客观到主观的判断顺序。所以，客观上的接收财物行为还要结合主观上的收受贿赂故意，只有在主客观相一致的情况下，才能认定为“收受”贿赂。实践中，存在不少情况，行为人虽“收”了他人财物，但不一定构成受贿的情形，应当注意收集有关细节证据，具体如下：

（1）行为人以“不知收受的礼品中夹带金钱等财物”作辩解时，重点应收集行贿人关于送礼品详细经过的证言，同时注意收集受贿人一方知情人的证言，如对于相关礼品的处理情况、与受贿人沟通情况等，并结合为请托人谋利情节予以综合认定。

（2）在行为人是否收受财物问题上直接证据出现“一对一”时，要重点收集、审查两个方面的证据：一是行贿方的证据，如行贿款的来源、处理情况，行贿的详细经过，行贿前后相关人员沟通联系情况等，行贿人平时的品行等，以此来审查、判断行贿行为的可信度。二是注意收集、审查犯罪嫌疑人、被告人收受财物前后其家庭财产收支变化的证据，同时注意犯罪嫌疑人、被告人供述或者辩解的矛盾之处，以及犯罪嫌疑人、被告人平时的品行等。同时，要注意收集犯罪嫌疑人、被告人与家属等订立攻守同盟方面的衍生证据。

在认定与“收受财物”有关的证据时，要形成闭合的证据链条，排除合理的怀疑。同时，对于收受行为的认定，还应当结合受贿人当时是否有“职务上的便利”、是否承办该请托事项、是否“为请托人谋利”等方面予以综合认定。

（3）礼尚往来与受贿的界限。

如果犯罪嫌疑人、被告人用“亲友间礼尚往来，不是受贿”作辩解，应当重点收集以下证据：

①行贿人证言，证实当地一般“礼尚往来”的数额，行贿者家属收入情况，行贿人与犯罪嫌疑人、被告人关系亲密程度、送礼时间、地点、原因、数额、结果等情况；

②犯罪嫌疑人、被告人供述与辩解，证实犯罪嫌疑人、被告人与行贿人关系亲密程度，以往曾经给行贿人送礼情况等，如收受财物的原因、数额等，以及收受财物前后，为行贿人谋利益的情况；

③其他证人证言，内容同上。

通过上述证据，如果能够证明受贿与“礼尚往来”差额悬殊，则即使存在“亲友关系”，也不影响受贿罪的认定。

（4）关于收受贿赂物品未办理权属变更问题。

国家工作人员利用职务上的便利为请托人谋取利益，收受请托人房屋、汽车等物品，未变更权属登记或者借用他人名义办理权属变更登记的，不影响受贿的认定。此处的“未变更权属登记或者借用他人名义办理权属变更登记”，可能是行为人有意为之，也可能是客观原因导致的暂时无法办理，无论出于何种原因没有办理产权登记手续，只要能够查明双方之间权钱交易的行为性质，就应当能够认定行为的受贿性质，所不同的，只是构成受贿既遂还是未遂的问题。我们认为，如果是行为人主观上为了逃避惩罚、增强受贿行为的隐蔽性，故意不办理过户登记的，应按照受贿既遂来对待；如果是客观原因导致的暂时不能办理过户，可以说，行为人收受他人财物的犯罪故意并未最终实现，受贿行为并未完全实施完毕，待客观原因消除，行为人可能即刻会进行办理，这种情况以受贿未遂处理更为妥当。

需要收集的证据主要包括：证实犯罪嫌疑人、被告人虽未办理权属变更登记，但已与请托人达成合意确定收受其房屋、汽车等物品的时间、地点、场合等相关证据，包括犯罪嫌疑人、被告人的供述和辩解、请托人等证人证言、合同、字据等书证、房屋、汽车等物证；证实收受请托人房屋、汽车等物品系因其曾（或许诺）利用职务上的便利为请托人谋取利益的相关证据，包括犯罪嫌疑人、被告人的供述和辩解、请托人、等证人证言;证实房屋、汽车等物品价值的相关证据,包括犯罪嫌疑人的供述和辩解、请托人等证人证言、合同、字据等书证、房屋、汽车等物品的鉴定意见等。

认定以房屋、汽车等物品为对象的受贿,应注意与借用的区分。具体认定时,除双方交代或者书面协议之外,主要应当结合以下因素进行判断:①有无借用的合理事由;②是否实际使用;③借用时间的长短;④有无归还的条件;⑤有无归还的意思表示及行为。

(5)退还或上交问题。

《最高人民法院、最高人民检察院关于办理受贿刑事案件适用法律若干问题的意见》第九条规定:关于收受财物后退还或者上交问题。国家工作人员收受请托人财物后及时退还或者上交的,不是受贿。国家工作人员受贿后,因自身或者与其受贿有关联的人、事被查处,为掩饰犯罪而退还或者上交的,不影响认定受贿罪。

该条规定中的收受财物后及时退还或者上交的行为不是受贿,不是将本已构成受贿罪的行为作非罪处理,而是因为该行为本身就不构成犯罪,《最高人民法院、最高人民检察院关于办理受贿刑事案件适用法律若干问题的意见》本条文字表述上也是使用"不是受贿"用语,而不是"不以受贿论处"等用语。行为人收受请托人钱物后,能及时退还或上交,虽然表明其在客观上收受了他人财物,但由于主观上没有受贿的故意,因而不符合受贿罪的构成要件,也没有造成受贿罪法益侵害的结果,因为行为人并没有利用其职务与他人钱财进行交换的故意存在。实践中,此类行为还是存在不少的,如行为人对请托人给付财物的行为缺乏心理准备,请托人强行留下财物即离开;或者行为人受请托人蒙骗,事后发现请托人留有财物;或者在行为人完全不知情的情况下,请托人将财物送给行为人近亲属等,不一而足。此外,该款规定只适用于收受型的受贿犯罪,对于索取型的受贿(包括斡旋受贿)都不能适用。因为索贿的场合下,国家工作人员具有明显的受贿故意,主观恶性较大,其索取并收受贿赂的行为一经完成,行为即达到既遂状态。后续的退还或上交赃物行为,不管是基于悔罪、恐惧还是任何原因,都不能再影响和改变受贿行为的性质和受贿既遂的状态。

首先,关于"及时"的理解。在这里,"及时"是一个时间概念,但并非一个时间界限,其实际是一个主客观要素综合一体的判断标准。认定是否“及时”应考虑以下几个要素:①是否具备退交条件。所谓退交条件,即行为人是否明知请托人给予财物的事实,行为人知道该事实后是否可以实现退交等。如行为人近亲属收受财物后一直未告知行为人;行为人被迫收受请托人财物后即出差外地,无法将财物退交等,均属于不具备退交条件。②退交时间是否合理。《现代汉语词典》将“及时”解释为“不拖延,马上,立刻”,据此,及时退交即应指行为人在具备退交条件时,立即地、不拖延地将财物退还请托人或者上交。如果退交时间不属于立即,则仍应以受贿罪定罪处罚。③是否主动退交。这同样是认定行为人主观是否具备受贿故意的重要依据。主动退交的原因可以是多方面的,既可以是真心抵制行贿行为,也可以是收受财物时即害怕法律制裁。但退交行为必须是其本人主动,如果是被相关部门教育后才退交,则不影响受贿罪的成立。

其次,关于退还、上交的理解。①退还、上交的主动性。主观方面必须是出于真实的不愿收受贿赂的意图,主动地退还或上交,不能因他人被调查担心自己犯罪暴露或者由于被行贿人索要等外界原因被动退还或上交。②退还、上交给谁的问题。退还自不必说,应当是退还送予财物的请托人本人,当然也可以是请托人的近亲属,可以当面退还请托人也可以邮寄或通过他人转交,或者放到请托人家里。上交既可以是上交本单位,也可以是上交上级单位或纪检监察部门等有关部门,作为单位领导,将收受的财物交到本单位,也是一种上交行为。当前不少地方设置“廉政账户”,上交到该账户,也可以视为上交。③退还、上交的对象问题。一般来说,退还或上交应是将原财物足额退还或上交,这才能印证行为人主观上根本没有非法占有意图。如果行为人在根本不情愿的情况下暂时收下他人财物,必定会妥善保管,日后想尽办法退还或上交,因此,退还或上交的必定是原财物。当然,如果发生意外情况,原财物灭失,货币是种类物,不存在是不是返还、上交原来货币的问题,但物品则分不同情况,如果是商场销售的种类物,则可购买该类物品或与其价值相当之物,如果是非种类物,如字画、古董等,则可按折价金钱退还或上交。④上交是否要公开或明确说明财物来源。考虑到中国人情社会的国情,国家工作人员和行贿人常常可能是熟人,此外,国家工作人员也会考虑到在单位的形象和面子问题,硬是要求国家工作人员必须公开说明款项来源,会使其背上不必要的心理包袱。因此,如果国家工作人员及时主动上交他人送予的财物的,符合其他条件的，一般就不再作为受贿犯罪处理，不宜再强行要求其必须说明财物来源才能排除其行为的犯罪性。并且，从根本上讲，公开说明财物来源只是证明其主观上不存在受贿故意的一个要素而已，这个要素不是必不可少的要素，公不公开财物来源性质不能从根本上决定和影响行为人是否具有受贿故意和构成受贿犯罪。

除了上述收受财物后及时退还或上交的情形以外，国家工作人员受贿后，因自身或者与其受贿有关联的人、事被查处，为掩饰犯罪而退还或者上交的，不影响认定受贿罪。例如，国家工作人员自己被有关领导或纪检监察部门找去谈话，或者行贿人被调查，或者其曾经为请托人进行的谋利事项被调查等。行为人因自身或者与其受贿有关联的人、事被查处，担心犯罪败露，主观上为掩饰犯罪而退还或上交财物的，只要有证据证明其得知了有关查处的线索，出于掩饰犯罪而退还或上交即可。

第三节　利用影响力受贿罪

《刑法》

第三百八十八条之一　国家工作人员的近亲属或者其他与该国家工作人员关系密切的人，通过该国家工作人员职务上的行为，或者利用该国家工作人员职权或者地位形成的便利条件，通过其他国家工作人员职务上的行为，为请托人谋取不正当利益，索取请托人财物或者收受请托人财物，数额较大或者有其他较重情节的，处三年以下有期徒刑或者拘役，并处罚金；数额巨大或者有其他严重情节的，处三年以上七年以下有期徒刑，并处罚金；数额特别巨大或者有其他特别严重情节的，处七年以上有期徒刑，并处罚金或者没收财产。

离职的国家工作人员或者其近亲属以及其他与其关系密切的人，利用该离职的国家工作人员原职权或者地位形成的便利条件实施前款行为的，依照前款的规定定罪处罚。

一、利用影响力受贿罪的概念

利用影响力受贿罪，是指国家工作人员的近亲属或者其他与该国家工作人员关系密切的人，通过该国家工作人员职务上的行为，或者利用该国家工作人员职权或者地位形成的便利条件，通过其他国家工作人员职务上的行为，为请托人谋取不正当利益，索取请托人财物或者收受请托人财物，数额较大或者有其他较重情节的行为。离职的国家工作人员或者其近亲属以及其他与其关系密切的人，利用该离职的国家工作人员原职权或者地位形成的便利条件实施上述行为的，也按照利用影响力受贿罪处理。

本罪命名为利用影响力受贿罪，“影响力”是核心问题，国家工作人员的近亲属或其他关系密切人正是利用了其对国家工作人员的影响力，促使其利用职务便利为请托人谋利，从而最终达到收受他人财物的目的，那么如何理解此处影响力的内涵呢？从性质上看，影响力可分为权力性影响力和非权力性影响。权力性影响力，也称强制性影响力，它是指权力者在组织中担任了一定的职务，所具有的与职务相关的影响力。权力性影响力具有一定的强制性，下级必须服从。同时，权力性影响力与职务相连，只有担任了一定的职务，才具有这种影响力。非权力性影响力，也称自然性影响力，它来自行为者自身的因素，其中包括品格、知识、才能、情感、资历等个人因素亦即个人威望所产生的影响力。与斡旋受贿中行为人与国家工作人员之间存在的权力性影响力不同，本罪中存在的影响力是非权力性影响力，即基于血缘、亲属、同乡、同学、战友、师生、男女关系等关系产生的人与人之间的影响力，这种影响力是与特定的个人联系在一起的，它不是仰仗社会所赋予的职务、地位和权力而获得的。可以说，本罪所要打击的目标就是领导干部的身边人。

二、利用影响力受贿罪的公诉证据参考标准

（一）关于本罪主体的证据

本条规定共列举了五种主体：(1)国家工作人员的近亲属；(2)其他与国家工作人员关系密切的人；(3)离职的国家工作人员；(4)离职的国家工作人员的近亲属；(5)其他与离职的国家工作人员关系密切的人。关于本罪犯罪主体的理解及

证据收集，有以下几个问题需要注意：

首先，关于“近亲属”的范围。关于“近亲属”的范畴大小有多个司法解释作出不同的解释，其中2000年《最高人民法院关于执行〈中华人民共和国行政诉讼法〉若干问题的解释》（已废止）第十一条规定的范畴最广，即“近亲属”，包括配偶、父母、子女、兄弟姐妹、祖父母、外祖父母、孙子女、外孙子女和其他具有扶养、赡养关系的亲属。从严密法网和加大反腐力度的角度出发，适用对于近亲属范围最广的规定，有利于增加利用影响力受贿罪的适用空间。

其次，关于离职国家工作人员的范围。按照《公务员法》有关规定，离职国家工作人员应当包括：因辞去公职、退休、被辞退、被开除以及解除聘任合同而不再履行公务员职务的人员。证据收集时需要侧重于收集国家工作人员离职的相关证据，主要包括犯罪嫌疑人、被告人离职的相关手续、单位证明、工资发放记录等相关书证；犯罪嫌疑人、被告人的供述和辩解；单位有关人员及其家属等相关人员的证言等证据。

最后，关于“关系密切的人”的范围，包括与“其他与国家工作人员关系密切的人”以及“其他与离职的国家工作人员关系密切的人”。我们认为，刑法修正案对本罪的犯罪主体不明确规定具体范围，而做其他“关系密切的人”这种概括性的模糊文字表述是恰当的，一方面，利用影响力受贿罪的本质不在于主体是谁，主体问题不是该罪的本质问题，这也与《联合国反腐败公约》的规定精神相符，公约中规定构成利用影响力交易的可以是任何人；另一方面，规定的过于具体，难免造成立法疏漏。能够通过国家工作人员为他人谋利办事的人，范围本身就不确定，可以是情人、同学、老乡、朋友或者其他不确定的任何人，只要其与国家工作人员关系密切，能够利用这种密切关系影响国家工作人员，促使国家工作人员利用其职权或地位为他人谋利办事即可，不应当将主体范围限定的过于狭窄。应全面收集证据，除收集主体相关的证据，还应包括证明犯罪嫌疑人、被告人与国家工作人员关系密切的犯罪嫌疑人、被告人的供述和辩解及相关证人证言等证据。

（二）关于本罪主观方面的证据

（1）行为人有关利用影响力受贿的动机、目的及预谋时间、地点、参与人及分工、方式、原因、经过、结果的供述及亲笔供词。

(2)有关行为人对财物性质的明知,即明知所索取的财物或者所收受的财物属于贿赂,以及是否有将财物占为己有的故意的供述及亲笔供词。

(3)行为人对于通过国家工作人员的职务行为为他人谋利的明知。即行为人意图利用自身对国家工作人员的基于亲情、感情等非权力性的影响力,为请托人谋取不正当利益的供述及亲笔供词。

通过上述证据证明,行为人明知自己与国家工作人员的特殊密切关系可以影响其职务行为,为了收受他人财物,从而故意请托国家工作人员为他人谋取利益。

(三)关于本罪客观方面的证据

1. 犯罪嫌疑人、被告人的供述与辩解

该类证据内容包括:

(1)与国家工作人员的交往情况和个人关系;

(2)向国家工作人员请托何种事项、是否正当及是否实现;

(3)是否收受请托人财物,以及收受财物的具体情况。

2. 国家工作人员的证言

该类证据内容包括:

(1)与犯罪嫌疑人、被告人的交往情况及个人关系;

(2)是否接受犯罪嫌疑人、被告人的请托要求,因何接受其要求、其要求谋利的具体内容、是否正当;

(3)是否按照犯罪嫌疑人、被告人的要求,利用职务上的便利或影响力为请托人谋取利益及谋取的利益是否正当,是否认识或接触过请托人;

(4)是否知悉犯罪嫌疑人、被告人收受请托人财物,是否参与收受。

3. 请托人等证人证言

该类证据内容包括:

(1)犯罪嫌疑人、被告人与国家工作人员的交往情况和个人关系;

(2)请托人是否向犯罪嫌疑人、被告人转达请国家工作人员为自己谋利的请托事项;

(3)国家工作人员是否按照犯罪嫌疑人、被告人的要求,利用职务上的便利

或影响力为请托人谋取利益及谋取利益是否正当；

(4)犯罪嫌疑人、被告人是否收受请托人财物，以及收受财物的具体情况；

(5)国家工作人员是否知悉犯罪嫌疑人、被告人收受请托人财物，是否参与收受。

4. 书证

(1)证明国家工作人员的任职单位、部门、职务、职权、级别及获得上述职务、行使相应职权的时间的书证，如任职文件、会议记录、干部履历表等；

(2)国家工作人员利用职务上的便利或影响力，为请托人谋取不正当利益的批示、记录、文件等；

(3)收受财物的有关书证，包括银行转账凭证、借据、收据、房屋、汽车等财物的购买手续、证书等。

5. 物证

行为人收受的现金、物品、房屋、汽车等。

6. 鉴定意见

行为人收受物品的价格鉴定意见。

通过上述证据，证明犯罪嫌疑人、被告人利用自己对国家工作人员的特殊影响力，通过该国家工作人员的职务行为，为请托人谋取了不正当利益。

(四)关于本罪客体的证据

国家工作人员近亲属以及其他与其关系密切的人、离职国家工作人员等五类主体通过该国家工作人员职务上的行为，或者利用该国家工作人员职权或者地位形成的便利条件，为请托人谋取不正当利益，并索取和收受请托人财物的情况下，这五类主体自身没有职务便利可以利用或出卖，无法直接侵犯国家工作人员职务行为的廉洁性，其只是通过其对国家工作人员的影响力间接利用该国家工作人员的职务便利，而被利用的该国家工作人员本人并没有受贿的故意、也没有出卖职务行为的故意，所以其谋利行为并没有直接侵害职务行为的不可收买性或公正性。本类行为的实质是一种诱发、帮助职务腐败犯罪的犯罪行为，所以《联合国反腐败公约》也没有将此类犯罪作为受贿犯罪处理。但不可否认的是，该类行为却影响了国家机构的正常管理活动和公职人员的廉政形象,可以说,侵犯了贪污贿赂罪的同类客体,纳入贪污受贿罪一章也是合理的。如果要概括该类犯罪行为侵犯的犯罪客体,我们认为,用国家的廉政建设制度这一比较抽象的概念较为合适。

即通过上述主、客观方面的证据,证明行为人实施的行为侵害了国家的廉政建设制度。

第四节　介绍贿赂罪

《刑法》

第三百九十二条　向国家工作人员介绍贿赂,情节严重的,处三年以下有期徒刑或者拘役,并处罚金。

介绍贿赂人在被追诉前主动交待介绍贿赂行为的,可以减轻处罚或免除处罚。

一、介绍贿赂罪的概念

介绍贿赂罪,是指在受贿人和行贿人之间进行沟通、撮合、引见,使受贿和行贿得以实现,情节严重的行为。

二、介绍贿赂罪的公诉证据参考标准

(一)关于本罪主体的证据

本罪的主体是一般主体,即年满十六周岁、具有刑事责任能力的自然人。

(二)关于本罪主观方面的证据

1. 犯罪嫌疑人、被告人的供述与辩解

该类证据证实介绍贿赂的动机、目的、时间、地点、行贿人、受贿人、参与人、经过、结果,谋取的利益内容及是否实现,以及共同犯罪的预谋策划时间、地点、参与人、分工及经过等。

2. 证人证言

该类证据证实内容同上。

3. 物证、书证

该类证据证实贿赂的种类、数量、去向,谋取的利益等。

通过上述证据,证明行为人明知自己违反国家有关规定,向国家工作人员介绍贿赂的行为,会发生行贿、受贿行为的结果,并且积极希望这一结果的发生的主观心态。

实践中,介绍贿赂的动机一般包括:(1)“情义型”,主要发生于同学、亲戚、同事或朋友等情况下;(2)“联络感情型”,即行为人意欲建立关系网;(3)“巴结权势型”,主要为讨好上司而介绍贿赂;(4)“贪利型”,即为从中谋取自己的非法利益。但是,动机不影响本罪的成立。

(三)关于本罪客观方面的证据

1. 犯罪嫌疑人、被告人的供述和辩解

该类证据证实:

(1)实施介绍贿赂行为的时间、地点、参加人员。

(2)采取何种方法、手段,包括沟通、牵线搭桥、撮合、引见等。

(3)受何人委托,包括介绍行贿的,即接受行贿人的请托,而向国家工作人员介绍贿赂。介绍受贿的,即为受贿人(主要是索贿者)物色可能的行贿人,居间介绍。

(4)介绍贿赂的人数、次数。

(5)作案的详细经过。

(6)是否谋取非法利益及非法利益的数额、价值、物品名称等。

(7)行贿人是否行贿,受贿人是否受贿。

(8)共同犯罪的起意、策划、分工、实施、分赃等情况,查明每一犯罪嫌疑人在共同犯罪中的地位和作用。

2. 证人证言

(1)受贿人的证言,包括受贿人与介绍贿赂人的关系,收受财物的时间、地点、经过、结果,受贿的金钱数额、物品名称、特征、价值,为行贿人谋取不正当利益的事实经过等；

(2)行贿人的证言，包括行贿人与介绍贿赂人的关系，行贿的时间、地点和次数，行贿是现金还是物品，谋取的利益等；

(3)知情人、关系人、亲友的证言。

3. 物证、书证

(1)行、受贿的金钱、物品等原物、照片；

(2)便条、电话记录、信件、存折等书证。

4. 鉴定意见

(1)文检、指纹鉴定；

(2)估价鉴定。

5. 视听资料

视听资料包括录音、录像带及照片等。

6. 其他证明材料

(1)行贿人、受贿人受处罚的证明，包括判决书等；

(2)搜查、扣押、起赃、收缴、封存笔录。

通过上述证据，证明行为人违反国家的有关规定，实施了介绍贿赂的行为。

(四)关于本罪客体的证据

通过上述主、客观方面的证据，证明行为人的行为侵害了国家工作人员职务行为的廉洁性。

三、本罪在收集、认定证据过程中应注意的问题

(一)关于认定罪与非罪的认定

介绍贿赂行为本身具有一定的独立性，本罪的成立并不以相对应的行贿罪和受贿罪的两者都成立或其一成立为前提条件。实践中，只要行为人介绍贿赂达到《最高人民检察院关于人民检察院直接受理立案侦查案件立案标准的规定(试行)》规定的立案标准的，即应定罪处罚。

（二）关于本罪与其他犯罪的界限

行为人既是行贿或者受贿犯罪的教唆者，又在行贿人与受贿人之间起牵线搭桥的促成作用的，应当作为吸收犯，按照从一重罪处断的原则，以受贿罪（教唆犯）或行贿罪（教唆犯）论处。

第五节　行　贿　罪

《刑法》

第三百八十九条　为谋取不正当利益，给予国家工作人员以财物的，是行贿罪。

在经济往来中，违反国家规定，给予国家工作人员以财物，数额较大的，或者违反国家规定，给予国家工作人员以各种名义的回扣、手续费的，以行贿论处。

因被勒索给予国家工作人员以财物，没有获得不正当利益的，不是行贿。

第三百九十条　对犯行贿罪的，处三年以下有期徒刑或者拘役，并处罚金；因行贿谋取不正当利益，情节严重的，或者使国家利益遭受重大损失的，处三年以上十年以下有期徒刑，并处罚金；情节特别严重的，或者使国家利益遭受特别重大损失的，处十年以上有期徒刑或者无期徒刑，并处罚金或者没收财产。

有下列情形之一的，从重处罚：

（一）多次行贿或者向多人行贿的；

（二）国家工作人员行贿的；

（三）在国家重点工程、重大项目中行贿的；

（四）为谋取职务、职级晋升、调整行贿的；

（五）对监察、行政执法、司法工作人员行贿的；

（六）在生态环境、财政金融、安全生产、食品药品、防灾救灾、社会保障、教育、医疗等领域行贿，实施违法犯罪活动的；

（七）将违法所得用于行贿的。

行贿人在被追诉前主动交待行贿行为的，可以从轻或者减轻处罚。其中，犯罪较轻的，对调查突破、侦破重大案件起关键作用的，或者有重大立功表现的，可以减轻或者免除处罚。

一、行贿罪的概念

行贿罪，是指为谋取不正当利益，给予国家工作人员财物的行为。在经济往来中，违反国家规定，给予国家工作人员财物数额较大的，或者违反国家规定，给予国家工作人员各种名义的回扣、手续费的，以行贿论。

二、行贿罪的公诉证据参考标准

（一）关于本罪主体的证据

本罪主体是一般主体，即年满十六周岁、具有刑事责任能力的自然人。

（二）关于本罪主观方面的证据

1. 犯罪嫌疑人、被告人的供述与辩解

该类证据证实行贿的动机、目的、时间、地点、受贿人、参与人、经过、结果，谋取的不正当利益内容及是否实现，以及共同犯罪的预谋策划时间、地点、参与人、分工及经过等。

2. 证人证言

该类证据证实内容同上。

3. 物证、书证

该类证据证实贿赂的种类、数量、去向，谋取的不正当利益等。

通过上述证据，证明行为人“明知自己的行为，会发生侵害国家工作人员职务廉洁性的结果，并且积极希望这一结果的发生”的主观心态。行贿罪是目的犯，“谋取不正当利益”是构成行贿罪的必要要件。“谋取不正当利益”，是指行贿人谋取的利益违反法律、法规、规章、政策规定，或者要求国家工作人员违反法律、法规、规章、政策、行业规范的规定，为自己提供帮助或者方便条件。违背公平、公正原则，在经济、组织人事管理等活动中，谋取竞争优势的，应当认定为“谋取不正当利益”。至于谋取不正当利益是为了本人或者他人，不影响行贿罪的成立。

（三）关于本罪客观方面的证据

1. 犯罪嫌疑人、被告人供述和辩解

该类证据证实：

（1）实施行贿行为的时间、地点、原因。

（2）行贿的方式，包括主动给予受贿人财物或因对方的要求而被动地给予财物，或者违反国家规定，给予国家工作人员各种名义的回扣、手续费等。

（3）行贿人谋取不正当利益的内容及是否获得；谋取的利益是不是非法利益；因行贿谋取不正当利益，是否造成直接经济损失，使国家利益遭受重大损失。

（4）行贿的金钱数额、物品名称、特征、价值，行贿款的来源，是否源于违法所得。

（5）行贿的对象，是否为实施违法犯罪活动，向负有食品、药品、安全生产、环境保护等监督管理职责的国家工作人员行贿，严重危害民生、侵犯公众生命财产安全；是不是向行政执法机关、司法机关的国家工作人员行贿，影响行政执法和司法公正。

（6）行贿的详细经过。

（7）共同犯罪的起意、策划、分工、实施等情况，查明每一个犯罪嫌疑人在共同犯罪中的地位和作用。

2. 受贿人的证言

该类证据证实内容同上，并要求与行贿人供述相吻合。具体包括：

（1）受贿人的自然情况及国家工作人员身份、职务、职权情况，与行贿人的关系。

（2）收受财物的时间、地点、经过、结果。

（3）受贿的金钱数额、物品名称、特征、价值及存放、使用、消费等对受贿金钱或物品的处理情况。

（4）为行贿人谋取不正当利益的事实经过以及是否因谋利行为严重危害民生、侵犯公众生命财产安全、影响行政执法和司法公正、给国家利益造成损失等。

3. 知情人证言

该类证据证实：

(1)知情人与行贿人、受贿人的关系。

(2)行贿的时间、地点、人物、经过、金钱、财物的数量。

(3)行贿人行贿的原因,即谋取不正当利益的情况。

4. 物证

该类证据包括起获的贿赂赃款、赃物及受贿人用行贿钱款购买的物品。

5. 书证

该类证据包括:

(1)证明犯罪嫌疑人、被告人行贿前支取钱款的银行存折、支取凭单。

(2)犯罪嫌疑人、被告人行贿前后所作的笔记、日记等记录。

(3)犯罪嫌疑人、被告人购买贿赂物品的发票。

(4)受贿人具有国家工作人员的主体身份、单位职务、职权证明材料。

(5)受贿人利用职务便利为行贿人谋取不正当利益的批示、文件。

(6)受贿人收取贿赂的笔记、日记记录,银行存款的存折等。

6. 鉴定意见

(1)笔迹鉴定,证明行贿人、受贿人行受贿行为的签字笔迹、印鉴等。

(2)估价鉴定意见。

(3)因谋取不正当利益造成的损失的鉴定意见。

7. 勘验、检查笔录

该类证据包括现场、物证的勘验、检查笔录及照片。

8. 视听资料

该类证据包括录音、录像带、微机数据资料等。

9. 搜查、扣押、起赃、收缴、封存笔录

通过上述证据,证明行为人为了谋取不正当利益,实施了给予国家工作人员或者其他依照法律从事公务的人员财物的行为,即行为人实施了“以钱购权”的行为。行贿罪是“为谋取不正当利益”和“给予财物”的有机结合,两者具有因果关系,缺一不可。

（四）关于本罪客体的证据

通过上述主客观方面的证据，证明行为人的贿赂行为侵害了国家工作人员职务行为的廉洁性。

行贿罪中的"贿赂"，与受贿罪中的"贿赂"内涵相同。其认定方法参照受贿罪中的相应规定。

三、本罪在收集、审查、认定证据中应注意的问题

（一）行贿与受贿的对合问题

依照我国刑法的规定，行贿与受贿之间是行为对合而不是罪名对合。也就是说，同样的行贿与受贿行为，根据个案的不同情况，有时仅成立行贿罪或受贿罪，有时同时成立两个罪名，要根据个案情况予以客观认定。但无论是哪一种情况，证实行贿或者受贿的证据，都是证明对应事实的关键证据。

（二）不以行贿罪论处的情况

在行贿罪中，如果行为人所谋取的利益是不正当的，即使是因索贿而被迫向国家工作人员行贿，也应视为具有行贿的故意。这时，如果行为人没有实际获得不正当利益，不以行贿论处；获得不正当利益的，构成行贿。

如果行为人本该取得的利益是正当的、合法的，但因为某些国家工作人员的刁难、拖延、要挟而被迫行贿的，或者行为人担心不能获得利益而主动给予国家工作人员财物的，由于所谋取的利益本身是正当的，符合《刑法》第三百八十九条第三款规定的"因被勒索给予国家工作人员以财物，没有获得不正当利益的"情形，不以行贿论处。

实践中，应注意收集证明"利益是否正当"和是否受到国家工作人员的刁难、拖延、要挟的证据。

（三）行贿人的认罪态度对量刑的影响

因行贿人在被追诉前主动交代行贿行为而破获相关受贿案件的，对行贿人不适用《刑法》第六十八条关于立功的规定，依照《刑法》第三百九十条第三款的规

定,可以减轻或者免除处罚。

行贿人被追诉后如实供述自己罪行的,依照《刑法》第六十七条第三款的规定,可以从轻处罚;因其如实供述自己罪行,避免特别严重后果发生的,可以减轻处罚。

行贿人揭发受贿人与其行贿无关的其他犯罪行为,查证属实的,依照《刑法》第六十八条关于立功的规定,可以从轻、减轻或者免除处罚。

因此,侦查实践中应注意收集行贿人是否主动交代、是否供述、是否揭发其他犯罪的有关证据,此类证据直接影响行贿人的量刑。

第六节　单位行贿罪

《刑法》

第三百九十三条　单位为谋取不正当利益而行贿,或者违反国家规定,给予国家工作人员以回扣、手续费,情节严重的,对单位判处罚金,并对其直接负责的主管人员和其他直接责任人员,处三年以下有期徒刑或者拘役,并处罚金;情节特别严重的,处三年以上十年以下有期徒刑,并处罚金。因行贿取得的违法所得归个人所有的,依照本法第三百八十九条、第三百九十条的规定定罪处罚。

一、单位行贿罪的概念

单位行贿罪,是指单位为谋取不正当利益而行贿,或者违反国家规定,给予国家工作人员以回扣、手续费,情节严重的行为。

二、单位行贿罪的公诉证据参考标准

(一)关于本罪主体的证据

本罪的主体是单位,即具备法人资格的企业、事业单位、机关、团体。单位作为行贿罪的主体,这是从单位犯罪整体而言的。但是从单位犯罪的法律后果而

言,两种主体将承担刑事责任:一是单位;二是单位的直接负责的主管人员和其他直接责任人员。

(二)关于本罪主观方面的证据

1. 犯罪嫌疑人、被告人的供述与辩解

该类证据证实单位行贿的动机、目的、时间、地点、受贿人(单位)、参与人、经过、结果,谋取的利益内容及是否实现。

2. 证人证言(包括受贿人或者受贿单位知情人)

该类证据证实内容同上。

3. 物证、书证

如单位集体讨论记录、有关负责人签署的文件、单位的财务账目等书证,证实贿赂的种类、数量、去向,谋取的利益等,证明行贿的行为系由单位集体研究决定,或者由单位的负责人或被授权的其他人员决定、同意的,谋取的不正当利益归单位所有。

通过上述证据,证明单位为了谋取不正当利益,给予国家工作人员以贿赂或回扣、手续费的行为,会侵害国家工作人员职务行为的廉洁性而故意实施的主观心态。行贿罪是目的犯,"谋取不正当利益"是构成典型单位行贿罪的必要要件,而且谋取的不正当利益是为了本单位。

(三)关于本罪客观方面的证据

1. 犯罪嫌疑人、被告人(直接负责的主管人员和其他直接责任人员)供述和辩解

该类证据证实:

(1)实施行贿行为的时间、地点、原因。

(2)行贿行为的方式,包括主动给予行贿对象财物及因对方的要求而被动地给予财物或者违反国家规定,给予国家工作人员以各种名义的回扣、手续费等。

(3)行贿单位谋取不正当利益的内容及是否获得;谋取的利益是不是非法利益;是否因谋利行为,致使国家或者社会利益遭受重大损失。

(4)行贿的金钱数额、物品名称、特征、价值。

(5)行贿的详细经过。

（6）共同犯罪的起意、策划、分工、实施等情况，查明每一个犯罪嫌疑人在共同犯罪中的地位和作用。

（7）因行贿取得的违法所得是否归个人所有。

2. 受贿人的证言

该类证据证实内容同上，并要求与行贿人供述相吻合。具体包括：

（1）受贿人的自然情况及国家工作人员身份、职务、职权情况，受贿人与行贿人的关系。

（2）收受财物的时间、地点、经过、结果。

（3）受贿的金钱数额、物品名称、特征、价值及存放、使用、消费等对受贿金钱或物品的处理情况。

（4）为行贿单位谋取不正当利益的事实经过、谋取的利益是不是非法利益；是否因谋利行为，致使国家或者社会利益遭受重大损失等。

3. 证人证言

（1）行贿知情人的证言，证实：

①知情人与行贿单位、受贿人的关系。

②行贿的时间、地点、人物、经过、金钱、财物的数量。

③行贿单位行贿的原因，即谋取不正当利益的情况。

（2）单位领导或者其他人员的证言，以证明行贿是经过单位集体研究决定，为单位谋取不正当利益，而由直接负责的主管人员和其他直接责任人员具体实施的。

4. 物证

该类证据包括起获的贿赂赃款、赃物及受贿人用行贿钱款购买的物品等。

5. 书证

该类证据包括：

（1）证明犯罪嫌疑人、被告人行贿前支取钱款的银行存折、支取凭单。

（2）犯罪嫌疑人、被告人行贿前后所作的笔记、日记等记录。

（3）犯罪嫌疑人、被告人购买贿赂物品的发票。

（4）受贿人具有国家工作人员的主体身份证明、单位职务、职权证明。

(5)国家工作人员利用职务便利为行贿单位谋取不正当利益的批示、文件。

(6)受贿人收取贿赂的笔记、日记记录，银行存款的存折等。

(7)单位集体讨论记录、有关负责人签署的文件、单位的财务账目等。

6. 鉴定意见

(1)笔迹鉴定，证实行贿人、受贿人行受贿行为的签字笔迹、印鉴等。

(2)估价结论。

7. 勘验、检查笔录

该类证据包括现场、物证的勘验、检查笔录及照片。

8. 视听资料

该类证据包括录音、录像带、微机数据资料等证据。

9. 搜查、扣押、起赃、收缴、封存笔录

通过以上客观证据，证明单位为了谋取违反法律、法规、国家政策和国务院各部门规章规定的不正当利益，实施了给予国家工作人员或者其他从事公务的人员以财物的行为。行贿是“为谋取不正当利益”和“给予财物”的有机结合，二者具有因果关系，缺一不可。

(四)关于本罪客体的证据

通过上述主、客观方面证据，证明单位“以钱购权”的行为侵犯了国家工作人员职务行为的廉洁性。

三、本罪在收集、审查、认定证据中应注意的问题

在单位行贿犯罪中对个人的追究问题。实践中，单位的绝大多数成员不是犯罪主体。在单位行贿罪中，追究的个人应当是行贿行为的决策者和明知行贿意图的直接实施者，不宜随意扩大打击范围。即使是按照主管人员或者单位决策机构的指示具体实施行贿行为的人员，如果不了解单位具有的行贿犯罪故意，也不应追究其刑事责任。对此，应注意收集和运用证明上述内容的证据。

第七节　巨额财产来源不明罪

《刑法》

第三百九十五条第一款　国家工作人员的财产、支出明显超过合法收入，差额巨大的，可以责令该国家工作人员说明来源，不能说明来源的，差额部分以非法所得论，处五年以下有期徒刑或者拘役；差额特别巨大的，处五年以上十年以下有期徒刑。财产的差额部分予以追缴。

一、巨额财产来源不明罪的概念

巨额财产来源不明罪，是指国家工作人员的财产、支出明显超过其合法收入，差额巨大，不能说明来源的行为。

二、巨额财产来源不明罪的公诉证据参考标准

（一）关于本罪主体的证据

本罪的主体是特殊主体，即国家工作人员。

（二）关于本罪主观方面的证据

1. 犯罪嫌疑人、被告人的供述与辩解

该类证据证实：

（1）其财产、收入和支出的总体情况；

（2）财产、收入、支出的来源。

2. 证人证言

该类证据证实内容同上。

3. 物证、书证

该类证据如财产实物、账本、存折等。证实其财产、收入和支出的总体情况等。

通过上述证据，证明行为人故意实施违反国家工作人员财产申报制度，“拒不说明”或“不能说明”其巨额差额财产来源的行为。其拒不说明的动机，可能是逃避更重的惩罚，也可能出于保护个人隐私。

(三)关于本罪客观方面的证据

1. 犯罪嫌疑人、被告人的供述和辩解

该类证据证实：

(1)合法收入，包括本人工资和奖金、本人的合法积蓄和存款、本人依法继承的财产、合法受赠以及其他正当来源的财产等；

(2)实际拥有的财产情况，包括住房、交通工具、通讯工具、家用电器、存款、现金、首饰、贵重金属等动产及不动产；

(3)支出情况，包括犯罪嫌疑人及家庭成员的日常生活、学习和工作的消费费用以及其他支出如赠与他人的财产、罚款、罚金等；

(4)关于差额财产部分的说明、解释、辩解等。

2. 单位负责人员、亲属、邻居的证言

该类证据证实：

(1)行为人的工资、奖金及继承的合法遗产和接受馈赠、捐助等情况；

(2)能够证明犯罪嫌疑人、被告人差额财产部分的说明、解释、辩解等是否属实的证言。

3. 物证、书证

(1)查封、扣押的行为人的存款，财物等物品及照片；

(2)单位证明材料，证实行为人工资和奖金及收入情况，行为人的工资、奖金等合法收入表，银行存款存折，支取账单，合法收入来源的书证等。

4. 鉴定意见

(1)文检、指纹鉴定；

(2)估价鉴定。

5. 勘验、检查笔录

(1)现场勘查笔录及照片，包括不动产现场等；

(2)物证的勘验、检查笔录及照片。

6. 视听资料

该类证据包括录音、录像带、电子数据资料及照片等。

7. 搜查、扣押、起赃、收缴、封存笔录

通过上述证据,证明行为人的财产、支出明显超过其合法收入,差额巨大,且本人不能说明其来源。

本罪的行为方式是不作为犯罪,而且是纯正不作为。这就要求在办案过程中,注意收集能够有助于查清以下事实的证据:行为人的主体身份;行为人占有的财产总额;行为人的支出总额;行为人能够说明财产来源合法的总额;行为人不能说明来源的差额财产总额等方面。行为人仅就“差额财产的来源”负有举证责任。

(四)关于本罪客体的证据

通过上述主客观方面的证据,证明行为人的行为侵犯了国家工作人员职务行为的廉洁性。

第八节　挪用公款罪

《刑法》

第三百八十四条　国家工作人员利用职务上的便利,挪用公款归个人使用,进行非法活动的,或者挪用公款数额较大、进行营利活动的,或者挪用公款数额较大、超过三个月未还的,是挪用公款罪,处五年以下有期徒刑或者拘役;情节严重的,处五年以上有期徒刑。挪用公款数额巨大不退还的,处十年以上有期徒刑或者无期徒刑。

挪用用于救灾、抢险、防汛、优抚、扶贫、移民、救济款物归个人使用的,从重处罚。

第一百八十五条第二款　国有商业银行、证券交易所、期货交易所、证券公司、期货经纪公司、保险公司或者其他国有金融机构的工作人员和国有商业银行、证券交易所、期货交易所、证券公司、期货经纪公司、保险公司或者其他

国有金融机构委派到前款规定中的非国有机构从事公务的人员有前款行为的,依照本法第三百八十四条的规定定罪处罚。

从犯罪构成要件来看,国家工作人员利用职务上的便利挪用公款归个人使用,分为三种情况:一是挪用公款进行非法活动;二是挪用公款数额较大、进行营利活动;三是挪用公款进行营利活动、非法活动以外的活动,数额较大,挪用时间超过了三个月。

根据《刑法》的规定以及最高人民法院1998年公布的《关于审理挪用公款案件具体应用法律若干问题的解释》,上述三种类型的成立条件不完全相同。

同时,从责任形式来看,其明知自己的行为侵犯了公款的占有权、使用权与收益权以及职务行为的廉洁性,并希望或者放任这种结果的发生。如果具有非法占有目的(不归还公款的意思或不法所有的意思),则以贪污罪论处,要区分此罪与彼罪的区别。

实际调查中,挪用公款罪的基本证据包括:

(一)证明公款被挪用的证据

(1)被调查人、犯罪嫌疑人关于明知违反有关公款管理使用规定,而将公款擅自挪用以及挪用的时间、方式、数额、用途、归还等情况的供述和辩解。

(2)公款使用人等相关证人关于被调查人、犯罪嫌疑人挪用公款数额、方式的证言。公款使用人与被调查人、犯罪嫌疑人共谋,积极参与挪用行为的,可能构成挪用公款罪的共犯。

(3)证实被挪用的财物属于公款的书证材料。一般是调取证明单位具有国有性质的有关书证材料。实践中要注意,根据《刑法》第二百七十二条的规定,国有公司、企业或者其他国有单位委派到非国有公司、企业以及其他单位从事公务的人员,利用职务上的便利,将本单位财物非法占为己有,数额较大的,依照挪用公款罪定罪处罚。此种情况下,挪用公款罪的对象为非国有公司、企业以及其他单位的财物。

(4)证实被调查人、犯罪嫌疑人挪用公款的手段、数额和归还时间的相关账册、记账凭证、支票、本票、汇票存根等物证、书证、视听资料、电子数据等证据。

(5)证实被调查人、犯罪嫌疑人挪用公款数额、方式等情况的司法会计鉴定意见、审计鉴定意见等。

(二)证明公款去向和用途的证据

(1)被调查人、犯罪嫌疑人关于公款去向和使用情况(归个人使用、进行营利活动或进行非法活动)所作的供述和辩解。

(2)公款使用人等相关证人关于公款去向和使用情况所作的证言。

(3)查获的赃款及行为人用挪用款项购买的物品等。

(4)证实公款去向和用途的相关物证、书证等证据。

(三)证明挪用公款主观故意的证据

(1)证实作案的动机、目的、犯意形成、策划、非法挪用公款故意等主观方面内容的被调查人、犯罪嫌疑人的供述和辩解。

(2)共同实施贪污的,证实共同挪用犯意的形成过程、各自行为安排、公款用途约定等内容的被调查人、犯罪嫌疑人和其他共同犯罪人的供述和辩解。

第九节　滥用职权罪

《刑法》

第三百九十七条　国家机关工作人员滥用职权或者玩忽职守,致使公共财产、国家和人民利益遭受重大损失的,处三年以下有期徒刑或者拘役;情节特别严重的,处三年以上七年以下有期徒刑。本法另有规定的,依照规定。

国家机关工作人员徇私舞弊,犯前款罪的,处五年以下有期徒刑或者拘役;情节特别严重的,处五年以上十年以下有期徒刑。本法另有规定的,依照规定。

一、滥用职权罪的概念

滥用职权罪,是指国家机关工作人员故意滥用职权或者超越职权,致使公共财产、国家和人民利益遭受重大损失的行为。

二、滥用职权罪的公诉证据参考标准

（一）关于本罪主体的证据

本罪主体是特殊主体，为国家机关工作人员。因本罪的特殊性，在收集证据时应注意收集有关行为人行为公务性质的证据，即是否属于《全国人民代表大会常务委员会关于〈中华人民共和国刑法〉第九章渎职罪主体适用问题的解释》规定的“从事公务的人员”的证据，主要包括：

1. 行为人的身份及职权范围的证据

如工作证、单位证明材料、人事档案、工作简历等书证，以及未列入国家机关人员编制的行为人，应有相应的国家机关出具的证明文件等。

2. 单位行政属性或具有行政管理职能证据

一般情况下，属于国家行政机关不需要特别的证明，但对于受国家机关委托代表国家机关行使职权的组织，还应有委托文件；对于依照法律法规行使国家行政管理职权的组织，需要调取相关法律法规等。

（二）关于本罪主观方面的证据

1. 犯罪嫌疑人、被告人的供述与辩解

该类证据证实：

（1）不正确行使职权或者超越职权违法处理公务活动的动机、目的，与相关人员的关系，是否为本人、他人谋私情、私利、单位（部门）利益。

（2）不正确行使或超越职权处理公务活动的时间、地点、手段、参与人员、经过、处理结果和造成后果。

（3）对其不正确行使或超越职权处理公务活动，及违法违规违纪的认知程度。

（4）对可能造成的危害后果的认知程度。

（5）共同犯罪的，行为人之间的犯意提起、联络、分工以及在共同犯意下各行为人实施的行为。

2. 被害人陈述、被害单位知情人等证人的证言

该类证据证实内容同上。

3. 物证、书证、鉴定意见

如行为人接受他人的实物、礼金、服务的实物及票据、凭证，相关职业规范、工作制度、处理决定、处罚决定书、文件以及行为人因违法违规处理公务活动受到的处分决定等。证明与相关人员的关系，是否为本人、他人谋私情、私利、单位（部门）利益，违法违规处理公务活动造成的后果等。

通过上述证据，证明行为人明知自己违反有关规定，滥用职权的行为，会使公共财产、国家和人民利益遭受重大损失，而希望或放任这一结果发生，或者应当预见自己滥用职权或者超越职权的行为可能会发生公共财产、国家和人民利益遭受重大损失的结果，因为疏忽大意而没有预见，或者已经预见而轻信能够避免，以致发生这种结果。即本罪的主观方面可能是故意，也可能是过失，但是，无论行为人对危害结果是否预见，其对职权的滥用行为均是明知故犯。

实践中，判断行为人是否“明知故犯”，应注意收集和审查以下方面的证据：

（1）行为人对公务熟悉程度的证据，包括其知识层次、从事公务活动时间、有无管理权限、是否接受过培训等。

（2）行为人工作中一贯表现的证据，包括日常公务活动表现、有无受到过批评、劝阻，以及相对人抗辩时行为人表现等。

（3）行为人滥用权力的动机证据，包括其与行政相对人的关系、有无收受好处及有无为单位、部门谋取利益等。

（三）关于本罪客观方面证据

1. 犯罪嫌疑人、被告人供述和辩解

该类证据证实：

（1）违法处理公务的行为时间、地点、方式、过程及结果，包括事件发生、事态发展、审批程序、处理结果、处理依据、管理相对人反应，以及损害后果等。

（2）公务活动的共同负责人、参与人、执行人情况及各自意见，公务活动中的具体表现和态度等；以“集体研究”形式实施的渎职犯罪，应当查清行为人在中间所起到的具体作用，如果是负主要责任，则应按照本罪处理；如果只是具体执行人

员，应当在综合认定其行为性质、是否提出反对意见、危害结果大小等情节的基础上决定是否追究刑事责任。

(3)依法行使职权的情况下应如何处理公务，包括自身的职权范围、行使职权的程序、接受监督的方式及自身的知识层次、从事公务年限、接受的培训情况等。

(4)是否受到权力的干预，包括干预的具体事实经过、人员、授意的内容等。

(5)与管理相对人关系，有无收受好处、服务、财物及存在其他私情、仇怨，收受的实物、礼金的种类、数量、特征、收受时间、地点、经过、在场人员、赃款(物)去向及接受服务的时间、地点、在场人员等。

(6)有无为本单位、部门谋取了好处，好处的物质形式、种类、数量、特征及接受的时间、地点、经过、去向、在场人、经手人、知情人等。

(7)有无实施滥用职权行为，放纵他人犯罪或者帮助他人逃避刑事处罚；与他人共谋，利用其职务行为帮助他人实施其他犯罪行为，或既利用其职务行为帮助他人实施其他犯罪，又以非职务行为与他人共同实施其他犯罪行为。

(8)违法处理公务的后果及危害，包括物质的、非物质的，有形的影响、无形的影响，直接的损失、间接的损失等，有数个危害结果的，查明最后一个危害结果发生的时间。经济损失是至立案时所实际造成的财产损失，立案后到提起公诉前所持续造成的损失一并计入。

(9)损失发生后，行为人是进行报告、积极挽回损失，还是不报、迟报、谎报或者授意、指使、强令他人不报、迟报、谎报事故情况，致使损失后果持续、扩大或者抢救工作延误。

(10)滥用职权行为与危害结果之间是否具有法律上的因果关系。

2. 被害人陈述

该类证据证明本人遭受的重大人身、财产损害的加害人、手段、经过、结果及诉讼请求等。

3. 证人证言

该类证据包括目击人、同事、上级主管领导、管理相对人、关系人等的证言。证实行为人的职权范围，滥用职权的动机、目的，与相关人员的关系，是否为本人、他人谋私情、私利、单位（部门）利益，以及滥用职权的时间、地点、手段、参与人员、经过、处理结果和造成后果、报告营救、挽救损失情况等。

4. 物证、书证

（1）相关职业规范、工作制度、人事档案等，证实行为人的职位、职责范围等。

（2）会议记录、处理决定、处罚决定书、批件、便条、工作日记、电话记录、传真、电报等，证实行为人实际履行职责情况。

（3）收受他人的实物、现金等物证，以及有价证券、支票、本票、汇票、存折等，证实行为人谋私情况。

（4）物品实物及清单、照片，证实行为人的行为造成公共财产遭受重大损失的情况。有数个危害结果的，查明最后一个危害结果发生的时间；经济损失是至立案时所实际造成的财产损失，立案后到提起公诉前所持续造成的损失一并计入。

（5）医疗手册、医疗诊断等，证实行为人的行为造成人身伤害情况等。

5. 鉴定意见

（1）对造成死亡、人身伤害结果的法医鉴定意见；

（2）笔迹、印章、文件的文检鉴定意见；

（3）对公共财产遭受重大损失的物品鉴定意见、估价鉴定意见、会计鉴定意见、审计鉴定意见。

6. 勘验、检查笔录

（1）对遭到物质破坏的工厂、企业、公司等现场，人员伤亡现场、事故发生现场，引发骚乱、群众集体上访现场的勘验、检查笔录及勘查图、照片、录像资料；

（2）对物证的勘验检查笔录及勘查图、照片、录像资料；

（3）对人身、尸体的检查笔录及照片、录像资料。

7. 视听资料

该类证据包括记录行为人收受好处、造成的恶劣社会影响等的录像带、录音带、电子数据库等。

8. 国内外媒体报道、外交照会等材料

该类材料用来证实滥用职权行为造成的不良影响。

9. 其他证明材料

包括破案报告,举报、控告材料,起赃笔录,收缴笔录,扣押清单,指认笔录,辨认笔录等。

通过上述证据,证明行为人违反法律法规,滥用职权的行为,致使公共财产、国家和人民利益遭受重大损失。

实践中,应注意收集、审查行为人"滥用职权行为"与"造成重大损失后果"之间关联程度的证据,以确定行为人的行为是否构成犯罪和确定应负责的具体行为人。

(四)关于本罪客体的证据

通过上述主、客观方面的证据,证明行为人的行为侵害了国家机关正常管理活动。

三、本罪在收集、审查、认定证据中应注意的问题

(一)关于本罪与玩忽职守罪的区别

由于本罪与玩忽职守罪规定在现行刑法同一条文中,犯罪主体都是国家机关工作人员,两罪的成立在客观方面都要求造成公共财产、国家和人民利益的重大损失。因此,两罪容易混淆。两罪的主要区别是:(1)罪过形式不同。本罪的行为人主观方面一般是故意;而玩忽职守罪只能是过失。(2)行为方式不同。形式上,本罪的行为方式一般表现为"作为";而玩忽职守罪的行为方式一般表现为"不作为"。实践中,应注意收集、审查证明行为人罪过形式和行为方式的证据。

(二)关于本罪与特定主体滥用职权犯罪的区别

《刑法》规定本罪的同时,又在第九章规定了具体的滥用职权犯罪,把滥用职权行为的主体具体化、行为方式和危害结果特定化。本罪与本章具体的滥用职权犯罪是一般与特殊的关系,在刑法理论上属于法条竞合,滥用职权行为同时构成两罪时,适用特别法优于一般法的原则,按照具体的滥用职权犯罪处理。对于国家机关工作人员滥用职权或者玩忽职守,因不具备徇私舞弊等情形,不符合《刑法》分则第九章第三百九十八条至第四百一十九条中具体滥用职权罪的规定,但

可以构成滥用职权罪的，应以滥用职权罪定罪处罚。实践中，要注意收集、审查有助于查清上述方面的证据。

国家机关工作人员实施滥用职权或者玩忽职守犯罪行为，触犯《刑法》分则第九章第三百九十八条至第四百一十九条规定的，依照该规定定罪处罚。

(三)实施本罪和其他犯罪的处理问题

1. 实施本罪并收受贿赂的处理

按照《最高人民法院、最高人民检察院关于办理渎职刑事案件适用法律若干问题的解释(一)》第三条的规定，国家机关工作人员实施渎职犯罪并收受贿赂，同时构成受贿罪的，除刑法另有规定外，以渎职犯罪和受贿罪数罪并罚。

2. 实施本罪并放纵、帮助他人实施犯罪行为的处理

根据《最高人民法院、最高人民检察院关于办理渎职刑事案件适用法律若干问题的解释(一)》第四条的规定，国家机关工作人员实施渎职行为，放纵他人犯罪或者帮助他人逃避刑事处罚，构成犯罪的，依照渎职罪的规定定罪处罚。国家机关工作人员与他人共谋，利用其职务行为帮助他人实施其他犯罪行为，同时构成渎职犯罪和共谋实施的其他犯罪共犯的，依照处罚较重的规定定罪处罚。国家机关工作人员与他人共谋，既利用其职务行为帮助他人实施其他犯罪，又以非职务行为与他人共同实施该其他犯罪行为，同时构成渎职犯罪和其他犯罪的共犯的，依照数罪并罚的规定定罪处罚。

第十节　玩忽职守罪

《刑法》

第三百九十七条　国家机关工作人员滥用职权或者玩忽职守，致使公共财产、国家和人民利益遭受重大损失的，处三年以下有期徒刑或者拘役；情节特别严重的，处三年以上七年以下有期徒刑。本法另有规定的，依照规定。

国家机关工作人员徇私舞弊，犯前款罪的，处五年以下有期徒刑或者拘役；情节特别严重的，处五年以上十年以下有期徒刑。本法另有规定的，依照规定。

一、玩忽职守罪的概念

玩忽职守罪，是指国家机关工作人员不履行或者不正确履行其职责，致使公共财产、国家和人民利益遭受重大损失的行为。

二、玩忽职守罪的公诉证据参考标准

（一）关于本罪主体的证据

本罪主体是特殊主体，为国家机关工作人员。由于本罪的特殊性，在证据收集时应注意收集有关行为人行为公务性质的证据，具体参见本章第九节“滥用职权罪”的有关内容。

（二）关于本罪主观方面的证据

1. 犯罪嫌疑人、被告人的供述与辩解

该类证据证实：

（1）严重不负责任，不履行或者不正确履行职责的动机、目的，与相关人员的关系，是否为本人、他人谋私情、私利、单位（部门）利益。

（2）不履行或者不正确履行职责的时间、地点、手段、参与人员、经过、处理结果和造成后果。

（3）对其不履行或者不正确履行职责，及违法违规违纪的认知程度。

（4）对其不履行或者不正确履行职责可能造成的危害后果的认知程度。

2. 被害人陈述、被害单位知情人等证人的证言

该类证据证实内容同上。

3. 物证、书证、鉴定意见

该类证据包括如行为人接受他人的实物、礼金、服务的实物及票据、凭证，相关职业规范、工作制度、处理决定、处罚决定书、文件，以及行为人因违法违规处理公务活动受到的处分决定等。证明与相关人员的关系，是否为本人、他人谋私情、私利、单位（部门）利益，违法违规处理公务活动的结果等。

通过上述证据，证明行为人明知应当履行职责或正确履行职责，且应当预见

不履行或者不正确履行职责的行为，可能使公共财产、国家和人民利益遭受重大损失，因为疏忽大意而没有预见，或者虽然预见但轻信能够避免，以致发生危害结果。即行为人对其不履行或者不正确履行职责的行为性质是玩忽职守是明知，对玩忽职守行为可能造成的后果是过失。

实践中，判断行为人对其不履行或者不正确履行职责的行为性质是玩忽职守是否明知，应注意收集和审查以下方面的证据：

（1）行为人对公务熟悉程度的证据，包括其知识层次、从事公务活动时间、有无管理权限、是否接受过培训等；

（2）行为人工作中一贯表现的证据，包括日常公务活动表现、有无受到过批评、劝阻，以及相对人抗辩时行为人的表现等；

（3）行为人玩忽职守的动机证据，包括其与行政相对人的关系、有无收受好处及有无为单位、部门谋取利益等。

（三）关于本罪客观方面的证据

1. 犯罪嫌疑人、被告人供述和辩解

该类证据证实：

（1）玩忽职守行为的时间、地点、方式、过程及结果，包括事件发生、事态发展、审批程序、处理结果、处理依据、管理相对人反应，以及损害后果等。

（2）公务活动的共同负责人、参与人、执行人情况及各自意见，公务活动中的具体表现和态度等。

（3）依法行使职权的情况下应如何处理公务，包括自身的职权范围、行使职权的程序、接受监督的方式及自身的知识层次、从事公务年限、接受的培训情况等。

（4）没有履行职务的原因，是否受到权力的干预，包括干预的具体事实经过、人员、授意的内容等，以及导致危害结果的发生，是否因不履行职责产生，有无其他介入因素。

（5）与管理相对人关系，有无收受好处、服务及其他私情、仇怨，收受的实物、礼金的种类、数量、特征、收受时间、地点、经过、在场人员、赃款（物）去向及接受服务的时间、地点、在场人员等。

（6）有无为本单位、部门谋取了好处，好处的物质形式、种类、数量、特征及接

受的时间、地点、经过、去向、在场人、经手人、知情人等。

(7)有无实施玩忽职守行为,放纵他人犯罪或者帮助他人逃避刑事处罚;与他人共谋,利用其职务行为帮助他人实施其他犯罪行为,或既利月其职务行为帮助他人实施其他犯罪,又以非职务行为与他人共同实施该其他犯罪行为。

(8)玩忽职守的后果及危害,包括物质的、非物质的,有形的影响、无形的影响,直接的损失、间接的损失等。有数个危害结果的,查明最后一个危害结果发生的时间。经济损失是至立案时所实际造成的财产损失,立案后到提起公诉前所持续造成的损失一并计入。

(9)损失发生后,行为人是进行报告、积极挽回损失,还是不报、迟报、谎报或者授意、指使、强令他人不报、迟报、谎报事故情况,致使损失后果持续、扩大或者抢救工作延误。

(10)玩忽职守行为和危害结果之间具有法律上的因果关系。

2. 被害人陈述

该类证据证明本人遭受的重大人身、财产损害的加害人、手段、经过、结果及诉讼请求等。

3. 证人证言

该类证据包括目击人、同事、上级主管领导、管理相对人、关系人等的证言。证实行为人的职权范围,玩忽职守的动机、目的,与相关人员的关系,是否为本人、他人谋私情、私利、单位(部门)利益,以及玩忽职守的时间、地点、手段、参与人员、经过、处理结果和造成后果、报告营救、挽回损失等。

4. 物证、书证

该类证据包括:

(1)相关职业规范、工作制度、人事档案等,证实行为人的职位、职责范围等。

(2)会议记录、处理决定、处罚决定书、批件、便条、工作日记、电话记录、传真、电报等,证实行为人实际履行职责情况。

(3)收受他人的实物、现金等物证,以及有价证券、支票、本票、汇票、存折等,证实行为人谋私情况。

(4)物品实物及清单、照片,证实行为人的行为造成公共财产遭受重大损失的情况;有数个危害结果的,查明最后一个危害结果发生的时间。经济损失是至立案时所实际造成的财产损失,立案后到提起公诉前所持续造成的损失一并计入。

(5)医疗手册、医疗诊断等,证实行为人的行为造成人身伤害情况等。

5. 鉴定意见

该类证据包括:

(1)对造成死亡、人身伤害结果的法医鉴定意见。

(2)笔迹、印章、文件的文检鉴定意见。

(3)对公共财产遭受重大损失的物品鉴定意见、估价鉴定意见、会计鉴定意见、审计鉴定意见。

6. 勘验、检查笔录

该类证据包括:

(1)对遭到物质破坏的工厂、企业、公司等现场,人员伤亡现场、事故发生现场,引发骚乱、群众集体上访现场的勘验、检查笔录及勘查图、照片、录像资料。

(2)对物证的勘验检查笔录及勘查图、照片、录像资料。

(3)对人身、尸体的检查笔录及照片、录像资料。

7. 视听资料

该类证据包括记录行为人收受好处、造成的恶劣社会影响等的录像带、录音带、电子数据库等。

8. 国内外媒体报道、外交照会等材料

该类证据证实滥用职权行为造成的不良影响。

9. 其他证明材料

该类证据包括破案报告,举报、控告材料,起赃笔录,收缴笔录,扣押清单,指认笔录,辨认笔录等。

通过上述证据,证明行为人对工作严重不负责任,不履行或者不正确履行职责,致使公共财产、国家和人民利益遭受重大损失的行为。由于玩忽职守行为既可以表现为作为,也可以表现为不作为。作为形式,一般是指行为人履行了职责,但不认真,马马虎虎,粗心大意,或者草率行事,敷衍塞责。

实践中，应注意收集、审查行为人“玩忽职守行为”与“造成重大损失后果”之间关联程度的证据，以确定行为人的行为是否构成犯罪和确定应负责的具体行为人。

（四）关于本罪客体的证据

通过上述主、客观方面的证据，证明行为人的行为侵害了国家机关正常管理活动。

三、本罪在收集、审查、认定证据中应注意的问题

参见本章第九节“滥用职权罪”的相关内容。

第十一节　徇私枉法罪

《刑法》

第三百九十九条　司法工作人员徇私枉法、徇情枉法，对明知是无罪的人而使他受追诉、对明知是有罪的人而故意包庇不使他受追诉，或者在刑事审判活动中故意违背事实和法律作枉法裁判的，处五年以下有期徒刑或者拘役；情节严重的，处五年以上十年以下有期徒刑；情节特别严重的，处十年以上有期徒刑。

在民事、行政审判活动中故意违背事实和法律作枉法裁判，情节严重的，处五年以下有期徒刑或者拘役；情节特别严重的，处五年以上十年以下有期徒刑。

在执行判决、裁定活动中，严重不负责任或者滥用职权，不依法采取诉讼保全措施、不履行法定执行职责，或者违法采取诉讼保全措施、强制执行措施，致使当事人或者其他人的利益遭受重大损失的，处五年以下有期徒刑或者拘役；致使当事人或者其他人的利益遭受特别重大损失的，处五年以上十年以下有期徒刑。

司法工作人员收受贿赂，有前三款行为的，同时又构成本法第三百八十五条规定之罪的，依照处罚较重的规定定罪处罚。

一、徇私枉法罪的概念

徇私枉法罪,是指司法工作人员徇私枉法,对明知是无罪的人而使他受追诉,对明知是有罪的人而故意包庇不使他受追诉,或者在刑事审判活动中故意违背事实和法律作枉法裁判的行为。

二、徇私枉法罪的公诉证据参考标准

(一)关于本罪主体的证据

本罪主体是特殊主体,即从事刑事立案、侦查、起诉、审判的司法工作人员。

(二)关于本罪主观方面的证据

1. 犯罪嫌疑人、被告人供述与辩解

该类证据证实:

(1)行为人徇私枉法的动机与目的,如徇个人私情私利等。

(2)行为人实施枉法行为的时间、地点、参与人、包庇对象以及行为方式、手段、经过、结果等。

(3)共同犯罪的,犯意的提起、意思联络、分工及在共同犯意支配下的行为。

2. 被害人陈述

该类证据证实行为人徇私枉法的动机与目的,实施枉法行为的时间、地点、参与人、行为方式、手段、经过、结果等。

3. 证人证言

该类证据包括请托人、受包庇人和其他相关知情人的证言。证实内容同上。

4. 物证、书证、鉴定意见等

(1)行为人与相关人(被害人、受包庇人及请托的人)往来的书信、通话记录及行为人接受的实物、现金、有价证券以及其他物质性利益等,证实行为人徇私情、私利的情况。

(2)行为人伪造、隐匿、毁灭的证据原物、残片、作案工具及鉴定意见,以及刑事诉讼中的决定书、裁判文书、通缉令、送达证等书证,证实行为人采取伪造、隐

匿、毁灭证据或者其他隐瞒事实、违背法律的手段及造成的后果。

通过上述证据，证明行为人的主观方面是直接故意，即因徇私枉法、徇情枉法，明知是无罪的人而希望使其受追诉，或明知是有罪的人而故意包庇希望其不受追诉，或者在刑事审判活动中故意违背事实和法律作枉法裁判的主观心态。

实践中，判断行为人是否明知、是否具有故意，应注意收集、审查以下方面的证据，并结合其他证据综合判断：

(1)行为人与诉讼参与人及其委托人的关系，是否存在私情、私利。

(2)行为人是否采用伪造、隐匿、毁灭证据或者其他隐瞒事实、违背法律的手段，作出相关追诉或不予追诉决定及裁判。

(3)行为人的专业水平、知识层次、办案能力，以及对类似案件的处理情况。

(三)关于本罪客观方面的证据

1. 犯罪嫌疑人、被告人供述和辩解

该类证据证实：

(1)实施徇私枉法行为的时间、地点、参与人、手段、经过及结果。

(2)包庇或者陷害的对象及相互关系、动机、目的。

(3)是否受人请托，有无接受现金、实物或者服务等物质性利益，以及接受的具体经过，现金、实物的种类、数量、特征、去向。

(4)与相关人员往来情况，每次往来地点、时间、交流的内容、接触方式等。

(5)枉法的手段、方法，如涂改、隐匿、伪造及形成的法律文件的情况，使用的工具及工具的来源、使用方法、去向等。

(6)有无其他的参与人，及共同策划的时间、地点、分工及实施的相应行为等情况。

(7)案件的事实真相，以及反映事实真相的证据的存在形式、去向等。

(8)作出的决定书、裁判文书是否违背了实体法律及程序法律，如故意采纳虚假内容的证据认定事实，故意错误引用法律条款，改变犯罪性质、在法定刑之外量刑等。

(9)造成的后果情况，包括有无控告、申诉、上访、自杀、伤残、精神失常及经济损失情况等。

2. 被害人陈述

该类证据证实：

(1)案件的事实真相。

(2)因徇私枉法而受到人身、精神损伤、财产损失的具体情况及诉讼请求等。

3. 证人证言

该类证据包括请托人、受包庇人和其他相关知情人的证言。证实行为人徇私枉法的动机与目的，实施枉法行为的时间、地点、参与人、行为方式、手段，经过、结果等。

4. 物证、书证

该类证据包括：

(1)接受的现金、实物及其他物质性利益，证实行为人的动机和徇私情、私利等情况。

(2)作案工具、伪造、涂改、隐匿的证据材料、残片，证实行为人采取的手段、方式等情况。

(3)卷宗材料，证明案件真实情况和行为人徇私枉法事实的。

(4)日记、会议记录、纪要、电话记录、书信等，证实行为人的动机、手段和徇私情、私利等情况。

(5)释放证明、通缉令、医疗诊断和扣押、冻结法律文书等，证实徇私枉法行为造成的人身、财产损失等情况。

5. 鉴定意见

该类证据包括：

(1)指纹、足迹等痕迹鉴定意见。

(2)笔迹、印鉴、公章、污损文件、书写时间等文检鉴定意见。

(3)被害人伤亡、血型等法医鉴定意见。

(4)被害人精神病鉴定意见。

(5)司法会计、物品估价等技术鉴定意见。

6. 勘验、检查笔录

该类证据包括：

（1）受贿物藏匿现场、犯罪工具藏匿现场、隐匿证据现场、毁灭证据现场、伪造证据现场勘验、检查笔录及勘查图、照片。

（2）搜查、收缴书证、物证等勘验、检查笔录及勘查图、照片。

（3）对尸体、人身的勘验、检查笔录及勘查图、照片。

7. 视听资料

该类证据包括行为人与相关人的不正常往来，实施藏匿、涂改、伪造事实的经过，以及造成恶劣社会影响的录像带、录音带、微机数据库等。

8. 其他证明材料

该类证据包括举报、控告、申诉材料，起赃笔录，收缴笔录，辨认笔录，指认笔录等。

通过上述证据，证明行为人徇私情、私利，实施了下列具体枉法行为之一：

（1）对明知是无罪的人，采取伪造、隐匿、毁灭证据或者其他隐瞒事实、违背法律的手段，以追究刑事责任为目的进行立案、侦查（含采取强制措施）、起诉、审判的。

（2）对明知是有罪的人，即对明知有犯罪事实需要追究刑事责任的人，采取伪造、隐匿、毁灭证据或者其他隐瞒事实、违背法律的手段，故意包庇使其不受立案、侦查、起诉、审判的。

（3）在立案后，故意违背事实和法律，应该采取强制措施而不采取强制措施，或者虽然采取强制措施，但无正当理由中断侦查或者超过法定期限不采取任何措施，实际放任不管，以及违法撤销、变更强制措施，致使犯罪嫌疑人、被告人实际脱离司法机关侦控的。

（4）在刑事审判活动中故意违背事实和法律，作出枉法判决、裁定，即有罪判无罪、无罪判有罪，或者重罪轻判、轻罪重判的。

（5）其他枉法追诉、不追诉、枉法裁判行为。

（四）关于本罪客体的证据

通过上述主、客观方面的证据，证明行为人的行为侵害了国家司法机关正常的刑事诉讼活动。

第十二节　职务侵占罪

《刑法》

第二百七十一条第一款　公司、企业或者其他单位的工作人员，利用职务上的便利，将本单位财物非法占为己有，数额较大的，处三年以下有期徒刑或者拘役，并处罚金；数额巨大的，处三年以上十年以下有期徒刑，并处罚金；数额特别巨大的，处十年以上有期徒刑或者无期徒刑，并处罚金。

第一百八十三条第一款　保险公司的工作人员利用职务上的便利，故意编造未曾发生的保险事故进行虚假理赔，骗取保险金归自己所有的，依照本法第二百七十一条的规定定罪处罚。

一、职务侵占罪的概念

根据《刑法》第二百七十一条第一款的规定，职务侵占罪，是指公司、企业或者其他单位的工作人员，利用职务上的便利，非法占有本单位财物，数额较大的行为。

二、职务侵占罪的公诉证据参考标准

（一）关于本罪主体的证据

本罪是特殊主体，包括公司、企业、社会团体及其他单位（含国有独资及国有控股、参股公司企业，人民团体）中非国家工作人员，以及从事法定公务以外工作的村（居）委会、村民小组等基层组织人员。

（二）关于本罪主观方面的证据

1. 犯罪嫌疑人、被告人的供述和辩解

该类证据证实：

（1）参与作案的动机、目的，对后果的认知程度、主动程度。

(2)犯罪起意的过程,有无策划、策划的具体内容。

(3)共同犯罪的策划、分工的时间、地点、内容以及在策划下各个人相对应的犯罪行为,并应查明:

①事先有无预谋策划,有无事先或事中达成默契,或者曾多次共同作案的,每次作案前都通过他们之间特定语言、表情、手势等达成默契,形成内容明确的共同侵占故意。

②有无持不同意见或反对意见者,以及未表示反对或同意意见者,要重点讯问其在案发前、案发时、案发后的语言、行为。

③分赃情况和赃物去向,以此判明各犯罪嫌疑人、被告人的主观目的。

(4)行为人挪用本单位资金后是否携款潜逃。

2. 证人证言

(1)行为人所在单位的财务人员、主管人员、经手人员证言,证实发现犯罪的经过、犯罪的手段,以及行为人对侵占行为的隐瞒、欺骗情况,从而反映其主观故意。

(2)知情人证言,证实行为人主观上非法占有的目的。

3. 证明行为人非法占有本单位财物的主观目的其他证据

(1)行为人以自己的名义将赃物出让、出借、出卖、典当的书证,如借据、当票等。

(2)相应的受让人、借入人、买受人、典当行营业人员的证人证言。

(3)从上述证人处提取的赃物。

4. 其他证据

(1)提取的物证、书证,如被行为人涂改的发票、账本等。

(2)收集犯罪嫌疑人、被告人犯罪前科,尤其是同类犯罪前科的证据、社会生活经验、履历方面的证据,此类证据对证明其犯罪后果认知程度和控制能力起到一定的证明作用。

通过上述证据并结合客观方面有关证据,证明行为人具有侵占本单位财物的直接故意。共同犯罪的,每一行为人都明知自己的行为是共同犯意支配下犯罪行为的组成部分。多人多次系列犯罪的,应注意证明是否存在个别行为人在某一具体犯罪中无共同犯意的情况。尤其是共同挪用资金后个别行为人携款潜逃的，应查明是否具有共同故意。

（三）关于本罪客观方面的证据

1. 犯罪嫌疑人、被告人的供述与辩解

该类证据证实：

（1）实施侵占行为的时间、地点。

（2）实施侵占行为的参与人、经手人。

（3）实施侵占行为的方法、手段，是侵吞、窃取、骗取、扣留、私分、隐瞒，还是涂改账目、收入不入账、假发票平账等。

（4）实施侵占行为的次数、数额。

（5）作案工具的来源、数量、特征、下落。

（6）被侵占财物的来源，是本单位账内财物，还是小金库财物。

（7）被侵占财物的形式，是现金、支票、有价证券，还是实物，以及实物的特征，包括外部形态、种类（品种）、数量等。

（8）具体、详细的犯罪经过，特别是利用职务便利的具体过程。

（9）共同犯罪的起意、策划、分工、实施等情况，查明每一个犯罪嫌疑人、被告人在共同犯罪中的地位和作用。

（10）侵占行为是否被发现、何时、如何被发现，行为人如何排除单位领导、同事的怀疑。

（11）赃款赃物的去向、用途，是用于储蓄、消费、经营等活动，还是赌博、走私等非法活动。

（12）被侵占财物的归还情况，案发前是否归还，何时、如何归还，是全部归还还是部分归还，是归还原物还是折抵成人民币，是主动归还还是被追缴。

2. 本单位及交易对方单位的领导、财务人员、主管人员、经手人员等证人的证言

该类证据证实单位财物被侵吞、窃取、骗取和扣留等情况，具体包括：

（1）其与行为人的关系，与指控犯罪相关的经济往来等。

（2）行为人的职责范围，以及在犯罪过程中履行职务和利用职务便利的情

况,如签字报销、签订合同、收受款物等。

(3)款物支出的手段、名义、特征。

(4)款物被侵占的时间、数量。

(5)单位对被侵占财物的财务记账、平账情况。

(6)发现犯罪的经过。

(7)行为人如何对侵占行为进行隐瞒、欺骗、辩解。

(8)其他相关问题。

3. 物证、书证

(1)查获的赃款、赃物,包括财物及股票、债券、存折等有价证券,以及行为人用侵占的款项购买的物品等,证实被侵占财物特征及去向。

(2)通过窃取、侵吞等方式侵占单位财物的犯罪现场的指纹、脚印等。

(3)书信、日记等,证实行为人实施侵占行为的时间、地点及经过等情况。

(4)合同、收据、借条、欠条。

(5)用于骗取保险金的保险单、保险理赔协议。

(6)单位现金细目账、分类账、库保账、备品账、材料账等账本等。

(7)被侵占的单位无形财物,如设计图纸、计算机软件等科技研究成果,专利、商标等知识产权证书、申请书等。

(8)证明被侵占的款物属于单位所有或管理、使用的书证材料,如土地使用证书、合同书、付款方的支出凭单、银行票据等。

(9)行为人签字或骗取他人签字批准、冒领单位财物的字据、假发票等票据。

(10)本单位出具的证明材料,包括职务范围、职责内容、操作规程等,证实行为人具有主管、管理、经手单位财物的职务便利,具体证据如下:

①委任书、聘任书、任命文件、会议记录。

②劳动合同、聘任合同。

③相关财物的支出、收入管理规定、操作流程等。

(11)行为人承诺还款的协议、欠条等,佐证犯罪嫌疑人、被告人承认其犯罪行为及后果。

4. 鉴定意见

该类证据包括:

(1)司法会计鉴定意见、审计鉴定意见,证实侵占款物次数、手段、价值等。

(2)笔迹鉴定意见,证明行为人侵占的签字笔迹、印鉴等。

(3)价格鉴定意见,证实被侵占物品的价值。

(4)指纹、脚印等痕迹鉴定意见,证实是不是行为人遗留的。

5. 现场勘查笔录、照片

该类证据包括窃取、侵吞现场,犯罪工具准备、丢弃的现场,提取物证现场等。

6. 视听资料

该类证据包括录音带、录像带、电子数据资料等。

7. 其他证明材料

该类证据包括:

(1)目击证人辨认犯罪嫌疑人或物证的笔录。

(2)犯罪嫌疑人、被告人和证人指认现场笔录。

(3)搜查笔录、扣押物品清单及照片,证实查获的作案工具及调取的相关物证。

(4)退赃笔录、起赃笔录、收缴笔录。

(5)报案登记、立案决定书及破案经过等书证,证实案件来源、侦破经过以及犯罪嫌疑人是否有自首情节等。

通过上述证据的收集和固定,证明犯罪嫌疑人、被告人利用其在公司、企业或者其他单位担任职务所形成的便利条件,将其主管、管理、经手的本单位的财物非法占为己有。

(四)关于本罪客体的证据

本罪侵害的客体是公司、企业或其他单位财物的所有权。在公司、企业或者其他单位管理、使用或运输中的私人财产,也视为上述单位财产。主要通过物证、书证、证人证言等证据,综合证明单位财产性质和被侵占财产数量。

第十三节 挪用资金罪

《刑法》

第二百七十二条 公司、企业或者其他单位的工作人员,利用职务上的便利,挪用本单位资金归个人使用或者借贷给他人,数额较大、超过三个月未还的,或者虽未超过三个月,但数额较大、进行营利活动的,或者进行非法活动的,处三年以下有期徒刑或者拘役;挪用本单位资金数额巨大的,处三年以上七年以下有期徒刑;数额特别巨大的,处七年以上有期徒刑。

国有公司、企业或者其他国有单位中从事公务的人员和国有公司、企业或者其他国有单位委派到非国有公司、企业以及其他单位从事公务的人员有前款行为的,依照本法第三百八十四条的规定定罪处罚。

有第一款行为,在提起公诉前将挪用的资金退还的,可以从轻或者减轻处罚。其中,犯罪较轻的,可以减轻或者免除处罚。

第一百八十五条 商业银行、证券交易所、期货交易所、证券公司、期货经纪公司、保险公司或者其他金融机构的工作人员利用职务上的便利,挪用本单位或者客户资金的,依照本法第二百七十二条的规定定罪处罚。

国有商业银行、证券交易所、期货交易所、证券公司、期货经纪公司、保险公司或者其他国有金融机构的工作人员和国有商业银行、证券交易所、期货交易所、证券公司、期货经纪公司、保险公司或者其他国有金融机构委派到前款规定中的非国有机构从事公务的人员有前款行为的,依照本法第三百八十四条的规定定罪处罚。

一、挪用资金罪的概念

根据《刑法》第二百七十二条的规定,挪用资金罪,是指公司、企业或者其他单位的工作人员,利用职务上的便利,挪用本单位资金归个人使用或者借贷给他人,数额较大、超过三个月未还的,或者虽未超过三个月,但数额较大、进行营利活动，或者进行非法活动的行为。

二、挪用资金罪的公诉证据参考标准

（一）关于本罪主体的证据

本罪是特殊主体，包括公司、企业、社会团体及其他单位（含国有独资及国有控股、参股公司企业，人民团体）中非国家工作人员，以及从事法定公务以外工作的村（居）委会、村民小组等基层组织人员。

（二）关于本罪主观方面的证据

1. 犯罪嫌疑人、被告人的供述和辩解

该类证据证实：

（1）作案的动机、目的，对后果的认知程度、主动程度。

（2）如何起意，有无策划、策划的具体内容。

（3）共同犯罪的策划、分工的时间、地点、内容，以及在策划下各个人相对应的犯罪行为。

此外，为准确认定是不是共同犯罪以及共同犯罪中每一犯罪嫌疑人、被告人是否具有共同挪用的故意，应查明：

①事先有无预谋策划，有无事先或事中达成默契，或者曾多次共同挪用人之间，每次挪用前都形成内容明确的共同挪用故意。

②有无持不同意见或反对意见者，以及未表示反对或同意意见者，要重点讯问其在案发前、案发时、案发后的语言、行为。

③分赃情况和赃物去向，以此判明各犯罪嫌疑人、被告人的主观目的。

2. 证人证言

该类证据包括：

（1）行为人所在单位的财务人员、主管人员、经手人员证言，证实发现犯罪的经过、犯罪的手段，以及犯罪嫌疑人、被告人对挪用行为的隐瞒、欺骗情况，从而反映其主观故意。

（2）被挪用资金使用人的证言，证实行为人利用职务便利为其提供行为人所

在单位资金使用，并意图通过非法使用行为人所在单位资金而获得个人利益的事实。

(3)知情人证言，证实犯罪嫌疑人、被告人主观上非法占有的目的。

3. 证明行为人挪用单位财物的主观目的其他证据

该类证据包括：

(1)行为人以自己的名义将赃物出借的书证，如借据等。

(2)收集犯罪嫌疑人、被告人犯罪前科，尤其是同类犯罪前科的证据、社会生活经验、履历方面的证据，此类证据对证明其犯罪后果认知程度和控制能力起到一定的证明作用。

通过上述证据，证明行为人主观上明知是本单位资金而故意挪作私用，并通过对本单位资金的私自使用，而获得本单位资金的使用价值的主观心态。共同犯罪的，每一行为人(特别是被挪用资金的使用人)都明知自己的行为是共同犯意支配下犯罪行为的组成部分。

(三)关于本罪客观方面的证据

1. 犯罪嫌疑人、被告人的供述和辩解

该类证据证实其主观上明知违反有关本单位资金管理、使用的规章制度，而将本单位资金擅自挪用的事实。具体应当包括以下几个要素：

(1)实施挪用行为的时间、地点。

(2)实施挪用行为的参与人、经手人。

(3)实施挪用行为的方法、手段。

(4)实施挪用行为的次数、数额以及是否达到数额较大、数额巨大的标准。

(5)被挪用的是现金，还是支票等有价证券，以及其特征，如现金面值、支票编号、数量等。

(6)被挪用财物的来源，是本单位账内资金，还是小金库。

(7)挪用资金借给他人使用的，证实其与使用人的关系，以及是否因出借被挪用资金而获得利益、好处，如财物、账外回扣、手续费等。

(8)具体、详细的犯罪经过，特别是利用职务便利的具体过程。

(9)共同犯罪的起意、策划、分工、实施等情况，查明每一个犯罪嫌疑人、被告人在共同犯罪中的地位和作用。

(10)挪用行为是否被发现,何时、如何被发现,行为人如何排除单位领导、同事的怀疑。

(11)挪用资金的去向、用途,注意区分是用于非法活动、营利活动,还是个人一般使用。特别是将被挪用资金借给他人使用的,是否明知使用人的真实用途,从而确认行为人挪用本单位资金的类型。

(12)挪用款在案发前是否归还,何时归还,如何归还,是全部归还还是部分归还,是主动归还还是被追缴。

2. 证人证言

该类证据证实行为人挪用、使用资金等相关事实。

(1)使用人证言,证实:

①使用人与行为人的关系。

②是否因使用被挪用资金而给行为人利益、好处,如财物、账外回扣、手续费等。

③是否教唆、指使行为人挪用本单位资金。

④使用被挪用资金的时间、数量、来源、具体用途。

⑤行为人是否明知其使用本单位资金的用途,从而确认行为人挪用本单位资金的类型。

⑥使用被挪用资金是否打算归还、是否归还及归还的时间、数额,证实其目的只是使用,而非占有。

(2)财务人员、主管人员、经手人员等证人的证言,证实单位资金被挪用的情况,具体包括:

①其与行为人的关系,与指控犯罪相关的经济往来等。

②行为人的职责范围,以及在犯罪过程中履行职务和利用职务便利的情况。

③资金被挪用的时间、数量。

④资金被挪用的手段、理由、借口、名义及经过。

⑤被挪用资金的来源。

⑥单位对被挪用资金的财务记账、银行记录情况。

⑦发现犯罪的经过。

⑧行为人如何对其挪用行为进行隐瞒、欺骗、辩解。

⑨是否归还及归还的时间、数量。

3. 物证、书证

(1)查获的赃款及行为人用挪用的款项购买的物品。

(2)书信、日记等,证实行为人实施挪用行为的时间、地点及经过等情况。

(3)合同、收据、借条、欠条。

(4)股票、债券、汇票、本票、支票等有价证券。

(5)相关的账册、记账凭证、支票、本票、汇票存根等,证实行为人挪用资金的手法、数额、归还时间等。

(6)本单位关于相应款物支出的财务记账、银行记录等。

(7)证明被侵占的资金属于单位所有或管理、使用的书证材料,如合同书、付款方的支出凭单、银行票据等。

(8)查获的银行存单、存折、股票资金账户、参股证等凭证,证实犯罪嫌疑人、被告人挪用资金是否用于营利活动。

(9)有关部门出具的证明,证实被挪用资金是否用于非法活动。

(10)相关的购物发票、偿还债务的借据等,证实挪用资金是否属于归个人使用的情形。

(11)本单位出具的证明材料,证实行为人具有主管、管理、经手单位资金的职务便利的证明材料,包括职务范围、职责内容、操作规程等,包括:

①委任书、聘任书、任命文件、会议记录。

②劳动合同、聘任合同。

③相关财物的支出、收入管理规定、操作流程。

(12)使用人的营业执照或有关企业性质的证明,证实被挪用资金是否归个人使用。

(13)行为人或使用人承诺还款的协议、欠条等,佐证犯罪嫌疑人、被告人承认其犯罪行为及后果。

4. 鉴定意见

(1)司法会计鉴定意见、审计鉴定意见,证实挪用资金次数、手段、数额等。

（2）笔迹鉴定，证明犯罪嫌疑人、被告人挪用的签字笔迹、印鉴等。

5. 现场勘查笔录、照片

该类证据包括提取物证现场等。

6. 视听资料

该类证据包括录音带、录像带、电子数据资料等。

7. 其他证明材料

该类证据包括：

（1）目击证人辨认犯罪嫌疑人或物证的笔录。

（2）犯罪嫌疑人、被告人和证人指认现场笔录。

（3）搜查笔录、扣押物品清单及照片，证实查获的作案工具及调取的相关物证。

（4）退赃笔录、起赃笔录、收缴笔录。

（5）报案登记、立案决定书及破案经过等书证，证实案件来源、侦破经过以及犯罪嫌疑人是否有自首情节等。

通过上述证据，证实行为人实施了利用职务上管理本单位财物的便利条件，擅自挪用本单位资金归个人使用，进行非法活动，或者挪用本单位资金数额较大、进行营利活动，或者挪用本单位资金数额较大、超过三个月未还的行为。

在本罪中，应注意挪用资金“拒不退还”的含义，仅指客观上不能归还，而不是指主观上不想归还，若主观上不想归还则应以职务侵占罪定罪量刑。对此，应注意收集证明行为人还款能力的证据。

（四）关于本罪客体的证据

本罪侵害的客体是公司、企业或其他单位资金的使用权。在公司、企业或者其他单位管理、使用或运输中的私人资金，也视为上述单位资金。主要通过物证、书证和其他言词证据等，综合证明单位资金的性质和被挪用资金数量。

三、本罪在收集、审查、认定证据中应注意的问题

依据相关法律规定，使用人只有指使或者参与策划取得挪用款的，才以共犯

论处。因此.在认定此种情况下的共谋,应以“主动表示”为前提,即使用人积极主动地指使或与挪用人共同策划取得挪用资金。如果没有主动指使或共同策划行为,只是明知是挪用的资金而使用,一般不能成为挪用资金罪的共犯。对此,应通过挪用人供述和辩解、使用人证言、单位财务人员以及其他知情证人证言、物证、书证等,综合认定使用人是否“主动表示”情节。